neukirchener
theologie

Bernd Janowski /
Christoph Schwöbel (Hg.)

Der entgrenzte Kosmos und der begrenzte Mensch

Beiträge zum Verhältnis von Kosmologie und Anthropologie

Vandenhoeck & Ruprecht

MIX
Papier aus verantwortungsvollen Quellen
FSC www.fsc.org FSC® C016439

Bibliografische Information der Deutschen Nationalbibliothek

Die Deutsche Nationalbibliothek verzeichnet diese Publikation in der Deutschen Nationalbibliografie; detaillierte bibliografische Daten sind im Internet über http://dnb.d-nb.de abrufbar.

ISBN 978-3-7887-2980-6

Weitere Angaben und Online-Angebote sind erhältlich unter: www.v-r.de

Umschlaggestaltung: Andreas Sonnhüter, Niederkrüchten
Umschlagabbildung:
Satz: Dorothee Schönau, Wülfrath
Druck und Bindung: Hubert & Co. GmbH & Co. KG, Robert-Bosch-Breite 6, D-37079 Göttingen

Gedruckt auf alterungsbeständigem Papier

Vorwort

Die Frage nach der Stellung des Menschen in der Welt gehört seit der Antike zu den anthropologischen Grundfragen. Solange sich der Himmel wie ein Baldachin über die Erde wölbte, gliederte sich der Mensch in die heilige Ordnung des Kosmos ein. Der über der Erde gewölbte Himmel garantierte ein umfassendes Sinngefüge, in dem alles seinen Platz hatte: die Elemente, die Menschen, die Tiere, die Pflanzen und die von den Menschen geschaffenen Kulturgüter. Die Orientierungsfunktion dieses Sinngefüges bestand im Zugriff auf das Ganze der Welt, dem darum die »existentielle Bedeutung einer Lebensorientierung« (*J. Habermas*, Von den Weltbildern zur Lebenswelt, in: *ders.*, Kritik der Vernunft, Philosophische Texte 5, Frankfurt a.M. 2009, 203–270, hier: 203) zukam. Als dieser ›Baldachin‹ zerbrach, musste auch die Stellung des Menschen neu bestimmt werden, mit einschneidenden Folgen für alle Bereiche des Lebens.

Um diese Fragen und ihre theologische und naturwissenschaftliche Erörterung geht es in den sechs Beiträgen dieses Bandes, die zuerst im Rahmen eines von der *Elisabeth und Jürgen Moltmann-Stiftung für Ökumenische Theologie* veranstalteten Symposions am 7./8. Juni 2013 in Tübingen vorgetragen wurden. Wir danken der Kollegin und den Kollegen herzlich dafür, dass sie ihre Vorträge überarbeitet und für den Druck zur Verfügung gestellt haben. Ebenso gilt unser Dank Herrn E. Starke vom Neukirchener Verlag für seine sorgfältige Lektorierung des Bandes.

Tübingen, im August 2016

Bernd Janowski
Christoph Schwöbel

Inhalt

Bernd Janowski

»Der thront über dem Kreis der Erde« (Jes 40,22)

Zur Logik des biblischen Weltbilds

Jürgen Moltmann zum 90. Geburtstag

I. Zur Frage nach dem Weltbild

Nach dem Weltbild der Antike und speziell der Bibel zu fragen, heißt nach einem Weltbild zu fragen, das sich fundamental von demjenigen der Neuzeit unterscheidet. Im Glauben der Antike wölbte sich der Himmel wie ein Baldachin über die Erde und gliederte sie in die heilige Ordnung des Kosmos ein. Der Aufbau des Kosmos und die Menschennatur, die Stadien der Welt- und Heilsgeschichte lieferten

> »normativ imprägnierte Tatsachen, die, so schien es, auch über das richtige Leben Aufschluss gaben. ›Richtig‹ hatte hier den exemplarischen Sinn eines nachahmenswerten Modells für das Leben, sei es des Einzelnen oder der politischen Gemeinschaft«.[1]

Der über der Erde gewölbte Himmel garantierte ein umfassendes Sinngefüge, in dem alles seinen Platz hatte: die Elemente, die Menschen, die Tiere, die Pflanzen und die von den Menschen geschaffenen Kulturgüter. Die Orientierungsfunktion dieses Sinngefüges bestand im *Zugriff auf das Ganze der Welt*, der darum die »existentielle Bedeutung einer Lebensorientierung«[2] besaß. Es dauerte lange,

> »bis es – im Gefolge der Aufklärung und mit der durch die ›Kritik der Vernunft‹ an jedwedem Glaubenssystem wachsenden Skepsis gegenüber menschlichen Sinnkonstruktionen – zu dem kaum mehr auszuräumenden Verdacht kam, daß ›von Überwölbungen (...) nichts zu erwarten (sei), außer daß sie einstürzen‹«[3].

Dennoch bleibt die Frage, ob es postmetaphysische Lösungen für die Suche nach dem »richtigen Leben« gibt oder ob sich die Idee einer tragen-

1 *Habermas*, Enthaltsamkeit, 93. – Der vorliegende Beitrag, der z.T. auf die Ausführungen in *Janowski*, Weltbild, 3ff zurückgreift und diese weiterführt, ist J. Moltmann gewidmet – in herzlicher Verbundenheit und in dankbarer Erinnerung an die drei Oberseminare »*Schekina* – das Geheimnis der Gegenwart Gottes«, »Ist Gott ein strafender Richter?« und »Schöpfung«, die wir im SoSe 2003, im WS 2004/05 und im SoSe 2006 durchgeführt haben: *ad multos annos*!

2 *Habermas*, Weltbilder, 203, vgl. *ders.*, a.a.O., 203.

3 *Soeffner*, Gesellschaft, 12. Das Zitat im Zitat stammt aus *Plessner*, Macht, 147, s. zur Sache auch *Stolz*, Weltbilder, 217ff.

den Wahrheit angesichts der Pluralität von Weltbildern und der Individualisierung der Lebensstile gleichsam von selbst erledigt.[4] Die folgenden Überlegungen verfolgen ein bescheideneres Ziel. Sie unterstellen, dass Religion die Funktion hat, dem Menschen die Welt und sich selbst dadurch verständlich zu machen, dass sie »die interpretative Grundstruktur thematisiert und ihm so zugleich Handlungsanweisungen im Umgang mit den vorfindlichen Mächten zuspricht«[5]. In diesem Sinn wird im Folgenden am Beispiel des alten Israel nach der Orientierungsleistung eines Weltbilds gefragt, dessen kognitive und affektive Komponenten einer eigenen, nämlich vorneuzeitlichen Logik folgen, deren Ausdrucksformen zwar vergangen sind, deren Sinnpotential, entgegen dem Einspruch R. Bultmanns,[6] aber nicht einfach obsolet geworden ist. Nach diesen einleitenden Bemerkungen gliedern sich unsere Überlegungen wie folgt:

II. Zur Logik des biblischen Weltbilds

1. Der Primat der menschlichen Wahrnehmung
2. Religion als kulturelles Zeichensystem
   a) Ein vorneuzeitliches Weltbild
   b) Die Offenheit der Welt auf das Über- und Unterirdische
      Exkurs 1: Der thronende Königsgott
   c) Die Struktur des religiösen Symbolsystems
      Exkurs 2: Die Entgrenzung JHWHs
3. Leitkategorien der Weltbildanalyse
   a) Symbol und Wirklichkeit
   b) Weltbild und *mental map*
      Exkurs 3: Die symbolische Landschaft Mesopotamiens
   c) Implizite und explizite Kosmologie

III. Zur Unaufgebbarkeit der Weltbildfrage

II. Zur Logik des biblischen Weltbilds

1. Der Primat der menschlichen Wahrnehmung

Unter einem »Weltbild« versteht man das Zusammenspiel der für eine bestimmte Kultur leitenden Anschauungen über den Aufbau des Kosmos, die Natur der Dinge und das Zusammenleben der Menschen, durch die sowohl die Struktur des Ganzen als auch die Funktion seiner Teile organisiert wird. Im Unterschied zum neuzeitlichem Verständnis von »Welt« haben frühe Kulturen wie Mesopotamien, Ägypten oder Israel eigene, auf

4 S. dazu *Dux*, Logik der Weltbilder, 290ff und *Habermas*, Enthaltsamkeit, 93ff. Philosophische und theologische Diskurse zur Weltbildfrage müssen heute verstärkt den Dialog mit den Naturwissenschaften suchen, s. dazu *Evers*, Raum, 381ff.

5 *Dux*, a.a.O., 168, s. zur Sache auch *ders.*, Theorie der Kultur, und *Geertz*, Religion, 58ff.

6 S. dazu unten Anm. 29.

die spezifischen Erfahrungen von Raum und Zeit abgestimmte Konzepte ihrer natürlichen Lebenswelt entwickelt. Diese Lebenswelt hat »nicht dieselbe ›Ausdehnung‹ ... wie die unsere«[7], sie ist übersichtlich und erfahrungsgebunden. Der Mensch der Antike »erfährt seine Umwelt zergliedert in Raum und Zeit, Ursache und Wirkung. Die Anordnung und Zuordnung der Dinge, ihre raumzeitliche Verortung und die für ihre Bewertung verantwortlichen Kräfte machen ein Weltbild aus«.[8]

Im Sinn dieser Definition hat H. Weippert[9] die Erfahrung von Raum und Zeit zum Ausgangspunkt ihrer Untersuchung gemacht und die intensive *Einbindung des einzelnen in Raum und Zeit* anhand eindrücklicher Beispiele beschrieben. Der Mensch des alten Israel konnte, so Weippert, »räumlichen und zeitlichen Einflüssen ... nicht distanziert gegenüberstehen, beides erlebte er hautnah«[10]. Sei es die Erfahrung des Tag/Nacht-Rhythmus mit seinem »Wechsel von der tags größeren, nachts kleineren Menschenwelt«[11] oder sei es der jahreszeitliche Rhythmus mit seinem Wechsel von der Sommer- zur Winterweide und von der Saat zur Ernte – immer erfuhr man Raum und Zeit als etwas Elementares und vor allem, wie etwa der Epilog der nichtpriesterlichen Fluterzählung (Gen 8,20–22) zeigt, als etwas Zusammengehöriges:[12]

20 Und Noah baute einen Altar für JHWH
und nahm von allem reinen Vieh und von allen reinen Vögeln
und ließ Brandopfer aufsteigen auf dem Altar.
21 Da roch JHWH den lieblichen Duft,
und er sagte zu seinem Herzen:
»Ich will nicht noch einmal den Ackerboden um des Menschen willen verfluchen,
denn das Gebilde des Herzens des Menschen ist böse von Jugend auf,
und ich will nicht noch einmal alles Lebendige schlagen, wie ich es getan habe.
22 Während aller Tage der Erde (gilt):
Saat und Ernte, Kälte und Hitze,
Sommer und Winter, Tag und Nacht sollen nicht aufhören.«

Aufgrund der spezifischen Vorprägungen für die Wahrnehmung der natürlichen Lebenswelt musste der Mensch im alten Israel auch ein anderes Verhältnis zu sich selbst und zu der ihn umgebenden Umwelt, also den Mitmenschen, den Tieren, den Pflanzen und den Dingen entwickeln.[13] Ein zentraler Aspekt dieser anderen Erfahrung von »Welt« ist der *Person-*

7 *Stolz*, Weltbilder, 4.

8 *Streck*, Weltbild, 291.

9 S. dazu *Weippert*, Welterfahrung, 179ff. Zur Zeitauffassung in traditionellen Kulturen s. auch *Müller*, Zeitkonzepte, 221ff.

10 *Weippert*, a.a.O., 184.

11 *Dies.*, a.a.O., 183, s. dazu auch *Janowski*, Rettungsgewissheit, 19ff u.ö.

12 Vgl. *Weippert*, a.a.O., 183f, und *Keel/Küchler/Uehlinger*, Orte und Landschaften 1, 38ff.

13 S. dazu *Steck*, Welt, 52ff.

begriff, der auf der Einbindung des einzelnen in die soziale Gemeinschaft und in die ihn umgebende Natur- und Kulturwelt beruht.[14] Man kann diesen Personbegriff »konstellativ« nennen und darunter den Sachverhalt verstehen, dass der einzelne Mensch als Glied eines Ganzen in Erscheinung tritt, das nur insoweit lebendig ist, als es mit anderen verknüpft ist und sich nicht durch Abgrenzung ihnen gegenüber definiert.[15] »Der eine lebt, wenn der andere ihn leitet« lautet ein ägyptisches Sprichwort,[16] das die Idee der sozialen Konnektivität bündig zusammenfasst. »Ein Mensch«, so kommentiert J. Assmann,

> »entsteht nach Maßgabe seiner konstellativen Entfaltung in der ›Mitwelt‹ seiner Familie, Freunde, Vorgesetzten, Abhängigen. Leben, nach altägyptischer Vorstellung ist ein konnektives Phänomen, und ein im vollen Sinn lebendiger Mensch, ist ein konstellatives Phänomen.«[17]

Mit dieser Sicht der Person hängt auch eine andere *Vorstellung des menschlichen Körpers*, von Gesundheit und Krankheit, von Leben und Tod sowie von Diesseits und Jenseits zusammen.[18] Dieses andere Körperbild lässt sich außer an der Einbindung des einzelnen in die soziale Gemeinschaft auch an seiner *Einbindung in die Natur- und Kulturwelt* erkennen. Der altisraelitische Alltag spielte sich »in landschaftlich und sozial kleinen Räumen und in überschaubaren Zeitabschnitten ab, er war eng begrenzt«[19]. Die geographischen Termini des Alten Testaments, seine Tier- und Pflanzennamen, aber auch seine Begriffe für die Himmelsrichtungen belegen diese überschaubare und im wörtlichen Sinn ›anschauliche‹ Welt des alten Israel. Allenthalben stößt man auf die *menschliche Dimension der Raum- und Zeiteinteilungen*: sei es das Wechselverhältnis von Mensch und Umwelt, das Maßsystem oder die positive/negative Wertung von Raum und Zeit im Kontext von Opfern und Festen.[20] Alles hatte seine Logik und beruhte auf dem Primat der menschlichen Wahrnehmung. H. Gese hat dem ebenso grundsätzlich wie hellsichtig Ausdruck verliehen:

> »Das Weltbild des Altertums, von dem wir getrost als dem Weltbild der menschlichen Wahrnehmung sprechen können, das auch unser Weltbild ist,

[14] Das bedeutet aber nicht, dass der Mensch auf seine soziale Rolle zu reduzieren ist. Vielmehr gibt die besagte Einbindung der Individualisierung ein anderes Gesicht: Sie vollzieht sich im sozialen Rahmen und bleibt auf die Gegebenheiten der natürlichen Lebenswelt (geographischer Raum, Tiere, Pflanzen) bezogen, s. dazu *Janowski*, Mensch, 1ff, und *ders.*, Personale Identität, 25ff.

[15] Zum konstellativen Personbegriff s. *ders.*, Anthropologie, 544ff, und *ders.*, Personale Identität, 25ff.

[16] Metternichstele M 50, Textnachweis bei *Assmann*, Tod, 16 Anm. 28.

[17] *Ders.*, a.a.O., 75, vgl. 80ff u.ö.

[18] S. dazu *Janowski*, Mensch, 6ff.11ff.15ff.

[19] *Weippert*, Welterfahrung, 187.

[20] S. dazu *dies.*, a.a.O., 190f.191ff.194ff. Zu den Himmelsrichtungen im Alten Testament s. *Janowski*, »Du hast meine Füße«, 7ff.

wenn wir unverbildet sind, gestattet allein das vollmenschliche Verhältnis zur Welt, die geistige Erfassung der Welt. Die Offenheit der sinnlichen Wahrnehmung für geistige Wahrnehmung, der metaphorische (tropische) Charakter der Wahrnehmung einerseits, die grundlegende Funktion der Anschaulichkeit bei aller Erkenntnis andererseits zeigen, dass die geistige Struktur des Menschen seiner sinnlichen Wahrnehmungsfähigkeit entspricht. Für die Welterfassung des Menschen ist das der Wahrnehmung entsprechende Weltbild nicht einfach ersetzbar, nicht überholbar, es kann durch die außersinnliche, indirekte Erkenntnis der messenden Naturwissenschaft nur ergänzt werden.«[21]

2. Religion als kulturelles Zeichensystem

Wer alttestamentliche Texte liest oder Bilder aus der Umwelt Israels betrachtet, stößt immer wieder auf Erscheinungen, die ihm ungewöhnlich, ja widersinnig vorkommen. Die Frage ist: Haben die Menschen des alten Israel anders gedacht als wir oder haben sie ihrem Denken nur einen anderen Ausdruck gegeben, als wir es heute tun?[22] In weiten Kreisen der Öffentlichkeit ist leider noch immer die Ansicht verbreitet, dass das Denken und Wahrnehmen der Menschen des alten Israel eine gleichsam kindliche Entwicklungsstufe der Kultur repräsentiert und diese Menschen in ihrer Vorstellung von der Welt nicht mehr als ein »Käseglockenmodell« zustande gebracht haben.[23]

a) Ein vorneuzeitliches Weltbild

Natürlich: Die Logik altisraelitischer Welterfahrung ist diejenige eines vorneuzeitlichen Weltbilds. »Vorneuzeitlich« heißt aber nicht »kulturell rückständig« oder »hoffnungslos naiv«. Während in unserem kulturellen Umfeld zwei unterschiedliche Weltbild-Typen miteinander konkurrieren – das auf dem »Verfügungswissen« und das auf dem »Orientierungswissen« basierende Weltbild[24] – und damit den einzelnen vor eine gewisse Wahlmöglichkeit bis hin zur »bricolage« (Bastelei) seines eigenen Weltbilds stellen, vermitteln traditionelle Weltbilder »Konzepte von Welt oder Bereichen der Welt, welche Wissensverwaltung und lebenspraktische Orientierungmiteinander besorgen«[25]. Der erste Schritt auf dem Weg zur Neubewertung dieser Integrationsleistung ist die Überwindung eingefleischter Vorurteile, die für das antike Weltbild immer noch mit einem ›Käse-

21 *Gese*, Frage des Weltbildes, 212.
22 S. dazu *Dux*, Logik der Weltbilder, 13ff.
23 S. dazu im Folgenden.
24 Zu dieser Unterscheidung s. *Mittelstraß*, Weltbilder, 228ff, vgl. *Gese*, a.a.O., 202ff, und *Stolz*, Weltbilder, 2f.
25 *Stolz*, a.a.O., 4.

Abb. 1: Moderne Darstellung des biblischen Weltbilds

glockenmodell‹ rechnen, wie es in vielen Kinderbibeln und Schulbuchdarstellungen auftaucht (s. Abb. 1), und generell von seiner ›kindlichen Naivität‹ ausgehen.[26]

Derartige ›Rekonstruktionen‹ beruhen auf einer fatalen Fehleinschätzung. »Gern wird uns«, wie H. Gese dazu anmerkt, »das alte Bild gezeigt, das darstellt, wie jemand mit dem Kopf durch das Firmament stößt und nun die Welt ›draußen‹ betrachtet«[27]. Gemeint ist der berühmte Holzschnitt »Wanderer am Weltenrand« (Abb. 2), mit dem der Populärastronom Camille Flammarion (1842–1925) den Wandel der Welt- und Raumvorstellung im Übergang vom Mittelalter zur frühen Neuzeit ins Bild gesetzt hat.[28] Dieses Bild repräsentiert aber gerade nicht die antike Anschauung des Firmaments, die von einem derartigen Naturalismus weit entfernt war. Im Unterschied dazu gibt es in den verschiedenen Kulturen der vorhellenistischen Antike Zeugnisse von Firmamentvorstellungen, die ganz anderen Parametern folgen:

[26] S. dazu *Keel*, Bildsymbolik, 47f; *Cornelius*, Visual Representation, 193f, und aus religionspädagogischer Sicht *Kliss*, Gott, 61ff, und *Schweitzer*, Schöpfungsglaube.
[27] *Gese*, a.a.O., 211.
[28] S. dazu *Senger*, »Wanderer am Weltenrand«, 343ff, der auch auf das Für und Wider der Datierung (»um 1530« oder 1888?) eingeht.

Abb. 2: Wanderer am Weltenrand (*C. Flammarion*)

»Da sind etwa«, so H. Gese, »die hochgeistigen Spekulationen über das Wesen des Firmaments im Midrasch und im Talmud oder jene urtümlichen Vorstellungen über den Himmel, die aus mythischen Wahrnehmungskonzeptionen kommen und viel tiefer als unser Realismus reichen; so wird z.B. nach dem babylonischen Weltschöpfungsepos der Himmel als die obere Hälfte des Leibes der Chaosgöttin Tiamat vorgestellt, die ›wie ein ins Trockene gesetzter Fisch‹ gehälftet worden ist. Wenn man meint, man könne heute die Vorstellung einer Himmelfahrt Jesu, wie sie in Apg 1,9ff dargestellt wird, wegen der hier vorausgesetzten ›primitiven‹ Anschauungen (›Jesus fahre mit einer Wolke wie mit einem Fahrstuhl zum vermeintlich existierenden Himmelsfirmament‹) nicht mehr nachvollziehen, so liegen die Schwierigkeiten nicht in dem antiken Bericht, sondern in unserer Unfähigkeit zu verstehen, was diese Transzendenzwahrnehmung ›Himmel‹ ist, den wir erst zu einer ›primitiven‹ Anschauung degradieren, zu verstehen, was die ›Wolke‹ ist, die, schon der Tradition von der Sinaioffenbarung entstammend, die Umhüllung göttlicher Doxa bildet: die Wolke nahm ihn auf ›von ihren Augen hinweg‹. Gewiß können wir in der Bibel eine Fülle urtümlicher Vorstellungen finden, aber erst unsere Blindheit für die gerade im Urtümlichen liegende tiefe Geistigkeit läßt jene vordergründige ›Primitivität‹ entstehen, die wir dann inakzeptabel finden müssen.«[29]

29 *Gese*, a.a.O., 211f, s. dazu auch im Folgenden. Durch seine reduktionistische Argumentation meinte *Bultmann*, Neues Testament, 15ff, das Weltbild der Antike und damit des Neuen Testaments erst »entmythologisieren« zu müssen, um es dann »existentiell« zu überholen. Bekanntlich war er der Meinung, dass »man ... nicht elektrisches Licht und Radioapparat benutzen, in Krankheitsfällen moderne medizinische und klinische Mittel in Anspruch nehmen und gleichzeitig an die Geistes- und Wunderwelt des Neuen Testaments glauben (kann)« (a.a.O., 18), s. dazu den bissigen Kommentar von *Berger*, Spuren der Engel, 69ff, und zur Sache grundsätzlich *Hübner*, Wahrheit des Mythos, 324ff, und *Berger*, Historische Psychologie, 17ff.106ff.

Als O. Keel vor 45 Jahren zum ersten Mal sein Werk »Die altorientalische Bildsymbolik und das Alte Testament. Am Beispiel der Psalmen« (1972/^{5}1996) publizierte, war das ein großer Durchbruch. Denn Keel konnte nachweisen, dass für den Alten Orient und das Alte Testament die empirische Welt nicht einfach das ist, was »vor Augen« liegt, sondern über sich selbst hinausweist und deshalb immer auch eine symbolische Bedeutung hat. Die Leitperspektive für den Zugang zum biblischen Weltbild[30] hat Keel denn auch wie folgt beschrieben:

> »Es findet eine ständige Osmose zwischen Tatsächlichem und Symbolischem statt. Diese Offenheit der alltäglichen, irdischen Welt auf die Sphären göttlich-intensiven Lebens und bodenloser, vernichtender Verlorenheit hin ist wohl der Hauptunterschied zu unserer Vorstellung der Welt als eines praktisch geschlossenen mechanischen Systems. Der Hauptfehler der landläufigen Darstellungen des ao (sc. altorientalischen) Weltbildes ist ihre schlackenlose Profanität und ihre Transparenz- und Leblosigkeit. Die Welt ist nach biblischer und ao Vorstellung auf das Über- und Unterirdische hin offen und durchsichtig. Sie ist keine tote Bühne.«[31]

Nehmen wir als Beispiel den *morgendlichen Sonnenaufgang*, also ein für das religiöse Weltbild der altorientalischen Kulturen grundlegendes Ereignis.[32] Die Himmelsgöttin Nut, die am Morgen die Sonnescheibe »gebiert«, war für den Ägypter ebenso wirklich wie die östlichen Horizontberge, zwischen denen allmorgendlich der Sonnengott Re über dem Wüstengebirge erschien (Abb. 3) und die zusammen mit der Sonnenhieroglyphe (𓈌) das Wort für »Horizont« (*ꜣḫt*) ergeben (Abb. 4).[33]

[30] Zum biblischen Weltbild s. *Stadelmann*, World; *Rogerson* World-View, 55ff; *Koch*, Weltbild, 546f; *Gese*, a.a.O., 202ff; *Keel*, Bildsymbolik, 13ff; *ders.*, Weltbild, 185ff; *ders./Schroer*, Schöpfung, 102ff; *Cornelius*, Visual Representation, 193ff; *Janowski*, Weltbild, 3ff; *ders.*, Art. Weltbild, 1409ff; *ders.*, Einwohnung Gottes, 253ff; *Oeming*, Welt, 569ff; *Jooß*, Raum, 122ff; *Hartenstein*, Weltbild, 18ff, und *Berlejung*, Weltbild / Kosmologie, 67ff.

[31] *Ders.*, a.a.O., 47, s. dazu bereits *Frankfort/Frankfort*, Einführung, 9ff, und aus jüngerer Zeit *Wiggermann*, Mythological Foundations, 279ff. Zum Axiom der ›Offenheit der Welt auf das Über- und Unterirdische‹ s. unten 12ff.

[32] S. dazu *Janowski*, Rettungsgewissheit, passim.

[33] Die Darstellung des Weltgebäudes enthält die Aspekte »Himmel« (*pt*), »Erde« (Doppellöwe) und »Horizont« (*ꜣḫt*), s. dazu die grundlegende Arbeit von *Schäfer*, Weltgebäude, 100f; vgl. *Janowski*, a.a.O., 150ff.

Abb. 3: Der Sonnengott

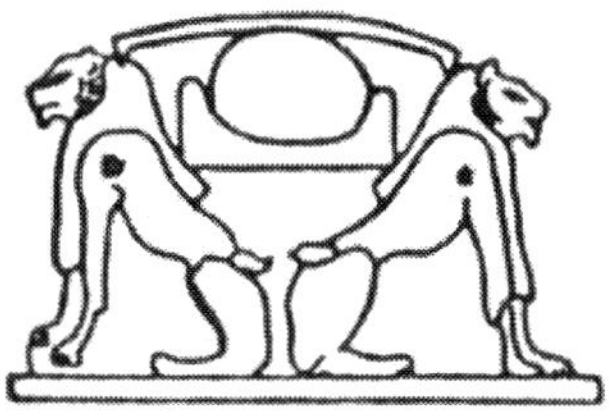

Abb. 4: Das Weltgebäude

Das Problem, das sich für den Ägypter hier stellte, war die Frage der Vorstellbarkeit: Er sah die Sonne / den Sonnengott hinter dem Osthorizont aufsteigen, wusste aber zugleich, dass sich dieser Vorgang nicht 10 oder 20 km von ihm entfernt, sondern ›sehr viel weiter draußen‹, nämlich am Rand der bewohnten Welt vollzog. Da er von jenen fernen und undurchsichtigen Grenzbezirken der Welt keine eindeutigen Vorstellungen besaß,

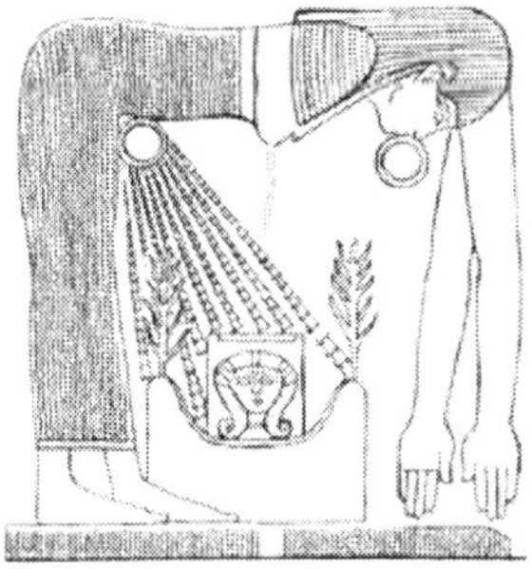

Abb. 5: Geburt der Sonnenscheibe aus dem Leib der Nut

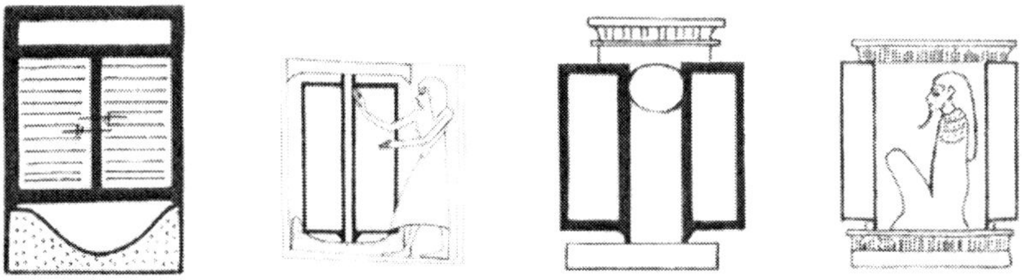

Abb. 6: Weltentor mit Sonnengott, mit Sonnenscheibe
und in verschlossenem Zustand

war er darauf angewiesen, diese mit Hilfe von Analogien aus dem biologischen oder technischen Bereich zu vereindeutigen. So wird der Sonnenaufgang bald als *Geburt der Sonnenscheibe aus dem Leib der Himmelsgöttin Nut*

(Abb. 5)[34] und bald als ihr *Eintritt durch das Himmelstor* (Abb. 6)[35] verstanden und bildlich dargestellt. Das eine war für ihn so wirklich wie das andere. Während wir »ständig Gefahr (laufen), diese Bilder zu konkret und, wenn wir davon abgekommen sind, sie wieder abstrakt zu nehmen«[36], boten dem Ägypter die wenigen und unpräzisen Informationen, die er über die fernen und unanschaulichen Randbezirke seines Universums besaß, zahlreichen Spekulationen symbolischer und technischer Art Raum. Immer stand dabei das Interesse an der Verbindung des Abstraktem mit dem Konkreten und des Konkreten mit dem Abstrakten im Vordergrund.[37]

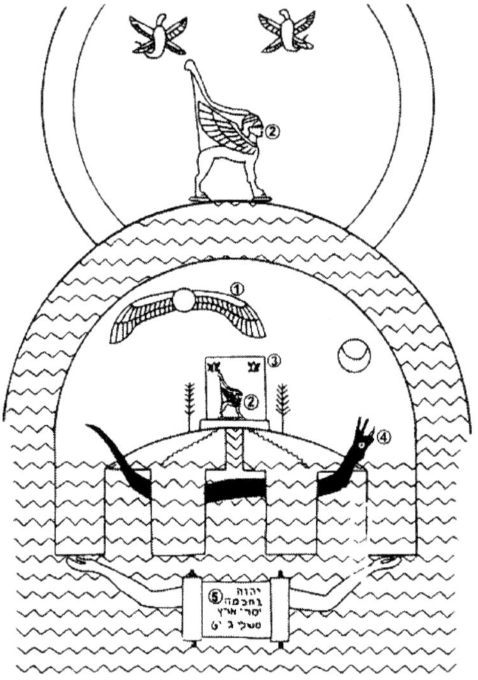

Abb. 7: Rekonstruktion des biblischen Weltbilds

[34] S. dazu die Beschreibung bei *Keel*, Bildsymbolik, 34, vgl. *Janowski*, Himmel, 251f. Wie man sieht, steht der Hathor-Tempel von Dendera mitten in der auf dem Urozean (Nun) schwimmenden Mulde, die die bewohnte, von Randgebirgen und Horizontbäumen begrenzte Erde darstellen. Die Himmelsgöttin Nut, bekleidet mit dem Himmelsozean, aus dem der Regen herab fällt, beugt sich mit ihrem Leib schützend darüber. Aus ihrem Schoß gebiert sie am Morgen die Sonne, die den Tempel bestrahlt und die ganze Welt belebt, um am Abend vom Mund der Himmelsgöttin wieder aufgenommen zu werden.

[35] S. dazu die Beschreibung bei *Keel*, a.a.O., 18f. Die Abbildungen zeigen das geschlossene und das geöffnete Sonnentor über den Horizontbergen. Zum logischen Aufbau der Welt in der ägyptischen Religion s. *Junge*, »Unser Land«, 18ff.

[36] *Keel*, a.a.O., 8.

[37] S. dazu auch unten 15ff.

Der beschriebene Sachverhalt hängt mit der Eigenart des altorientalischen und biblischen Weltbilds zusammen. Dessen Grundkoordinaten hat O. Keel[38] in eine Skizze übersetzt (Abb. 7), die entsprechende Aussagen alttestamentlicher Texte und ikonographische Elemente aus Palästina/Israel und seiner altorientalischen Umwelt in sich vereinigt. Hier eine Kurzbeschreibung dieser Rekonstruktion:

Auf der geöffneten Torarolle (**5**) steht der Text von Spr 3,19a (»JHWH hat die Erde in Weisheit gegründet«, vgl. Ps 104,24 u.a.), dessen Aussagegehalt in Anlehnung an eine ägyptische Bildidee durch zwei nach oben geöffnete und angewinkelte Arme (vgl. die Hieroglyphe für *Ka* »Lebenskraft«) veranschaulicht wird. Diese Arme stützen die »Säulen« bzw. die »Grundfesten der Berge/Erde«, auf denen JHWH die Erde gegründet hat (1 Sam 2,8, vgl. Ps 18,8.16; 75,4; Hi 9,6; Jes 24,18 u.a.). Der einer mesopotamischen Weltbilddarstellung (Kudurru aus Susa, 12. Jh. v.Chr.) entnommene gehörnte Schlangendrache *mušḫuššu* (**4**) symbolisiert dabei die ständige Bedrohung der Welt durch die Mächte des Chaos, die nach alttestamentlichem Verständnis durch das »Meer« (*jām*, vgl. ug. *yammu*) und seine Repräsentanten Leviathan (Ps 74,14 u.a.), Rahab (Jes 51,9) und Tannin (Ps 74,13; 148,7 u.a.) verkörpert werden. Der Tempel auf dem Zion mit dem Kerubenthron (**2**, vgl. Ps 80,2; 99,1; Jes 37,16 u.a.) und den geflügelten Seraphen (**3**), die den thronenden Königsgott flankieren (Jes 6,2f), ist das unerschütterliche Bollwerk gegen die andrängenden Chaosfluten. Seine Gegenwart verwandelt die drohenden Wassermassen in fruchtbare Kanäle und lebenspendende Bäche (vgl. Ps 46,5; 65,10; 104,10ff), während die stilisierten Bäume, die den Tempel flankieren, die Fruchtbarkeit des Heiligtumsbereichs charakterisieren. Das Licht des Himmels (**1**), symbolisiert durch die Flügelsonne (Mal 3,20, vgl. Ps 139,9), verkündet die Herrlichkeit Gottes, an deren Glanz die ganze Schöpfung teilhat. Für den in dieser Welt lebenden Menschen war es ein unbegreifliches Wunder, dass die von JHWH über dem »Nichts« gehaltene Erde (vgl. Hi 26,7) nicht in den Chaosfluten versank.

Wenn man diese Rekonstruktion mit den gängigen Schulbuchdarstellungen vergleicht, fallen die Unterschiede deutlich ins Auge. Der Hauptunterschied besteht in den numinosen Faktoren, die in der Rekonstruktion von Keel durch Symbole und Metaphern wie den Kerubenthron, die Seraphen, die Flügelsonne, die heiligen Bäume oder den Chaosdrachen visualisiert werden. Im Übrigen haben die Menschen des alten Israel die Frage, worauf die »Säulen der Erde« ruhen, sicher nicht naiv oder kindlich beantwortet. »Sie wußten, daß die ›Säulen der Erde‹ nicht auf dem Wasser schwimmen, und daß ein himmlisches Riesengewölbe ungeheure statische Probleme stellen würde«.[39]

Trotz ihrer innovativen Bedeutung liegt die Problematik der Keel'schen Rekonstruktion allerdings auf der Hand. Denn es werden ganz disparate, unterschiedlichsten Kontexten zugehörige Elemente zu *einem* Bild zusammengefasst und als ›Das alttestamentliche Weltbild‹ ausgegeben. Im Sinn einer *Historischen Kosmologie des Alten Testaments* aber müssten die diachronen Aspekte Berücksichtigung finden und in die Darstellung ein-

38 S. dazu *ders.*, Weltbild, 161; *ders.*, Sammlungen, 15, vgl. *Cornelius*, Visual Representation, 217, und mit einer anderen Darstellung *Koch*, Weltbild, 546.
39 *Keel*, Sammlungen, 14.

fließen.[40] So könnte man etwa anhand von Jes 6,1–5 und seiner Vision des thronenden Königsgottes JHWH das *vertikale Weltbild* der Jerusalemer Tempeltheologie der mittleren Königszeit erheben und dessen Struktur zu beschreiben versuchen.[41] Ein anderes Beispiel ist das *horizontale Weltbild* von Ps 46,2–8,[42] wieder ein anderes dasjenige von Am 9,1–4,[43] von Gen 1,1–2,4a und 2,4b–25,[44] von Jes 66,1f,[45] des Esra- und Nehemiabuchs[46] oder von Hi 38,1–38.[47] In diesem Sinn wären die Transformationen der vorexilischen, exilischen und nachexilischen Weltbilder Text für Text zu beschreiben, um ›Das biblische Weltbild‹ in seiner Komplexität und Entwicklung zu rekonstruieren. Bei dieser Aufgabe sind m.E. zwei Aspekte zu beachten: die *Offenheit der Welt auf das Über- und Unterirdische* (b) und die *Struktur des religiösen Symbolsystems* (c).

b) Die Offenheit der Welt auf das Über- und Unterirdische

Trotz der genannten Einschränkung besitzt die von O. Keel vorgelegte Rekonstruktion des biblischen Weltbilds, auch wenn sie nur eine idealtypische Zusammenstellung zentraler Elemente des Jerusalemer Symbolsystems bietet, nach wie vor einen heuristischen Wert. Denn sie verdeutlicht den grundlegenden Sachverhalt, dass die Welt nach altorientalischer und biblischer Auffassung nicht ein geschlossenes und profanes System, sondern eine nach allen Seiten hin offene Größe darstellte. O. Keel hat diese Eigenart als »Osmose zwischen Tatsächlichem und Symbolischem« bezeichnet.[48]

Diese *Offenheit der Welt auf das Über- und Unterirdische* ist die eine Seite.[49] Die andere Seite besteht in den Anforderungen, die diese Offenheit an das menschliche Erkenntnis- und Handlungsvermögen stellte. Denn da eine auf das Über- und Unterirdische hin offene Welt prinzipiell ambivalent ist, war es die Aufgabe der Menschen im alten Israel, die in sich zweideutige Welt zu vereindeutigen, d.h. die in vielfältiger Weise von

[40] S. dazu *Janowski*, Wohnung des Höchsten, 60ff; *Hartenstein*, Weltbild, 23ff und *Koch*, Art. Welt/Weltbild, vgl. auch *Bartelmus*, Art. *šāmajim*, 211ff.

[41] S. dazu unten 41ff. Zur heuristischen Unterscheidung von *vertikalem* (Himmel/ Erde/Meer bzw. Unterwelt) und *horizontalem Weltbild* (Erde als menschlicher Lebensraum und deren äußerste Grenzen: Inseln / Horizontberge / umschließender Ozean) s. *Berlejung*, Art. Weltbild/Kosmologie, 67ff, und das Monitum von *Jooß*, Raum, 151 Anm. 111.

[42] S. dazu *Janowski*, a.a.O., 45ff.

[43] S. dazu *Jeremias*, Amos, 122ff.

[44] S. dazu *Steck*, Welt, 54ff.70ff.

[45] S. dazu *Albani*, »Wo sollte ein Haus sein«, 37ff.

[46] S. dazu *Koch*, Weltordnung, 308ff.

[47] S. dazu *Keel*, Jahwes Entgegnung, 51ff.

[48] *Ders.*, Bildsymbolik, 47. Zum Kontext dieser Wendung s. oben 8.

[49] Diese »Offenheit der Welt« ist etwas anderes als das »unendliche Universum«, das *Koyré*, Welt, passim der »geschlossenen Welt« der mittelalterlichen Kosmologie entgegensetzt.

antagonistischen Mächten – Kosmos/Chaos, Licht/Finsternis, Leben/Tod, Reinheit/Unreinheit, Gesundheit/Krankheit, Fruchtbarkeit/Sterilität u.a. – durchwaltete Wirklichkeit auf eine Welt hin zu bestimmen, die Bestand hat und in der ein sinnvolles Leben möglich ist. Sind also, so lautete die Frage, in einer auf die himmlischen wie die unterirdischen Bereiche hin offenen Welt Ordnungs- und Sinnzusammenhänge auf Dauer erlebbar oder ist dem Menschen die Erfahrung einer stabilen und heilvoll geordneten Welt nur punktuell vergönnt? Das für den einzelnen wie für die soziale Gemeinschaft hier aufbrechende Problem bestand also darin, »die Spannung zwischen der notwendigen Ordnung der Welt und den faktischen Gegebenheiten, in denen Ordnungs- und Unordnungslemente immer ineinander liegen und durcheinandergehen, zu bewältigen«[50], also mit Hilfe kultisch-ritueller, magischer, divinatorischer, medizinischer, (sakral-)rechtlicher oder auch mathematisch-astronomischer Operationen den Vorgang der »Setzung bestimmter Abgrenzungen und Unterscheidungen«[51] zu vollziehen und so zu verlässlichen Bestimmungen hinsichtlich der von antagonistischen Kräften durchwalteten Lebenswelt zu gelangen. Die Majestätsschilderung JHWHs in Jes 6,1–5 kann diese Korrelation von Tatsächlichem und Symbolischen beispielhaft veranschaulichen.

Exkurs 1: Der thronende Königsgott

Der – nicht nur für die alttestamentliche Kosmologie zentrale – Text Jes 6,1–5[52] lautet folgendermaßen:

> 1 Im Todesjahr des Königs Ussia
> sah ich den Herrn,
> sitzend auf einem *hohen und aufragenden Thron*,
> wobei seine Gewandsäume den *Tempelraum* ausfüllten.
> 2 Seraphen standen über ihm:
> Je sechs Flügel hatte einer:
> mit zweien bedeckte er sein Gesicht
> und mit zweien bedeckte er seine Füße
> und mit zweien flog er (ständig).
> 3 Und einer rief dem anderen zu
> und sprach:
> »Heilig, heilig, heilig ist JHWH Zebaoth,
> die Fülle der ganzen Erde ist seine Herrlichkeit!«
> 4 Da bebten die *Zapfen der Schwellen* vor der Stimme des Rufers,
> und das *Tempelhaus* füllte sich mit Rauch.

50 *Schmid*, Altorientalische Welt, 152.

51 *Cassirer*, Philosophie der symbolischen Formen II, 118, s. zu den Grenzen des sozialen Raums und der sozialen Zeit auch *Janowski*, Unterscheiden, 32ff, und *Leach*, Kultur, 45ff. Dieses Problem hat sich nicht nur den Kulturen des Alten Orients gestellt, s. etwa *Berger/Luckmann*, Konstruktion der Wirklichkeit, 11f.

52 S. dazu *Janowski*, Wohnung des Höchsten, 35ff; *ders.*, Einwohnung Gottes, 253ff, ferner *Irsigler*, Gott als König, 128ff; *Hartenstein*, Unzugänglichkeit Gottes, 30ff; *ders.*, Weltbild, 25ff, und *Leuenberger*, JHWH, 257f.

5 Da sagte ich:
»Weh mir,
denn ich bin vernichtet/verloren!
Denn ein Mann unreiner Lippen bin ich
und inmitten eines Volkes unreiner Lippen wohne ich;
denn den König JHWH Zebaoth haben meine Augen gesehen!«

Im Blick auf die kosmologischen Implikationen dieses Visionsberichts ist zunächst zu beachten, dass dem Motiv der Königsherrschaft JHWHs eine strukturierende Funktion zukommt. So lässt sich eine »steigernde Linie« von *Gottesbezeichnungen* erkennen, die bei *Adonaj* / »der Herr« in V.1ab ansetzt, über *JHWH Zebaoth* in V.3a läuft und bei dem Syntagma »der König JHWH Zebaoth« in V.5b endet, das alle Elemente des vorausgehenden Visionsberichts zusammenfasst. Da die um die Thronmotivik appositionell erweiterte Gottesbezeichnung *Adonaj* (V.1ab) auf den Königsgott anspielt und der Königstitel in V.5b explizit erwähnt wird, entsteht eine Rahmung (*Inclusio*), innerhalb deren das Thema »Königtum Gottes« entfaltet wird. Der Gott von Jes 6,1–5 wird demnach durch Gottesbezeichnungen qualifiziert, die durch die Aspekte »Herrschaft« (V.1a, V.3a.5b) und »Hoheit« (V.1a.5b) näher bestimmt werden.[53]

Neben dieser die Gottesbezeichnungen miteinander verbindenden Linie gibt es ein vertikales Gefälle im Text (s. Abb. 8), das sich an der Art der *Gottesbeschreibungen* festmachen lässt. In V.1–5 finden sich zwei beschreibende Prädikationen Gottes: das Objektprädikat »sitzend auf einem hohen und aufragenden Thron« in V.1ab, das eine syntaktisch-semantische Entsprechung (Thronmotiv!) zum Königstitel von V.5b darstellt, und das Satzprädikat in V.3b, das die »Herrlichkeit/Majestät« (*kābôd*) des Königsgottes JHWH Zebaoth auf der ganzen Erde proklamiert. Während mit der Proklamation der welterfüllenden Gottesherrlichkeit eine *horizontale Dimension* in den Blick kommt – die »ganze Erde« ist von der »Herrlichkeit« des »heiligen« Gottes JHWH

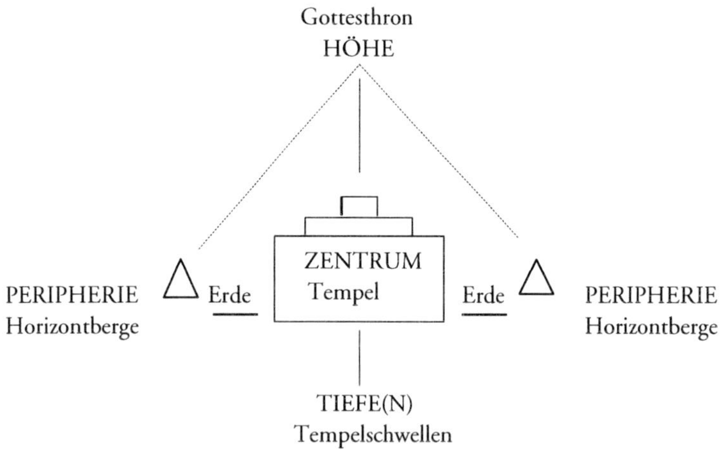

Abb. 8: Jerusalemer Tempeltheologie der mittleren Königszeit

Zebaoth erfüllt –, bringt das Motiv des Throns eine *vertikale Dimension* zum Ausdruck. Zusammen mit der Notiz über den den Tempelraum ausfüllenden unteren Teil der Gestalt JHWHs in V.1b verrät der Text dabei die Tendenz, alle kultischen

[53] S. dazu auch *Irsigler*, Gott, 135ff.

Vorstellungen vom Thronen JHWHs im Tempel zu entgrenzen, so dass der »hohe und erhabene Thron« (V.1ab) die universale Majestät des auf ihm sitzenden Königsgottes symbolisiert.

Die Dominanz der vertikalen Achse ergibt sich zusätzlich aus der Schilderung der Wirkung, die nach V.4 der Ruf der Seraphen auslöst. Ob mit dem Architekturelement der »Zapfen/Fundamente der Schwellen« die in den Vertiefungen der Schwellensteine sich drehenden Türangelzapfen oder die Fundamentierung der Schwellensteine gemeint ist – deutlich ist, dass das Erbeben der »Zapfen der Schwellen« eine Erschütterung des gesamten Tempelgebäudes und – weil dieses die *axis mundi* repräsentiert – damit des Kosmos impliziert. Da dieses »Beben« der (*unten* befindlichen) Tempelschwellen eine Reaktion auf die Präsenz des (in der *Höhe*) thronenden Königsgottes sowie auf das Trishagion der Seraphen ist, ergibt sich für das Weltbild der Jerusalemer Tempeltheologie der mittleren/späten Königszeit eine dominante *vertikale Achse*, die um eine *horizontale*, auf die »ganze Erde« (V.3b) bezogene *Dimension* ergänzt wird: In der räumlichen Achse der Vertikalen überragt der Gottesthron den Tempel so hoch wie ein Berg (Gottesbergvorstellung), während die davon abhängige horizontale Achse den Herrschaftsbereich dieses Königsgottes darstellt, nämlich die ganze Erde, in der sich seine verzehrende Heiligkeit Ehrfurcht gebietend äußert und auswirkt. Der von Jesaja visionär geschauten Anwesenheit JHWHs auf einem »hohen und aufragenden Thron« (V.1ab) entspricht damit die »Ausstrahlung« der wirkmächtigen Präsenz des Königsgottes in die »ganze Erde« (V.3b),[54] d.h. bis an die *Peripherie* des vom *Zentrum* (Tempel/Stadt) und seinem dort präsenten Königsgott aus organisierten Weltganzen. (*Ende des Exkurses*)

Die sichtbaren Zeichen des religiösen Symbolsystems wie die Seraphen, die Keruben, der himmlische/irdische Thron, der Gottesberg, die Gottesbäume, die Leben spendenden Bäche und der Chaosdrache (vgl. Abb. 7), die jeweils in fundamentale Konstellationen eingebunden sind,[55] boten den Menschen im alten Israel elementare Orientierungen im Alltag. Man musste mit diesen Zeichen allerdings vertraut sein – so vertraut, dass man sie »lesen« und ihre »Sprache« verstehen konnte. Diese Vertrautheit leistete das religiöse Symbolsystem.

c) Die Struktur des religiösen Symbolsystems

Zur Präzisierung des Ausdrucks »Religiöses Symbolsystem« greife ich auf den Ansatz von C. Geertz zurück, der Religion als »kulturelles System«, d.h. als ein System von Bedeutungen versteht, die in symbolischer Gestalt auftreten und den Menschen helfen, ihre Einstellungen zum Leben mitzuteilen, zu erhalten und weiterzuentwickeln. Symbole haben

> »die Funktion, das *Ethos eines Volkes* – Stil, Charakter und Beschaffenheit seines Lebens, seine Ethik, ästhetische Ausrichtung und Stimmung – mit seiner *Welt-*

[54] Vgl. *Hartenstein,* Unzugänglichkeit Gottes, 108. Jes 6,3b lässt sich nach *ders.*, a.a.O., 217 aber auch »so lesen, daß die ›Fülle der ganzen Erde‹ in Gestalt der Lebewesen und menschlichen Bewohner die ›Herrlichkeit‹ Gottes repräsentiert, und diese ihrerseits die ›Ehre‹ Gottes durch ihren Lobpreis zur Geltung bringen« (a.a.O., 217 [im Original z.T. hervorgehoben]), vgl. *ders.*, a.a.O., 78ff.82ff.218ff.

[55] S. dazu *Keel/Uehlinger*, Göttinnen, 13f.

auffassung – dem Bild, das es über die Dinge in ihrer reinen Vorfindlichkeit hat, seinen Ordnungsvorstellungen im weitesten Sinne – zu verknüpfen«[56].

Das religiöse Symbolsystem stellt eine Übereinstimmung zwischen einem bestimmten *Lebensstil* (»Ethos«) und einer bestimmten *Ordnungsvorstellung* (»Weltauffassung«) her, indem es jede der beiden Seiten mit der Autorität der jeweils anderen Seite stützt. Eine Religion, so definiert Geertz, ist

> »(1) ein Symbolsystem, das darauf zielt, (2) starke, umfassende und dauerhafte *Stimmungen und Motivationen in den Menschen* zu schaffen, (3) indem es *Vorstellungen einer allgemeinen Seinsordnung* formuliert und (4) diese Vorstellungen mit einer solchen Aura von Faktizität umgibt, daß (5) die Stimmungen und Motivationen völlig der Wirklichkeit zu entsprechen scheinen.«[57]

Wenn man diese Parameter in das Symbolsystem der Jerusalemer Tempeltheologie übersetzt und dabei auf die leitende *JHWH-König-Vorstellung*[58] rekurriert, wie sie vor allem in den JHWH-König-, den Zions-, den Schöpfungs-, den Wallfahrts-Psalmen und – mit anthropologischer Zuspitzung – in den Klage- und Dankliedern des einzelnen (Ps 3–14; 27; 36 u.a.) oder in Texten wie Jes 6,1–5;[59] Ez 1; 10f*; Jer 17,12; Jes 66,1f u.a.[60] belegt ist, ergeben sich folgende Relationen:

Vorstellung von JHWH als dem ›Königsgott vom Zion‹
als Zentralinhalt der Jerusalemer Tempeltheologie

↓↑

Sprachlicher/bildlicher Ausdruck dieser Vorstellung
durch Elemente des religiösen Symbolsystems:

Orte: Höhe/Tiefe (vertikales Weltbild), Zentrum/Peripherie (horizontales Weltbild), Tempel als »Urhügel«/Berg/Palast/Thron/Haus u.a.
Zeiten: Urzeit (Thron/Königtum »von Urzeit her«), Heils-/Unheilsgeschichte (Exodus, Exil), Jetztzeit (zyklisch/ linear) u.a.
Riten: Feste (im Herbst / im Frühjahr), Opfer (Mahl, Dank, Reinigung/Sühne), Wallfahrt u.a.
Ikone: Tiere: Keruben, Seraphen, Löwen, Rinder u.a.; Pflanzen: Palm(ett)en, Lotusblüten, Granatäpfel; (Gottes-)Bäume u.a.
Texte: Zions-, JHWH-Königs-, Königs-, Schöpfungs-, Wallfahrts-Psalmen; Klage- und Danklieder des einzelnen u.a.

↑↓

Glaube an den ›Königsgott vom Zion‹
und Leben danach (Ethos)

Abb. 9: Religiöses Symbolsystem der mittleren Königszeit

[56] *Geertz*, Beschreibung, 47 (Hervorhebung von mir).
[57] *Ders.*, a.a.O., 48.
[58] S. dazu *Leuenberger*, Konzeptionen, 42ff, und *ders.*, JHWH, 245ff.
[59] S. dazu oben 13ff.
[60] S. dazu *Janowski*, Wohnung des Höchsten, 29ff.35ff.

Dieser Zusammenhang von Ethos und Weltauffassung belegt, dass eine Religion aus einer bestimmten Anzahl sprachlicher und bildlicher Zeichen besteht, die aufgrund ihrer Verknüpfung »ein bestimmtes Muster, ein Gewebe«[61] bilden und wie die Regeln einer Sprache auf innerer Kohärenz beruhen, also gleichsam eine »Grammatik« und »Syntax« besitzen:

> »Wie sich eine Sprache nicht nur aus ihren Wörtern rekonstruieren läßt, so die religiöse Vorstellungswelt einer Kultur nicht aus isolierten Bildelementen. Wer eine Sprache verstehen will, muß deren Syntax kennen und Sätze analysieren; wer Bilder verstehen will, muß das Hauptaugenmerk auf komplexe Konstellationen richten, wo immer solche zu finden sind.«[62]

Der zentrale Inhalt dieses Zeichensystems ist die Vorstellung des *Königsgottes vom Zion*, der Jerusalem/Juda und seinen Bewohnern *Stabilität*, *Fruchtbarkeit* und *Gerechtigkeit* gewährt. Diese Vorstellung wird durch eine überschaubare Anzahl von Symbolen wie den *Gottesthron* (Aspekt »Stabilität«), den *Gottesstrom* (Aspekt »Fruchtbarkeit«) und das *Angesicht JHWHs* (Aspekt »Gerechtigkeit«) gebildet[63] und so im kollektiven Gedächtnis Israels verankert. Der Akt der Symbolisierung ist deshalb so zentral, weil in ihm eine Verbindung des Konkreten mit dem Abstrakten und umgekehrt des Abstrakten mit dem Konkreten geschieht und damit die Dimension der Anschauung und des Erlebens gewahrt bleibt,[64] schematisch.

Konkreta	Gottesthron	Gottesstrom	Angesicht JHWHs	
	|	|	|	← Symbolisierung
Abstrakta	Stabilität	Fruchtbarkeit	Gerechtigkeit	

Das religiöse Symbolsystem, das auf diese Weise zustande kam – und dessen Inventar zu erweitern und zu differenzieren wäre! –, hat wie jede symbolische Wahrnehmung der Wirklichkeit eine phänomenologische und eine semiotische Dimension.[65] Beide Formen der Wahrnehmung verbinden sich, kognitionswissenschaftlich gesprochen, mit einer »theory of mind«[66]:

61 *Keel/Uehlinger*, Göttinnen, 14.
62 *Dies.*, ebd.
63 S. dazu *Janowski*, Ort des Lebens, 217ff.
64 S. dazu unten 26ff.
65 S. dazu *Theißen*, Erleben, 124ff. Theißen spricht statt von »phänomenologischer« von »physiognomischer« Wahrnehmung und verdeutlicht dies am Beispiel des täglichen Sonnenaufgangs und dessen religiöser Bedeutung: »Auch ein normaler Sonnenaufgang kann religiös erlebt werden, wenn er symbolisch als Ausdruck der Güte Gottes gesehen wird. Damit wird ein natürlicher Vorgang *physiognomisch* gedeutet. Nicht umsonst spricht man davon, dass die Sonne ›lacht‹. Eine der Wurzeln der Religion ist diese physiognomische anthropomorphe Wahrnehmung der Welt« (*ders.*, a.a.O., 125).
66 Vgl. *ders.*, a.a.O., 126.

- Durch die *phänomenologische Wahrnehmung* – z.B. des »Angesichts JHWHs« – werden emotionale Reaktionen wie Geborgenheit und Dankbarkeit hervorgerufen, weil sich der Beter durch die Zuwendung des göttlichen Angesichts als gerechtfertigt – und durch seine Abwendung als den Feinden / dem Tod preisgegeben – erlebt.

- Durch die *semiotische Wahrnehmung* – z.B. des »Gottesthrons« – erlebt der Mensch die »Welt als ›sinnvoll‹ wie einen ›Text‹, der ihm etwas sagt«[67]. Sie spricht vor allem sein kognitives Vermögen an, indem sie den Dingen und Ereignissen über ihre unmittelbare Existenz hinaus einen Zeichenwert gibt: der Gottesthron im Zentrum der Jerusalemer Welt (*axis mundi*-Motiv) ist das Zeichen und der Garant ihrer Stabilität.

Beide Formen der Wahrnehmung boten den Menschen im alten Israel Orientierungen im Alltag und halfen ihnen, die Spannung zwischen der *vorgestellten Ordnung der Welt* und den *faktischen Gegebenheiten*, in denen Ordnungs- und Unordnungselemente immer ineinander liegen, durch wieder erkennbare »Muster« aufzulösen und zu bewältigen. In welchem Ausmaß diese Wahrnehmungsformen das Gottesbild betrafen, kann das Beispiel von Jes 40,18–26 verdeutlichen, das zugleich die Transformation der Jerusalemer Tempeltheologie (Jes 6,1–5 u.a.)[68] durch die Schöpfungstheologie vor Augen führt.

Exkurs 2: Die Entgrenzung JHWHs

Der zeitgeschichtliche Hintergrund des besagten Transformationsprozesses ist die Auseinandersetzung Deuterojesajas mit dem religiösen Symbolsystem der mesopotamischen Marduk-Religion. Aufgrund der ›Umbuchung‹ der universalen Kompetenzen Marduks auf JHWH tritt dieser an die Stelle des babylonischen Hauptgottes.[69] Der *locus classicus* dafür ist die Disputationsrede Jes 40,18–26:[70]

I. Unvergleichlichkeit JHWHs

18 Und mit wem wollt ihr Gott vergleichen
und welches Abbild ihm gegenüberstellen?
19 Das Kultbild – gegossen hat es ein Kunsthandwerker
und ein Feinschmied überzieht es mit Gold
und Silberkettchen schmiedet er.
20 Das *Sissoo*-Holz (als) Weihegabe
Holz, das nicht fault, wählt man,
einen tüchtigen Kunsthandwerker sucht man sich,
um ein Kultbild aufzustellen, das nicht wackelt.

II. Israels Schöpfungswissen

21 Erkennt ihr nicht?
Hört ihr nicht?
Wurde es euch nicht kundgetan von Anbeginn?

67 *Ders.*, ebd.
68 S. dazu oben 13ff.
69 S. dazu *Albani*, Deuterojesajas Monotheismus, 200f.
70 S. dazu auch *Hartenstein*, Weltbild, 32ff.

Habt ihr denn nicht begriffen die Fundamente der Erde?
22 Der thront über dem Kreis der Erde
und ihre Bewohner (sind) wie Heuschrecken,
der ausspannt wie einen Schleier die Himmel
und sie spannte wie ein Zelt zum Wohnen.
23 Der preisgibt Würdenträger dem Nichts,
Richter der Erde wie Nichtiges machte.
24 Kaum waren sie gepflanzt,
kaum waren sie ausgesät,
kaum schlug Wurzel in der Erde ihr Reis,
da blies er sie an und sie verdorrten
und Sturmwind wie die Spreu trägt sie davon.

III. Unvergleichlichkeit JHWHs

25 »Und mit wem wollt ihr mich vergleichen, dass ich (ihm) entspräche?«
sagt der Heilige.
26 Hebt zur Höhe eure Augen und seht:
Wer hat diese (da) erschaffen?
Der herausführt vollzählig ihr Heer,
sie alle mit Namen ruft er.
Wegen der Fülle an Kraft und Stärke an Macht,
nicht einer wird vermisst!

Das Hauptargument für die Unvergleichlichkeit JHWHs ist schöpfungstheologischer Natur und wird nach diesem Text im Gegenüber zu den Kultbildern (V.18–20) sowie zum Astralkult (V.25f) entwickelt. Wie die Komposition zeigt, ist der Schlussabschnitt V.25f ähnlich strukturiert wie der Eröffnungsabschnitt V.18–20, unterscheidet sich von diesem aber in zweifacher Hinsicht: zum einen bringt V.25 gegenüber V.18 eine Steigerung durch die direkte JHWH-Rede und das JHWH-Prädikat »der Heilige« ein; zum anderen fordert Deuterojesaja seine Hörer auf, zur »Höhe« (*mārôm*) emporzublicken und sich zu fragen, wer »diese«, nämlich die Gestirne, »erschaffen« hat. In diesem Blick nach oben geht es »nicht um eine beiläufige Erkenntnis unter und neben anderen Erkenntnissen, sondern um die Entscheidung über Gültigkeit und Nichtgültigkeit einer Herrschaft«[71], also um die Gottesfrage. Diese Frage wird in Jes 40,18–26 zweimal beantwortet: zum einen *kontrastiv*, d.h. JHWH ist nicht zu vergleichen mit von Menschen gemachten Kultbildern (V.19f), und zum anderen *explikativ*, d.h. JHWH ist auch nicht mit den Gestirnen zu vergleichen, weil er ihr Schöpfer ist (V.26).

Und dennoch: Auch wenn JHWH ein (kult-)bildloser Gott ist, kann seine machtvolle Gegenwart, wie V.26aa formuliert, »gesehen« werden, und zwar an seiner Schöpfung. Dieser Grundgedanke – die ›*sichtbare*‹ *Gegenwart des unsichtbaren Gottes* – wird im Mittelteil V.21–24 hymnisch entfaltet, wobei dem Terminus »Erde« (*'æræṣ*) eine Leitwortfunktion zukommt. Entscheidend für das Gesamtverständnis ist nun, dass der Text mit dem Syntagma »Der thront über dem (Horizont-)Kreis der Erde« (V.22a)[72] nicht nur – bildlich gesprochen – seinen Scheitelpunkt erreicht, sondern

71 *Zimmerli*, Erkenntnis Gottes, 70.

72 Von *ḥûg* »Kreis, (mit dem Zirkel gezogene) Kreislinie« ist außer in Jes 40,22 nur noch in Ijob 22,14; 26,10 und Spr 8,27 die Rede: Ijob 22,14, s. ferner Sir 43,12 (vom Regenbogen) und dazu *Seybold*, Art. *ḥûg*, 780ff, und *Albani*, Der eine Gott, 137 Anm. 535; 141f.

auch neue theologische Akzente setzt. So wird nach V.22 gegenüber der älteren Zionstradition mit ihrer Vorstellung vom kosmisch dimensionierten Tempel (vgl. Jes 6,1–5 u.a.)[73] die Unterscheidung von Himmel und Erde in eine komplementäre Beziehung überführt, wonach das »Thronen« JHWHs über dem Horizont die Voraussetzung für die Bewohnbarkeit der Erde ist (*Inclusio*-Struktur). Dazwischen steht die Aussage über die Erdbewohner, deren Kleinheit kontrastiv die Größe und Souveränität des Schöpfers verdeutlicht:

> Der *thront* (*jšb* Ptz.qal) über dem (Horizont-)Kreis der *Erde*
> und ihre *Bewohner* (*jšb* Ptz.qal) (sind) wie Heuschrecken,
>
> der ausspannt wie einen (dünnen) Schleier die *Himmel*
> und sie spannte wie ein (Nomaden-)Zelt *zum Wohnen* (*jšb* Inf.cstr.qal).

Die Bedeutung dieses kleinen Hymnus lässt sich durch allgemeine Überlegungen zum Begriff des Horizonts noch profilieren. »Horizont«, so schreibt H.-G. Gadamer,

> »ist der Gesichtskreis, der all das umfaßt und umschließt, was von einem Punkt aus sichtbar ist. In der Anwendung auf das denkende Bewußtsein reden wir dann von Enge des Horizontes, von möglicher Erweiterung des Horizontes, von Erschließung neuer Horizonte usw. ... Wer keinen Horizont hat, ist ein Mensch, der nicht weit genug sieht und deshalb das ihm Naheliegende überschätzt. Umgekehrt heißt ›Horizont haben‹, Nicht-auf-das-Nächste Eingeschränktsein, sondern über es Hinaussehenkönnen. Wer Horizont hat, weiß die Bedeutung aller Dinge innerhalb dieses Horizontes richtig einzuschätzen nach Nähe und Ferne, Größe und Kleinheit.«[74]

Im Unterschied dazu verwendet Jes 40,22 den Horizontbegriff nicht im alltäglichen, sondern im kosmologischen Sinn, denn es heißt ja nicht, dass JHWH ›Horizont hat‹, sondern dass er ›über dem Horizont thront‹. Dennoch gibt es zwischen beiden Gebrauchsweisen Übereinstimmungen. Sie bestehen darin, dass der Horizont – mit Gadamer gesprochen – der Gesichtskreis ist, der all das umfasst, was von einem Punkt aus sichtbar ist. Angewendet auf Jes 40,22–24 (s. Abb. 10): Im Unterschied zu den von Menschen gemachten Kultbildern (V.20) ist dem Weltschöpfer aufgrund seiner transzendenten Position alles sichtbar und untergeordnet die Bewohner der Erde und ihr (problematisches) Treiben (V.23f) ebenso wie die Gestirne, die er erschaffen hat und die seiner Macht und Herrschaft unterstehen (V.26).

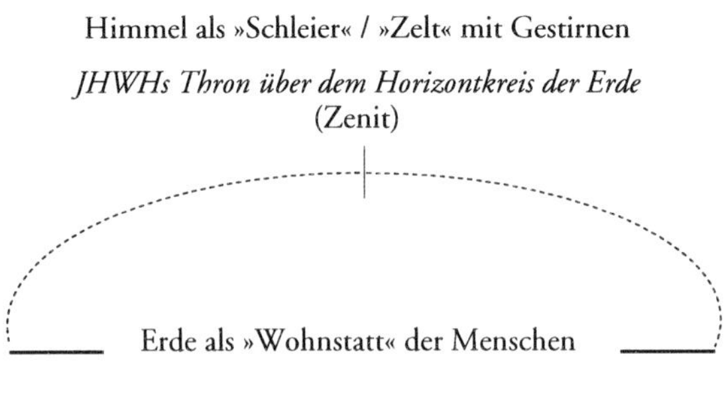

Abb. 10: Die Position JHWHs nach Jes 40,22

73 S. dazu oben 13ff.
74 *Gadamer*, Wahrheit und Methode, 307f.

Aufgrund dieser Umakzentuierung der vorexilischen Tempeltheologie – die in Jes 66,1f noch weiter vorangetrieben[75] wird – ist deutlich, wie die Rede von der »Entgrenzung JHWHs« bei Deuterojesaja zu verstehen ist, nämlich als Plausibilisierung seines Monotheismusarguments. Anders gesagt: »Als einziger Gott ist JHWH auch der universale Gott.«[76] Die Universalisierung JHWHs ist die theologische Antwort auf den Verlust von Land, Königtum und Tempel und führt in der Auseinandersetzung mit der konkurrierenden Marduk-Religion zu einer Entschränkung des JHWH-Glaubens.

2. Leitkategorien der Weltbildanalyse

Soweit unsere Skizze zur Logik des biblischen Weltbilds. Immer wieder sind wir dabei auf den Begriff des Symbols als einem Leitbegriff für die Rekonstruktion des Weltbilds gestoßen. E. Cassirer (1874–1945), dessen Werk gegenwärtig eine bemerkenswerte Renaissance erlebt, hat in seinem »Versuch über den Menschen« von 1944 den Menschen als *homo symbolicus*, also als ein Wesen definiert, das eine eigentümliche Fähigkeit zur symbolischen Gestaltung seiner Lebenswelt besitzt:

> »Er (sc. der Mensch) lebt nicht mehr in einem bloß physikalischen, sondern in einem symbolischen Universum. Sprache, Mythos, Kunst und Religion sind Bestandteile dieses Universums. Sie sind die vielgestaltigen Fäden, aus denen das Symbolnetz, das Gespinst menschlicher Erfahrung gewebt ist. Aller Fortschritt im Denken und in der Erfahrung verfeinert und festigt dieses Netz. Der Mensch kann der Wirklichkeit nicht mehr unmittelbar gegenübertreten, er kann sie nicht mehr als direktes Gegenüber betrachten. Die physische Realität scheint in dem Maße zurückzutreten, wie die Symboltätigkeit des Menschen an Raum gewinnt.«[77]

Der Begriff des Symbols ist geeignet, Leitkategorien oder Ordnungsparameter zu entwickeln, die für die Analyse des biblischen Weltbilds essentiell sind. Einige dieser Leitkategorien seien abschließend noch einmal zusammenfassend genannt.

a) Symbol und Wirklichkeit

Zu den Ordnungsparametern, die nach altorientalischem und biblischem Verständnis die Erfahrungswelt strukturieren, gehört die *Korrelation von Faktischem und Symbolischem* bzw. von *Konkretem und Abstraktem*. Während wir gewohnt sind, das Konkrete und das Abstrakte voneinander zu trennen und entweder mit konkreten Gegenständen wie *Baum, Thron* oder *Berg* oder mit abstrakten Begriffen wie *Leben, Königtum* oder *Ort der Gottheit* zu arbeiten, verwenden die altorientalischen Kulturen mit Vorliebe »Begriffe, die an sich konkret sind, aber oft etwas weit über ihre

75 S. dazu *Albani*, »Wo sollte ein Haus sein«, 37ff.

76 *Ders.*, Der eine Gott, 18.

77 *Cassirer*, Versuch über den Menschen, 50. Zu Cassirers Ansatz s. die kritische Aufnahme und Weiterführung bei *Habermas*, Formgebung, 9ff; *Mohn*, Mythostheorien, 84ff; *Daniel*, Kompendium Kulturgeschichte, 90ff u.a.

konkrete Bedeutung Hinausreichendes meinen«[78]. Die altorientalischen Kulturen trennen nicht zwischen Konkretem und Abstraktem, sondern wahren den Zusammenhang von beidem, indem sie die ›Einheit der Wirklichkeit‹ mit Hilfe von Symbolen darstellen. Der Akt der Symbolisierung leistet die Verbindung des Abstrakten mit dem Konkreten und des Konkreten mit dem Abstrakten, indem es eine Transformation der gegenständlichen in eine nichtgegenständliche Bedeutung (›Idee‹) herbeiführt, also den Überschritt vom sinnlichen Eindruck zum symbolischen Ausdruck leistet. »Symbolisierung« meint einen zwar vorbegrifflichen, aber nicht vorrationalen Akt. Als eine Funktion des menschlichen Geistes ist sie

> »der Ausgangspunkt allen Verstehens im spezifisch menschlichen Sinne und umfaßt mehr als Gedanken, Einfälle oder Handlungen. Denn das Gehirn ist nicht bloß eine große Vermittlungsstation, eine Superschalttafel, sondern eher ein großer Transformator. Der ihn durchlaufende Erfahrungsstrom verändert seinen Charakter, nicht durch das Zutun des Sinnes, der die Wahrnehmung empfing, sondern vermöge des primären Gebrauchs, der sofort davon gemacht wird: er wird eingesogen in den Strom von Symbolen, der den menschlichen Geist konstituiert.«[79]

b) Weltbild und mental map

Die Beziehungen zwischen der Religion (z.B. des alten Israel) und ihrer geographischen Umwelt sind in den letzten Jahrzehnten verstärkt zum Gegenstand religionsgeschichtlicher und religionsgeographischer Forschung geworden.

> »Wegen der Wechselseitigkeit dieser Beziehungen – die Religionen prägen durch ihre Bekenner das Erscheinungsbild der Kulturlandschaft und der von der Religion vorgeprägte Raum wirkt auf die Religion in Gestalt ihrer darin ansässigen Anhänger zurück – ist die Religionsgeographie an der Erklärung der räumlichen Verhältnisse wie der Religion beteiligt.«[80]

Von besonderem Interesse für die Weltbildproblematik ist in diesem Zusammenhang das Zustandekommen einer *mental map*. Die *mental map* ist eine Art ›inneres Modell‹, das den einzelnen und die Gemeinschaft instand setzt, seine Umwelt wahrzunehmen, zu deuten und zu bewerten. Beispiele für diese Art der Umweltwahrnehmung sind die *Mythologisierung und Ritualisierung des Raums*,[81] die kultische und politische *Verknüpfung von Zentrum und Peripherie*[82] oder – im Kontext des »horizon-

78 *Keel*, Bildsymbolik, 8.

79 *Langer*, Philosophie, 50, s. dazu auch *Langer*, a.a.O., 34ff; *Keel*, Recht der Bilder, 267ff; *ders./Uehlinger*, Göttinnen, 13f; *Stolz*, Religionswissenschaft, 101ff u.a.

80 *Hoheisel*, Religionsgeographie, 108, vgl. zum Grundsätzlichen auch *Leroi-Gourhan*, Hand und Wort, 387ff.

81 S. dazu Pongratz-Leisten, *Ina šulmi īrub*, 12ff, und *dies.*, mental map, 261ff.

82 S. dazu *dies.*, *Ina šulmi īrub*, 9ff, ferner *Berlejung*, Theologie der Bilder, 25ff, und *dies.*, Art. Weltbild/Kosmologie, 67ff.

talen Weltbilds« besonders brisant – die *Grenze zwischen der Welt der Lebenden und der Toten.*[83]

Allerdings: Literarische Quellen wie das Alte Testament erlauben es oft nicht, die *mental map* bzw. den Filter, der die Raumwahrnehmung bedingt, auch nur in groben Zügen zu rekonstruieren. »Deshalb liegt bei Studien dieser Art die bei historischen Arbeiten nie ganz zu vermeidende Gefahr, die Plausibilitätsstrukturen des Forschers mit den Entscheidungskriterien der Erforschten zu identifizieren, besonders nahe«[84]. Man wird diesem Zirkel nur entgehen, wenn man die Thesen zur (Um-)Weltwahrnehmung immer wieder kritisch an die relevanten Texte rückbindet und dabei umsichtig das altorientalische Bildmaterial berücksichtigt.[85] Nur eine Integration von Text und Bild kann der Frage nach dem biblischen Weltbild gerecht werden.

Exkurs 3: Die symbolische Landschaft Mesopotamiens

Lehrreich ist in diesem Zusammenhang ein vergleichender Blick auf die *symbolische Landschaft Mesopotamiens*,[86] der allerdings auch die Unterschiede zum biblischen Weltbild demonstriert. In einem aufschlussreichen Aufsatz hat F.A.M. Wiggermann das Themeninventar der mesopotamischen Ikonographie untersucht und sich dabei auf die Darstellung des mythischen Raums und der Stellung des Menschen in ihm konzentriert.[87] Eine dieser Darstellungen – eine moderne Rekonstruktion (Abb. 11) vermittelt einen Eindruck vom mesopotamischen Weltbild und seinen sechs vertikalen Achsen:

- Drei *Himmelshorizonte*:

  oberer Himmel: Anu,
  mittlerer Himmel: Enlil,
  unterer Himmel: Gestirne

- Drei *Erdhorizonte*:

  irdischer Bereich (erster Erdhorizont),
  apsû = »Süßwasserozean« als Sitz von Enki/Ea (mittlerer Erdhorizont)
  Bereich der Unterweltsgötter (unterer Erdhorizont).

83 S. dazu *Niehr*, Himmel, 55ff; *Xella*, »centro«, 13ff; *Berlejung*, Tod und Leben, 465ff, und *Bieberstein*, a.a.O., 503ff.
84 *Hoheisel*, Religionsgeographie, 118.
85 S. dazu *Cornelius*, Visual Representation, 193ff, mit der dort angegebenen Lit.
86 S. dazu *Wiggermann*, Sichtbare Mythologie, 109ff. Zur symbolischen Landschaft Ägyptens s. *Junge*, »Unser Land«, 3ff.
87 S. dazu *Wiggermann*, a.a.O., 113ff.

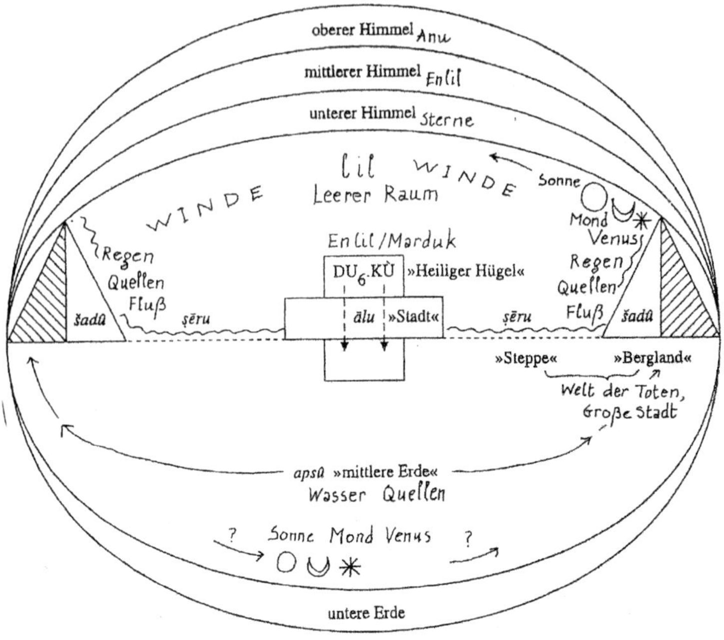

Abb. 11: Rekonstruktion des mesopotamischen Weltbilds

Der erste Erdhorizont ist als Bereich der Ordnung wie der Antiordnung die Lebenswelt des Menschen. In ihrem Zentrum steht der »Heilige Hügel« (*duku*), der »sich auf den *apsû* gründet und Bestandteil eines jeden Tempels ist, um den sich die Stadt (*ālu*) gruppiert«[88]. Jenseits des Ordnungsgefüges der Stadt erstreckt sich als Aufenthaltsort der Dämonen der chaotische Bereich der Steppe (*ṣēru*) und die Regionen des entfernt gelegenen Berglandes (*šadû*). Das menschliche Leben spielt sich innerhalb des Ordnungsgefüges der Stadt, also zwischen Himmel und Grundwasser ab, wird aber immer wieder von Kräften bedroht, die sich melden, wenn die ordnende Herrschaft des Königs versagt oder wenn dämonische Gefahren in Form von Krankheit (*Lamaštu*-Amulette),[89] Feindbedrängnis oder Rechtsnot auf den Plan treten. Wie ein Mesopotamier der altbabylonischen Zeit (ca. 1894–1598 v.Chr.) diese seine Welt gesehen und erlebt hat, hat C. Wilcke auf höchst eindrückliche Weise beschrieben.[90]

c) Implizite und explizite Kosmologie

Ein weiterer Aspekt betrifft schließlich den Begriff »Kosmologie«, der, wie sich am Beispiel der Jerusalemer Tempeltheologie[91] zeigen lässt, in Zu-

[88] *Pongratz-Leisten*, *Ina šulmi īrub*, 35.

[89] S. dazu *Janowski*, Konfliktgespräche mit Gott, 191f.

[90] S. dazu *Wilcke*, Weltbilder, 1ff.

[91] Andere Bezeichnungen sind »Zionstheologie/-tradition« oder »Jerusalemer Kulttradition«, s. dazu die kritischen Bemerkungen von *Leuenberger*, JHWH, 245 mit Anm. 2, der den Ausdruck »Jerusalemer Theologie« aus sachlichen Gründen ebenfalls für angemessener hält.

kunft differenzierter zu handhaben sein wird. In der bisherigen Forschung war es üblich, die Jerusalemer Tempeltheologie als ein Ensemble von vier bis fünf Grundmotiven zu beschreiben und dessen konzeptionelle Geschlossenheit als von Anfang an gegeben herauszustellen.[92] Überdies standen das Alter und die (vorisraelitisch-jebusitische) Herkunft der Gesamttradition im Vordergrund des Interesses. Inzwischen haben sich die Parameter deutlich verschoben. Zum einen ist die Textbasis für die Einzelmotive, sofern man nach ihrer vorexilischen Gestalt fragt, wesentlich schmaler als bislang angenommen. Zum anderen ist die Rede von *der* Zionstradition bzw. Jerusalemer Tempeltheologie als eines von Anfang an homogenen und über die Zeiten hin stabilen Gebildes obsolet geworden. Im Anschluss an die Überlegungen zum religiösen Symbolsystem[93] sowie unter Berücksichtigung neuerer Arbeiten zur Religionsgeschichte Israels lässt sich die Vorstellung vom Königtum JHWHs als Basisaussage der (vorexilischen) Tempeltheologie verstehen, die in den Grundtexten Jes 6,1–5; Ps 93; Ps 46,2–8; 48 u.a. nach ihrer *vertikalen* und *horizontalen* Dimension entfaltet wird.[94]

Da die Vorstellung vom Wohnort JHWHs Teil der Vorstellung vom Weltganzen (»Weltbild«) ist, ist weiterhin zwischen einer *impliziten* und einer *expliziten* Kosmologie zu unterscheiden.[95] Während mit expliziter Kosmologie eine raumzeitliche Ordnung gemeint ist, der eine eigenständige Bedeutung zukommt (»Himmel« als Wohnort JHWHs),[96] weist die implizite, an der räumlichen »Symbolik des Zentrums« (Tempel, Stadt, Palast) orientierte ältere Kosmologie keine eigene Begründungsfunktion auf, da sie in den entsprechenden Texten immer schon vorausgesetzt wird. Entsprechend schwierig ist es, sie zu rekonstruieren.[97]

Das sind nur einige, wenn auch zentrale Leitkategorien der Analyse des biblischen Weltbilds. Die künftige Forschung wird weitere Parameter entwickeln (müssen),[98] um dessen Eigenbegrifflichkeit und Logik noch besser zu verstehen als bisher.

92 S. dazu *Janowski*, Wohnung des Höchsten, 60ff.

93 S. dazu oben 15ff.

94 S. dazu *Janowski*, a.a.O., 32ff und *Leuenberger*, a.a.O., 246ff. Zur heuristischen Unterscheidung von vertikalem und horizontalem Weltbild s. oben 13ff.

95 S. dazu *Hartenstein*, Unzugänglichkeit Gottes, passim, vgl. *Janowski*, a.a.O., 61.

96 S. dazu *Bartelmus*, Art. *šāmajim*, 211ff, und *ders.*, *šāmajim*, 94ff.

97 In exilisch-nachexilischer Zeit wird die ältere Tempeltheologie dann transformiert und um neue Dimensionen erweitert. Die mit Deuterojesaja einsetzende Schöpfungstheologie war offenbar der Katalysator dieser Reflexionsarbeit, die explizit machte, was bereits implizit vorhanden war, s. dazu auch oben 18ff. Das aber hat nicht nur das Gottesverständnis Israels nachhaltig, nämlich in Richtung »Universalisierung« verändert, sondern auch den Boden für einen neuartigen Gottesbezug des einzelnen bereitet, s. dazu die Hinweise bei *Janowski*, a.a.O., 61f.

98 S. dazu die Beiträge von *Geiger*, Gottesräume (zum Dtn); *Ballhorn*, Israel (zu Jos); *Thöne*, Desert, 55ff (zu Ps 55); *dies.*, Liebe (zum Hhld) u.a.

III. Zur Unaufgebbarkeit der Weltbildfrage

Abschließend drängt sich die Frage auf, welchen Gewinn denn die Beschäftigung mit dem antiken Weltbild für die Gegenwart bringt. Zunächst einmal, so scheint uns, bringt die Beschäftigung mit dem antiken und speziell mit dem biblischen Weltbild den Gewinn, den jede Analyse der Vergangenheit bedeutet: nämlich zu verstehen, woher wir kommen und wohin wir gehen. Historische Forschung leistet damit nicht nur kulturelle Erinnerungsarbeit, sie dient auch der existentiellen Lebensorientierung. Angesichts der problematischen Alternative, entweder vom normativen Vorbild der Vergangenheit abzuweichen oder die Vergangenheit ewig wiederholen zum müssen, verfolgt sie ein kulturtypologisches Interesse, denn:

> »In ihrer kulturellen Überlieferung wird eine Gesellschaft sichtbar: für sich und für andere. Welche Vergangenheit sie darin sichtbar werden und in der Wertperspektive ihrer identifikatorischen Aneignung hervortreten läßt, sagt etwas über das, was sie ist und worauf sie hinauswill.«[99]

Da ein Weltbild uns »im Ganzen unseres Lebens«[100] orientiert, plädiert historische Forschung jenseits von sklavischer Übernahme oder überheblicher Verdrängung der Vergangenheit für die Notwendigkeit, den langen Weg von der Antike bis heute verstehend nachzuvollziehen und dabei verschüttete oder verdrängte Möglichkeiten des Welt- und Selbstverständnisses wieder zurückzugewinnen bzw. zur Geltung zu bringen.

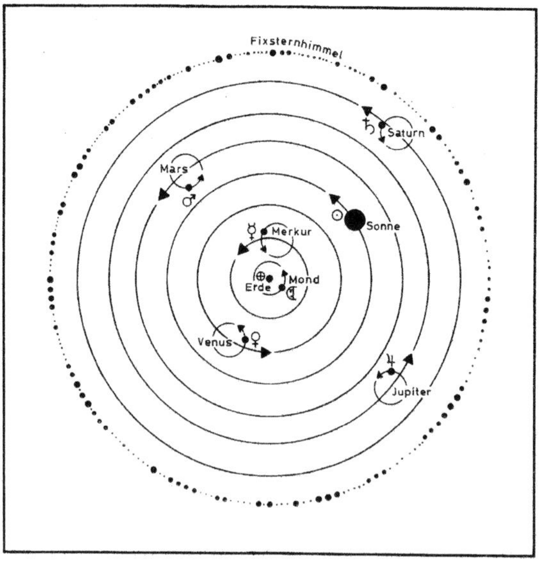

Abb. 12: Ptolemäisches Weltbild mit den sieben Planeten und den Fixsternen

[99] *Assmann*, Kollektives Gedächtnis, 16.
[100] *Habermas*, Weltbilder, 203, vgl. *ders.*, a.a.O., 2005, und oben 2f.

Darüber hinaus ist es gar nicht ausgemacht, dass wir das ptolemäische Weltbild mit der Erde als Zentrum des Universums (s. Abb. 12)[101] gänzlich oder besser: im alltäglichen Erleben hinter uns gelassen und die Einsichten der kopernikanischen Wende vollständig beherzigt haben.[102] Im Gegenteil:

> »Durch den modernen Übergang von einem geschlossenen Weltall zu einem unendlichen Universum ... wurde das alte Heimatgefühl in der Harmonie des Weltalls zerstört. Der Blick in die begrenzt unendlichen Sternenräume und die uralten Zeiten, aus denen uns die Hintergrundstrahlung erreicht, erweckt bei modernen Menschen nihilistische Gefühle der Verlorenheit und einer transzendentalen Obdachlosigkeit. Schon Pascal bekannte: ›Das ewige Schweigen dieser unendlichen Räume macht mich schaudern‹.«[103]

Im Erleben sind wir, ob wir es wollen oder nicht, nach wie vor Ptolemäer. Noch immer »geht« 500 Jahre nach N. Kopernikus (1473–1543) und seinem Hauptwerk *De revolutionibus orbium coelestium* (Nürnberg 1543) die Sonne im Osten »auf«, obwohl das dem heliozentrischen Weltbild diametral widerspricht.[104] Und noch immer »wölbt sich« der Himmel über uns, obwohl wir auch das besser wissen (müssten). Wer garantiert uns denn, dass unsere heutigen Vorstellungen, selbst wenn sie mit dem allerneuesten Stand der wissenschaftlichen Erkenntnisse übereinstimmen, die richtigen und endgültigen wären? Die Alltagswelten unserer Vorfahren, zu denen auch die Menschen des alten Israel gehören,

101 Zum ptolemäischen Weltbild s. *Teichmann*, Wandel des Weltbildes, 51ff; *Stückelberger*, Himmel, 42ff u.a.

102 Paradoxerweise hat uns eine Spitzenleistung der wissenschaftlich-technischen Moderne, nämlich die erste, mit einem Raumschiff unternommene Landung eines Menschen auf dem Mond im Juli 1969, eine neue Geozentrik zu Bewusstsein gebracht. Denn seit wir den geozentrischen Blick von außerhalb kennen, also den Blick, den uns eine auf dem Mond postierte und auf unsere Erde gerichtete Kamera übermittelt hat, ist evident, dass unser Globus, der »Blaue Planet«, bezüglich seiner unvergleichlichen Schönheit und humanen Wohnqualität keinen Vergleich mit den Sternen scheuen muss. »Die kosmische Oase, auf der der Mensch lebt, dieses Wunder von Ausnahme, der blaue Eigenplanet inmitten der enttäuschenden Himmelswüste, ist nicht mehr ›auch ein Stern‹, sondern der einzige, der diesen Namen zu verdienen scheint« (*Blumenberg*, Genesis der kopernikanischen Welt, 793f), zum Erdglobus als dem »Blauen Planeten« s. *Bredekamp*, Blue Marble, 366ff.

103 *Moltmann*, Gott und Raum, 145. Zu dem Fragment 12 aus Pascals *Pensées* s. den Stellenkommentar von E. Zwierlein in *Pascal*, Gedanken, 297f: »Ein klassisches Zitat und geflügeltes Wort aus den *Pensées*. Die Unendlichkeit und ›Maßlosigkeit‹ des Universums ist, wenn man sie sich zu vergegenwärtigen versucht, gegenüber dem menschlichen Maß derart überwältigend, fremd und abweisend, dass sich der Mensch keine Hoffnung auf Antworten für seine Fragen machen darf. Im Blick auf dieses angesichtslose und alles Menschenmaß vertilgende All bleibt der fragende Mensch geistig heimatlos.«

104 Zum heliozentrischen Weltbild s. *Teichmann*, a.a.O., 69ff; *Zill*, Art. Grenze, 139ff u.a.

»mochten räumlich zwar kleiner und zeitlich kürzer als die unsrigen sein, ihr Horizont enger und ihr jederzeit mögliches Lebensende näher gelegen haben. Aber diese physischen Begrenzungen: der nächste Hügelzug und der Rand des dichten Waldes genauso wie Sterben und Tod bedeuteten für sie eben letztlich doch nicht *die* eigentlichen Grenzen und *das* Ende. Ihre Welten griffen räumlich und zeitlich weit darüberhinaus«.[105]

Wir sehen heute per Fernseher und Google Earth in die letzten Winkel der Erde und surfen via Internet durch hunderte von virtuellen Welten – aber ein »Weltbild« will sich dabei nicht einstellen. Nicht nur, weil wir das jeweils Gesehene nicht mehr in einen sinnvollen Zusammenhang einordnen können, sondern auch und vor allem, weil uns die physische Welt immer mehr entschwindet.

Um nicht missverstanden zu werden: Es gibt keinen Weg zurück zum Weltbild der Antike, weil es unwiederbringlich dahin ist. Und selbst wenn es uns gelänge, den Weg zurück zu gehen – wir würden uns nicht mehr in ihm zurechtfinden. Es ist aber höchste Zeit, uns bewusst zu machen, welchen Verlust das Entschwinden der Dinge und ihrer sinnlichen Anschauung für unser Menschsein bedeutet. Je virtueller die physische Welt wird, umso weniger Grund gibt es auch, nach ihrem symbolischen Gehalt und ihrer religiösen oder metaphysischen Bedeutung zu fragen.[106] Dann ist auch die Frage nach dem ›Sinn des Lebens‹ müßig. Diese Frage wachzuhalten – auch wenn wir sie anders beantworten als unsere Vorfahren –, ist vielleicht das Wichtigste, was uns die Beschäftigung mit dem Weltbild der Antike und speziell der Bibel lehren kann.

Abbildungsnachweis

1 *Cornelius*, Visual Representation, 211 fig.1 (nach einer Vorlage von *Keel*, Weltbild, 161)
2 *Senger*, »Wanderer am Weltenrand«, 345 Abb. 1
3 *Janowski*, Rettungsgewissheit, 151 Abb. 25
4 *Janowski*, Rettungsgewissheit, 151 Abb. 26
5 *Keel*, Bildsymbolik, 34 Abb. 36
6 *Keel*, Bildsymbolik, 19 Abb. 10–13
7 *Cornelius*, Visual Representation, 217 fig.9
8 *B. Janowski*
9 *B. Janowski*
10 *B. Janowski*
11 *Wiggermann*, Sichtbare Mythologie, 122 Abb. 11c (nach einer Vorlage von *Pongratz-Leisten*, *Ina šulmi īrub*, 36 Abb. 5)
12 *Imhof*, Welten, 195 Abb. 32

[105] *Imhof*, Welten, 228 (Hervorhebung im Original).

[106] Zu dem für das Weltbild der Antike konstitutiven Zusammenhang von sinnlicher Anschauung und geistiger Erkenntnis s. die oben 4f zitierten Bemerkungen von *Gese*, Frage des Weltbildes, 212f.

Bibliographie

Albani, M., »Wo sollte ein Haus sein, das ihr mir bauen könntet?« (Jes 66,1) – Schöpfung als Tempel JHWHs?, in: *B. Ego / A. Lange / P. Pilhofer* (Hg.), Gemeinde ohne Tempel. Zur Substituierung und Transformation des Jerusalemer Tempels und seines Kults im Alten Testament, antiken Judentum und frühen Christentum (WUNT 118), Tübingen 1999, 37–56

– Der eine Gott und die himmlischen Heerscharen. Zur Begründung des Monotheismus bei Deuterojesaja im Horizont der Astralisierung des Gottesverständnisses im Alten Orient (ABG 1), Leipzig 2000

– Deuterojesajas Monotheismus und der babylonische Religionskonflikt unter Nabonid, in: *M. Oeming / K. Schmid* (Hg.), Der eine Gott und die Götter. Polytheismus und Monotheismus im antiken Israel (AThANT 82), Zürich 2003, 171–201

Assmann, J., Kollektives Gedächtnis und kulturelle Identität, in: *ders. / T. Hölscher* (Hg.), Kultur und Gedächtnis (stw 724), Frankfurt a.M. 1988, 9–19

– Tod und Jenseits im alten Ägypten, München 2001

Ballhorn, E., Israel am Jordan. Narrative Topographie im Buch Josua (BBB 162), Göttingen 2011

Bartelmus, R., Art. *šāmajim*, ThWAT 8 (1995), 204–239

– *šāmajim* – Himmel. Semantische und traditionsgeschichtliche Aspekte, in: *B. Janowski / B. Ego* (Hg.), Das biblische Weltbild und seine altorientalischen Kontexte (FAT 32), Tübingen 2001, 87–124

Berger, K., Historische Psychologie des Neuen Testaments (SBS 146/147), Stuttgart 1991

Berger, P.L., Auf den Spuren der Engel. Die moderne Gesellschaft und die Wiederentdeckung der Transzendenz (Herder Spektrum 4001), Freiburg/Basel/Wien 1991

– */ Luckmann, Th.*, Die gesellschaftliche Konstruktion der Wirklichkeit. Eine Theorie der Wissenssoziologie, Frankfurt a.M. 1980

Berlejung, A., Die Theologie der Bilder. Herstellung und Einweihung von Kultbildern in Mesopotamien und die alttestamentliche Bilderpolemik (OBO 162), Freiburg (Schweiz) / Göttingen 1998

– Tod und Leben nach den Vorstellungen der Israeliten. Ein ausgewählter Aspekt zu einer Metapher im Spannungsfeld von Leben und Tod, in: *B. Janowski / B. Ego* (Hg.), Das biblische Weltbild und seine altorientalischen Kontexte (FAT 32), Tübingen 2001, 465–502

– Art. Weltbild / Kosmologie, in: *dies. / Chr. Frevel* (Hg.), Handbuch theologischer Grundbegriffe zum Alten und Neuen Testament, Darmstadt [4]2015, 67–75

Bieberstein, K., Die Pforte der Gehenna. Die Entstehung der eschatologischen Erinnerungslandschaft Jerusalems, in: *B. Janowski / B. Ego* (Hg.), Das biblische Weltbild und seine altorientalischen Kontexte (FAT 32), Tübingen 2001, 503–539

Blumenberg, H., Die Genesis der kopernikanischen Welt, Frankfurt a.M. 1975

Bredekamp, H., Blue Marble. Der Blaue Planet, in: *Chr. Markschies / I. Reichle / J. Brüning / P. Deuflhard* (Hg.), Atlas der Weltbilder, Berlin 2011, 366–375

Bultmann, R., Neues Testament und Mythologie, in: *H.-W. Bartsch* (Hg.), Kerygma und Mythos I. Ein theologisches Gespräch, Hamburg [5]1967, 15–48

Cassirer, E., Philosophie der symbolischen Formen II: Das mythische Denken, Darmstadt [5]1969

– Versuch über den Menschen. Einführung in eine Philosophie der Kultur, Frankfurt a.M. 1990

Cornelius, I., The Visual Representation of the World in the Ancient Near East and the Hebrew Bible, JNWSL 20 (1994), 193–218

Daniel, U., Kompendium Kulturgeschichte. Theorien, Praxis, Schlüsselwörter (stw 1523), Frankfurt a.M. 2001
Dux, G., Die Logik der Weltbilder. Sinnstrukturen im Wandel der Geschichte (stw 370), Frankfurt a.M. 1982
– Historisch-genetische Theorie der Kultur. Instabile Welten. Zur prozessualen Logik im kulturellen Wandel, Weilerswist 2000
Evers, D., Raum – Materie – Zeit. Schöpfungstheologie im Dialog mit naturwissenschaftlicher Kosmologie (HUTh 41), Tübingen 2000
Frankfort, H. / Frankfort, H.A., Einführung, in: *dies.* u.a., Alter Orient – Mythos und Wirklichkeit (UB 9), Stuttgart/Berlin/Köln/Mainz 1981, 9–36
Gadamer, H.-G., Wahrheit und Methode. Grundzüge einer philosophischen Hermeneutik. Gesammelte Werke Bd. 1, Tübingen 1990
Geertz, C., Religion als kulturelles System, in: *ders.*, Dichte Beschreibung. Beiträge zum Verstehen kultureller Systeme, Frankfurt a.M. 1983, 44–95
Geiger, M., Gottesräume. Die literarische und theologische Konzeption von Raum im Deuteronomium (BWANT 183), Stuttgart 2010
Gese, H., Die Frage des Weltbildes, in: *ders.*, Zur biblischen Theologie. Alttestamentliche Vorträge, Tübingen ^{3}1989, 202–222
Habermas, J., Die befreiende Kraft der symbolischen Formgebung. Ernst Cassirers humanistisches Erbe und die Bibliothek Warburg, in: *ders.*, Vom sinnlichen Eindruck zum symbolischen Ausdruck. Philosophische Aufsätze (BS 123), Frankfurt a.M. 1997, 9–40
– Begründete Enthaltsamkeit. Gibt es postmetaphysische Antworten auf die Frage nach dem »richtigen Leben«?, Neue Rundschau 112 (2001), 93–103
– Von den Weltbildern zur Lebenswelt, in: *ders.*, Kritik der Vernunft (Philosophische Texte 5), Frankfurt a.M. 2009, 203–270
Hartenstein, F., Die Unzugänglichkeit Gottes im Heiligtum. Jesaja 6 und der Wohnort JHWHs in der Jerusalemer Kulttradition (WMANT 75), Neukirchen-Vluyn 1989
– Weltbild und Bilderverbot, in: *Chr. Markschies / J. Zachhuber* (Hg.), Die Welt als Bild (AKG 107), Berlin / New York 2008, 15–37
Hoheisel, K., Art. Religionsgeographie, HrwG 1 (1988) 108–120
Hübner, K., Die Wahrheit des Mythos, München 1985
de Hulster, I.J., Picturing Ancient Israel's Cosmic Geography. An Introduction Perspective on Genesis 1:1–2,4a, in: *ders. / B.A. Strawn / R.P. Bonfiglio* (ed.), Iconographic Exegesis of the Hebrew Bible / Old Testament, Göttingen 2015, 45–61
Imhof, A.E., Die verlorenen Welten. Alltagsbewältigung durch unsere Vorfahren – und weshalb wir uns heute so schwer damit tun, München 1984
Irsigler, H., Gott als König in Berufung und Verkündigung Jesajas, in: Ein Gott – eine Offenbarung (FS N. Füglister), Würzburg 1991, 127–154
Janowski, B., Rettungsgewissheit und Epiphanie des Heils. Das Motiv der Hilfe Gottes »am Morgen« im Alten Orient und im Alten Testament, Bd. 1 (WMANT 59), Neukirchen-Vluyn 1989
– Das biblische Weltbild. Eine methodologische Skizze, in: *ders.*, Der Gott des Lebens. Beiträge zur Theologie des Alten Testaments 3, Neukirchen-Vluyn 2003, 3–26
– Die heilige Wohnung des Höchsten. Kosmologische Implikationen der Jerusalemer Tempeltheologie, in: *ders.*, a.a.O., 27–71
– Der barmherzige Richter. Zur Einheit von Gerechtigkeit und Barmherzigkeit im Gottesbild des Alten Orients und des Alten Testaments, in: *ders.*, a.a.O., 75–133
– »Du hast meine Füße auf weiten Raum gestellt« (Psalm 31,9). Gott, Mensch und Raum, in: *ders.*, Die Welt als Schöpfung. Beiträge zur Theologie des Alten Testaments 4, Neukirchen-Vluyn 2008, 3–38
– Art. Weltbild, RGG^{4} 8 (2005), 1409–1414

– Unterscheiden – Überschreiten – Entgrenzen. Zum Umgang mit Grenzen im Alten Testament, in: *F. Schweitzer* (Hg.), Kommunikation über Grenzen (VWGTh 33), Gütersloh 2009, 32–54
– Der Ort des Lebens. Zur Kultsymbolik des Jerusalemer Tempels, in: *ders.*, Der nahe und der ferne Gott. Beiträge zur Theologie des Alten Testaments 5, Neukirchen-Vluyn 2014, 207–243
– Die Einwohnung Gottes in Israel. Eine religions- und theologiegeschichtliche Skizze, in: *ders.*, a.a.O., 245–285
– Anthropologie des Alten Testaments. Grundfragen – Kontexte – Themenfelder, ThLZ 139 (2014), 535–554
– Der ganze Mensch. Zu den Koordinaten der alttestamentlichen Anthropologie, ZThK 113 (2016), 1–28
– Wie spricht das Alte Testament von »Personaler Identität«? Ein Antwortversuch, in: *E. Bons / K. Finsterbusch* (Hg.), Konstruktionen individueller und kollektiver Identität. Beiträge aus Deutschland und Frankreich, Bd. 1 (BThSt 161), Neukirchen-Vluyn 2016, 1–31
– / *Ego, B.* (Hg.), Das biblische Weltbild und seine altorientalischen Kontexte (FAT 32), Tübingen 2001
Jeremias, J., Der Prophet Amos (ATD 24,2), Göttingen 1995
Jooß, E., Raum. Eine theologische Interpretation (BEvTh 122), Gütersloh 2005
Junge, F., »Unser Land ist der Tempel der ganzen Welt«. Über die Religion der Ägypter und ihre Struktur, in: *R.G. Kratz / H. Spieckermann* (Hg.), Götterbilder – Gottesbilder – Weltbilder, Bd. 1 (FAT II/17), Tübingen 2006, 3–44
Keel, O., Die altorientalische Bildsymbolik und das Alte Testament. Am Beispiel der Psalmen, Göttingen [5]1996
– Jahwes Entgegnung an Ijob. Eine Deutung von Ijob 38–41 vor dem Hintergrund der zeitgenössischen Bildkunst (FRLANT 121), Göttingen 1978
– Das sogenannte altorientalische Weltbild, BiKi 40 (1985), 157–161
– Das Recht der Bilder gesehen zu werden. Drei Fallstudien zur Methode der Interpretation altorientalischer Bilder (OBO 122), Freiburg (Schweiz) / Göttingen 1992
– Warum Sammlungen altorientalischer Miniaturkunst an einem biblischen Institut?, in: *ders. / Chr. Uehlinger*, Altorientalische Miniaturkunst. Die ältesten visuellen Massenkommunikationsmittel. Ein Blick in die Sammlungen des Biblischen Instituts der Universität Freiburg, Freiburg (Schweiz) / Göttingen [2]1996, 9–24
– / *Küchler, M. / Uehlinger, Chr.*, Orte und Landschaften der Bibel, Bd. 1, Zürich u.a. / Göttingen 1984
– / *Schroer, S.*, Schöpfung. Biblische Theologien im Kontext altorientalischer Religionen, Göttingen [2]2008
– / *Uehlinger, Chr.*, Göttinnen, Götter und Gottessymbole. Neue Erkenntnisse zur Religionsgeschichte Kanaans und Israels aufgrund bislang unerschlossener ikonographischer Quellen (QD 134), Freiburg/Basel/Wien [4]1998
Kliss, O., Hat Gott die Welt geschaffen? Schöpfungsglaube und Naturwissenschaft in Klasse 9, in: *F. Schweitzer* (Hg.), Elementarisierung im Religionsunterricht. Erfahrungen, Perspektiven, Beispiele, Neukirchen-Vluyn 2003, 47–69
Koch, Chr., Art. Welt / Weltbild (AT) (www.wibilex.de, Zugriff 25.2.2016)
Koch, K., Art. Weltbild, Reclams Bibellexikon, Stuttgart [4]1987, 546f
– Weltordnung und Reichsidee im alten Iran und ihre Auswirkungen auf die Provinz Jehud, in: *P. Frei / K. Koch*, Reichsidee und Reichsorganisation im Perserreich (OBO 55), Freiburg (Schweiz) / Göttingen [2]1996, 133–337
Koyré, A., Von der geschlossenen Welt zum unendlichen Universum, Frankfurt a.M. 1969
Langer, S.K., Philosophie auf neuem Wege. Das Symbol im Denken, im Ritus und in der Kunst, Frankfurt a.M. 1984

Leach, E., Kultur und Kommunikation. Zur Logik symbolischer Zusammenhänge (stw 212), Frankfurt a.M. 1978

Leuenberger, M., Konzeptionen des Königtums Gottes im Psalter. Untersuchungen zu Komposition und Redaktion der theokratischen Bücher IV–V im Psalter (AThANT 83), Zürich 2004

– JHWH, »der Gott Jerusalems« (Inschrift aus Ḫirbet Bet Layy 1,2). Konturen der Jerusalemer Tempeltheologie aus religions- und theologiegeschichtlicher Perspektive, EvTh 74 (2014), 245–260

Mittelstraß, J., Weltbilder. Die Welt der Wissenschaftsgeschichte, in: *ders.*, Der Flug der Eule (stw 796), Frankfurt a.M. 1997, 228–254

Mohn, J., Mythostheorien. Eine religionswissenschaftliche Untersuchung zu Mythos und Interkulturalität, München 1998

Moltmann, J., Gott und Raum, in: *ders.*, Wissenschaft und Weisheit. Zum Gespräch zwischen Naturwissenschaft und Theologie, Gütersloh 2002, 131–147

Müller, K.E., Zeitkonzepte in traditionellen Kulturen, in: *ders. / J. Rüsen* (Hg.), Historische Sinnbildung. Problemstellungen, Zeitkonzepte, Wahrnehmungshorizonte, Darstellungsstrategien (re 55584), Hamburg 1997

Niehr, H., Himmel, Hölle, Fegefeuer. Die biblischen Grundlagen, in: *A. Biesinger / M. Kessler* (Hg.), Himmel – Hölle – Fegefeuer, Tübingen 1996, 55–74

Oeming, M., Art. Welt / Weltanschauung / Weltbild, TRE 35 (2003), 569–581

Pascal, B., Gedanken. Aus dem Französischen von *U. Kunzmann*, Kommentar von *E. Zwierlein* (Suhrkamp Studienbibliothek 20), Berlin 2012

Plessner, H., Macht und menschliche Natur, Gesammelte Schriften, Bd. 5, Frankfurt a.M. 1981

Pongratz-Leisten, B., *Ina šulmi īrub*. Die kulttopographische und ideologische Programmatik der *akītu*-Prozession in Babylonien und Assyrien im 1. Jahrtausend v. Chr. (BagF 16), Mainz 1999

– *mental map* und Weltbild in Mesopotamien, in: *B. Janowski / B. Ego* (Hg.), Das biblische Weltbild und seine altorientalischen Kontexte (FAT 32), Tübingen 2001, 261–279

Rogerson J.W., The World-View of the Old Testament, in: *ders.*, Beginning Old Testament Study, London ²1985, 55–73

Schäfer, H., Weltgebäude der alten Ägypter, in: *ders.*, Ägyptische und heutige Kunst und Weltgebäude der alten Ägypter, Berlin/Leipzig 1928, 83–128

Schmid, H.H., Altorientalische Welt in der alttestamentlichen Theologie, in: *ders.*, Altorientalische Welt in der alttestamentlichen Theologie. Sechs Aufsätze, Zürich 1974, 145–164

Schweitzer, F., Schöpfungsglaube – nur für Kinder? Zum Streit zwischen Schöpfungsglaube, Evolutionstheorie und Kreationismus, Neukirchen-Vluyn 2012

Senger, H.-G., Der »Wanderer am Weltenrand«. Ein alter oder altertümelnder Weltaufriss?, in: *Markschies* u.a. (Hg.), Atlas der Weltbilder, 343–351

Seybold, K., Art. *ḥûg*, ThWAT 2 (1977), 780–784

Soeffner, H.-G., Gesellschaft ohne Baldachin. Über die Labilität von Ordnungskonstruktionen, Weilerswist 2000

Stadelmann, L.I.J., The Hebrew Conception of the World – A Philological and Literary Study (AnBib 39), Rome 1970

Steck, O.H., Welt und Umwelt (Biblische Konfrontationen), Stuttgart/Berlin/Köln/Mainz 1978

Stolz, F., Grundzüge der Religionswissenschaft (UTB 1980), Göttingen ²1997

– Weltbilder der Religionen. Kultur und Natur, Diesseits und Jenseits, Kontrollierbares und Unkontrollierbares, Zürich 2001

Streck, B., Art. Weltbild, in: *ders.* (Hg.), Wörterbuch der Ethnologie, Wuppertal ²2000, 291–295

Stückelberger, A., Der gestirnte Himmel. Zum Ptolemäischen Weltbild, in: *Chr. Markschies / I. Reichle / J. Brüning / P. Deuflhard* (Hg.), Atlas der Weltbilder, Berlin 2011, 42–52

Teichmann, J., Wandel des Weltbildes, Stuttgart/Leipzig [4]1999

Theißen, G., Erleben und Verhalten der ersten Christen. Eine Psychologie des Urchristentums, Gütersloh 2007

Thöne, Y.S., Stay in the Desert, Prowl in the City. A Narratological Analysis of Psalm 55, in: *K. Ólason / Ó. Egilsson / St.E. Stefánsson* (Hg.), Mótun Menningar. Shaping Culture, Festschrift G.A. Jónsson, Reykjavík 2012, 55–73

– Liebe zwischen Stadt und Feld. Raum und Geschlecht im Hohelied (Exegese in unserer Zeit 22), Berlin u.a. 2012

Weippert, H., Altisraelitische Welterfahrung. Die Erfahrung von Raum und Zeit nach dem Alten Testament, in: *dies.*, Unter Olivenbäumen. Studien zur Archäologie Syrien-Palästinas, Kulturgeschichte und Exegese des Alten Testaments (AOAT 327), Münster 2006, 179–198

Wiggermann, F., The Mythological Foundations of Nature, in: *D.J.W. Meijer* (Ed.), Natural Phenomena. Their Meaning, Depiction and Description in the Ancient Near East, Amsterdam u.a. 1992, 279–306

– Sichtbare Mythologie. Die symbolische Landschaft Mesopotamiens, in: *A. Zgoll / R.G. Kratz* (Hg.), Arbeit am Mythos. Leistung und Grenze des Mythos in Antike und Gegenwart, Tübingen 2013, 109–132

Wilcke, C., Altmesopotamische Weltbilder. Die Welt mit altbabylonischen Augen gesehen, in: *P. Gemeinhardt / A. Zgoll* (Hg.), Weltkonstruktionen. Religiöse Weltdeutung zwischen Chaos und Kosmos vom Alten Orient bis zum Islam (ORA 5), Tübingen 2010, 1–27

Wulf, Chr., Vom Menschen. Handbuch Historische Anthropologie, Weinheim/Basel 1997

Xella, P., Tra »centro« e »periferia«. Riflessioni sull'organizzazione simolica dello spazio in alcune culture del Vicino Oriente antico, in: *D. Pezzoli-Olgiati / F. Stolz* (Hg.), Religiöse Kartographie. Organisation, Darstellung und Symbolik des Raumes in religiösen Symbolsystemen, Bern u.a. 2000, 13–35

Zill, R., Art. Grenze, in: *R. Konersmann* (Hg.), Wörterbuch der philosophischen Metaphern, Darmstadt 2007, 135–146

Zimmerli, W., Erkenntnis Gottes nach dem Buche Ezechiel, in: *ders.*, Gottes Offenbarung. Gesammelte Studien zum Alten Testament (ThB 19), München [2]1969, 41–119

Matthias Köckert

»Wo warst du, als ich die Erde gründete?«

Aspekte des Verhältnisses von Kosmologie und Anthropologie

Schon fünfunddreißig Kapitel lang haben Hiob und seine Freunde mit wachsender Erbitterung über Gott gestritten. Der scheint jedoch abwesend zu sein, ist jedenfalls bisher für beide Parteien stumm geblieben. Nun aber ergreift er doch noch das Wort. Aber er würdigt allein Hiob einer Antwort. Eine Kaskade von Fragen geht auf Hiob nieder, an ihrem Beginn die: *»Wo warst du, als ich die Erde gründete?«*[1] Wir empfinden diese rhetorische Frage in Hiobs Lage als unpassend. Doch eben diese Frage war es, die jedenfalls Hiobs Gesichtsfeld vollkommen verändert hat, wie wir noch sehen werden. Aus ihr ergeben sich für das Rahmenthema dieses Symposions einige wichtige Hinweise.

Ich greife drei heraus. *Zunächst*: Wir Menschen leben auf Gründen, die weder wir noch unsere Vorfahren gelegt haben; deshalb sind alle unsere Perspektiven auf die Welt und auf unsere Bestimmung in ihr beschränkt. *Sodann*: Diese Gründe sind uns weithin unzugänglich und entziehen sich unseren Zugriffen; deshalb ist Kosmologisches im Alten Orient und in der Bibel vornehmlich ein Thema mythischer und hymnischer Rede. Mythos und Hymnus preisen Gott als Schöpfer und alles, was ist, als sein Werk. *Schließlich*: Mit der Erschaffung der Welt weist der Schöpfergott dem Menschen seinen Platz in der Welt zu; deshalb sind kosmologische Vorstellungen stets mit anthropologischen Bestimmungen verbunden.

Unsere Blicke auf die Welt und die Menschen lassen uns stets nur Ausschnitte wahrnehmen. Das wussten selbstverständlich schon die Alten. Sie haben deshalb verschiedene Aspekte nebeneinander gestellt und dabei mancherlei Widersprüche in Kauf genommen; denn sie wussten auch: Die Fülle der Welt lässt sich in einem Weltbild allein nicht fassen. Vier dieser Aspekte möchte ich jeweils mit einem biblischen Text beleuchten. Die hier getroffene Auswahl der Texte liegt insofern nahe, als Ps 8,5 in Ps 144,3 und Hi 7,17 aufgegriffen wird und die erste Gottesrede in Hi 38–39 auf Hiobs Anklagen antwortet.[2]

[1] Hi 38,4.

[2] Zur sachlichen Verbindung dieser Texte s. auch *Spieckermann*, Heilsgegenwart, 237–239, *Klein*, Wirkungsgeschichte von Psalm 8, *Köhlmoos*, Auge Gottes, 362 (»Der wichtigste Intertext für die Hiob-Dichtung ist der mehrfach rezipierte Ps 8«), und *Frevel*, Eine kleine Theologie.

1. Vom Schöpfer zur Herrschaft bestimmt: Psalm 8

(1)

Der Psalm besticht durch seine klare Gestalt und durch seinen Gehalt, der Gott und seine Werke, der Himmel und Erde, Menschen und Tiere umfasst. Man hat ihn wegen der Verknüpfung dieser verschiedenen Aspekte ein »poetisches Kompendium klassischer psalmtheologischer Anthropologie« genannt.[3] Ein Ausruf staunender Bewunderung rahmt das Korpus des Psalms, in dem der Beter zwei Mal den Raum vom Himmel zur Erde durchmisst.[4]

	1 Für den Musikmeister: auf der Gittit, ein Psalm. Von David.[5]
	2 Jhwh, unser Herr,
Kosmos	wie gewaltig ist dein Name in aller Welt (*kl ha'aräs*)!
Himmel	*Der*[6] *du*[7] *deine Majestät (hod) auf den Himmel gelegt hast* –[8]

3 *Spieckermann,* Heilsgegenwart, 237.

4 So nach grundlegender Beobachtung von *Görg,* Mensch, 13, vor allem *Steck,* Beobachtungen, 54–57; anders *Gerstenberger,* Psalms, 67, der v.2–3 insgesamt als »communal praise« dem »hymn of the individual« in v.4–9 gegenüberstellt. Eine konzentrische Figur um v.6 als Zentrum (so *Spieckermann,* Heilsgegenwart, 228–231) sehe ich nicht.

5 Die genaue Bedeutung der einzelnen Termini in der viergliedrigen Überschrift ist bis heute nicht wirklich geklärt.

6 Zwar liegt es nahe, das Relativpronomen auf »dein Name« zu beziehen und mit *Frevel* (Eine kleine Theologie, 248) – nach Konjektur in *natatta* – zu übersetzen: »... welchen du als deine Hoheit über den Himmel gesetzt hast.« Doch scheitert diese Deutung daran, dass dann noch zusätzlich ein Suffix der 3. Pers. sing. mask. beim Verb konjiziert werden muss (*ntatto*), von der Frage ganz abgesehen, was Gottes Name als (?) seine Hoheit (eine singuläre Verbindung beider Größen) am Himmel verloren hat, wo er doch gerade auf Erden Anlass zum Lobpreis gibt.

7 Die Masoreten haben als Impt. vokalisiert. Allerdings ist die Verbindung eines Imperativs mit der Relativpartikel problematisch, so dass die zahlreichen Änderungsversuche nicht verwundern. Einen Überblick gibt *Rudolph,* Aus dem Munde, 389–392. *Hamp* (Psalm 8,2b–3, 119f.) liest *tunnah* (Pual von *tnh* = »besingen«, vgl. Ri 5,11; 11,40): »Du, dessen Hoheit besungen wird am Himmel«; *Duhm* (Psalmen, 35) zieht dagegen Partikel und Verb (mit Elision eines Konsonanten) zur Form *ªschirnah* zusammen: »Ich will besingen ...« Bei all diesen und ähnlichen Lösungen bleibt unerklärt, wie aus dem jeweils konjizierten klaren Ausgangstext der schwierige MT entstehen konnte. Noch problematischer sind die weitgehenden Konjekturen *Kaisers* und seine spekulative Rekonstruktion der Vorgeschichte des Textes (Erwägungen, 218). Am wahrscheinlichsten erscheint eine Lösung auf der Basis der Wurzel *ntn,* die von der Wendung *ntn hod 'al* (Num 27,20; I Chr 29,25; Dan 11,21; vgl. Ps 21,6) gestützt wird (*Delitzsch,* Psalmen, 108f.). Der Kontext erfordert eine 2. Pers. *Hupfeld* (Psalmen I, 229) liest im Anschluss an Symmachus, die syr. Übersetzung und Hieronymus die 2. Pers. sing. mask. (*natatta*): »Der du gegeben hast ...« (so auch *Spieckermann,* Heilsgegenwart, 229 Anm. 4, und zuletzt wieder *Neumann-Gorsolke,* Herrschen, 32–33). *Schnieringer* (Psalm 8, 27–43) zieht PK *titten* vor, weil daraus die Entstehung des Impt. besser erklärt werden könne als aus der AK-Form (mit ausführlicher Diskussion).

Erde	3 *aus*[9] *dem Mund von Kindern und Säuglingen*	
	hast du Lob (ʿoz)[10] *gegründet um deiner Gegner willen,*	
	um ein Ende zu machen dem Feind und dem Rachgierigen.	
Himmel	4 Sooft ich deinen[11] Himmel sehe, ›das Werk‹[12] deiner Finger,	
	den Mond und die Sterne, die du hingestellt hast:	
Erde	5 Was ist der Mensch (*ʾänosch*), dass du seiner gedenkst (*zkr*),	
	und das Menschenkind (*bän ʾadam*), dass du dich um es kümmerst (*pqd*)?	
	6 Du ließest ihn wenig mangeln im Vergleich mit[13] einem Gott[14];	
	hast du ihn doch[15] mit Ehre (*kabod*) und Hoheit (*hadar*) gekrönt[16] (*ʿtr*),	
	7 hast ihn zum Herrscher über die Werke deiner Hände gemacht,	
	ihm alles unter seine Füße gelegt:	
	8 Kleinvieh und Rinder, sie alle,	*Erde*
	und auch die Tiere der Flur,	
	9 die Vögel unter dem Himmel und die Fische im Meer,	*Himmel*
	was immer die Bahnen der Meere durchzieht.	*Meer*
	10 Jhwh, unser Herr,	
Kosmos	wie gewaltig ist dein Name in aller Welt!	

8 Die Relativpartikel führt einen neuen Gedanken ein (vgl. Ps 71,19f.; 95,4f.) und fungiert als »pendierender Subjektsatz« zu v.3 (so *Irsigler,* Frage, 5), der die Hauptaussage bringt (so schon *Steck,* Beobachtungen, 55f.).

9 Auch eine kausale Deutung der Wendung *mippi* (»auf Grund des Schreiens«) ist nicht unmöglich, für eine temporale (*Kunz-Lübcke,* Gotteslob, 86ff.: »von Kindermund an«) gibt es jedoch keine hebr. Parallele.

10 Das Wort wird gewöhnlich mit »Macht« oder »Bollwerk« übersetzt, was schwerlich zum Kontext passt. Deshalb übersetzt schon die syr. Übersetzung mit »Ehre, Ruhm«. Dadurch hellhörig geworden, kontrollieren wir in der Konkordanz das Bedeutungsspektrum von *ʿoz* und finden in Ps 29,1; 96,7 das Hendiadyoin »Ehre und Ruhm« (*kabod waʿoz*) und in Ex 15,2 als Parallelwort »(Saiten)spiel« (vgl. *Ges.-Donner,* Lfg. 4, 942), was für *ʿoz* hier »Lobpreis« nahelegt. Damit hat sich auch die königsideologische Deutung durch *Görg* erübrigt, in Ps 8,3 seien »die Menschenkinder überhaupt als von Jahwe mit königlicher Mächtigkeit ausgestattete Wesen ... Gegenstand einer Eulogie« (Mensch, 10–13).

11 Gegen die Septuaginta ist an MT festzuhalten.

12 Der Plural des MT wurde mit dem Cod. Aleppo, zahlreichen Handschriften aus der Kairoer Geniza und der syr. Übersetzung in den Singular geändert; der Plural ist wahrscheinlich in Angleichung an *schamajim* und im Blick auf das nächste Kolon entstanden.

13 Dieses komparative Verständnis der Präposition *min* (beruhend »auf der Idee des *Abstands von* ...«: Ges.-K. §119y mit Anm. 2) ist einem partitiven vorzuziehen und wird von *Gunkel* (Psalmen, 27) und *Duhm* (Psalmen, 28) bis *Neumann-Gorsolke* (Herrschen, 21, 87) und *Schnieringer* (Psalm 8, 243) von den meisten vertreten.

14 Die Septuaginta übersetzt *ʾälohim* mit *angelos,* deutet also als himmlisches Wesen (so auch Peschitta und Targum). Doch Aquila, Symmachus und Theodotion übersetzen mit *theos,* Hieronymus mit *Deus,* so dass der MT den ursprünglichen Text wiedergeben dürfte.

15 Das *waw* zu Beginn des zweiten Kolons (*w=x-yiqtol*) ist in Verbindung mit dem ersten Kolon (*wayyiqtol-x*) am ehesten explikativ zu verstehen; dazu s.u. Auslegung (4).

16 Die v.6–9 werden durch die Verbformen in v.6a (*wa=*PK) und v.7b (AK) gerahmt und dadurch als in der Vergangenheit erschaffene ein für alle Mal gültige Sachverhalte charakterisiert.

Der Psalm beginnt und endet mit dem Lobpreis einer Gruppe: »Jhwh, unser Herr, wie gewaltig ist dein Name in aller Welt!« Innerhalb dieses Rahmens ergreift ein Einzelner das Wort (s. v.4).[17] Zweimal geht er den Weg vom Himmel zu den Verhältnissen auf Erden und hat dabei den Blick ganz auf den Menschen ausgerichtet. Seine Aussagen leben von starken Kontrasten. In v.3 stehen hilflosen Kleinkindern Feinde und Rachgierige gegenüber; und in v.6–8 bestimmt Gott den hinfälligen Menschen zur Herrschaft über die Tiere. Dem Himmel im jeweils ersten Abschnitt steht also nicht einfach der Mensch gegenüber, sondern die Erde als ein umkämpfter Bereich. Weil umkämpft, bedarf die Erde stets der ordnenden Herrschaft. Auf diese Weise kommt der Mensch in den Blick (v.6–7).

Aus diesem wohl gefügten Ganzen fällt der erste Teil (v.2b.3) heraus. Er unterbricht den Zusammenhang vom Lob des Namens und den namhaften Taten mit einer Bitte; er ist überdies an seiner unpoetischen Gestalt[18] und hölzernen Art der Einbindung als Nachtrag[19] zu erkennen. Mit ihm hat ein Späterer ergänzt, was ihm am Herzen lag. Kinder und Säuglinge[20] verbindet die Bibel mit Hilf- und Wehrlosigkeit. Sie und die Frauen sind die ersten, die in Kriegen drangsaliert und massakriert werden.[21] Der Ergänzer[22] hatte offenbar die Sorge, das vollmundige Gotteslob des Psalms könne die Schreie[23] der Wehrlosen übertönen. Deshalb integriert er sie in sein Gotteslob. Er hat damit der Hoffnung auf ein En-

17 *Schmidt* (Gott und Mensch, 30) vermutet, dass sich im »Wechsel von ›Wir‹ (V. 2a.10) und ›Ich‹ (V. 4.2b?) ... der nachexilische Gottesdienst« spiegelt, doch sprechen die weisheitlichen Züge, die Neigung zu generellen Aussagen und zur Reflexion gegen eine kultische Beheimatung.

18 Der *Parallelismus membrorum* fehlt, auch sind Konjunktionen (zwei in drei Zeilen!) für Poesie eher untypisch; hinzu kommt die »Überlänge« (*Spieckermann,* Heilsgegenwart, 230) von v.3.

19 Von den Neueren versteht vor allem *Steck* (Beobachtungen) den Psalm als literarisch einheitlich. Eine traditionskritische Lösung der Spannungen vertreten *Beyerlin* (Psalm 8, 3ff.) und *Irsigler* (Frage, 7–10). Eine literarische Erweiterung durch v.2–4 nimmt *Loretz* an (Psalmen 8 und 67, 117–120), eine doppelte – zunächst durch v.3, sodann durch v.2bß – vertreten *Zenger* (NEB, 77) und *Schnieringer* (Psalm 8, 80–101, nach eingehender Prüfung der Argumente Irsiglers mit negativem Ergebnis). Dagegen rechnet *Spieckermann* (Heilsgegenwart, 229–230) v.3* zum Grundpsalm und sieht darin sogar die entscheidende Schaltstelle des Psalms, doch gibt es für seine kolometrischen Glättungen keine harten literarkritischen Argumente.

20 Kinder und Säuglinge begegnen nie als Metaphern (so schon *Irsigler,* Frage, 18) für Jhwh-Fromme, wenn nicht ausdrücklich von den Kindern der Mutter Zion die Rede ist (*Schnieringer,* Psalm 8, 69); das ist aber hier nicht der Fall.

21 So z.B. 1Sam 15,3; Thr 2,11.

22 Dass die Ergänzung zu einer Armenredaktion des Davidpsalters gehöre, begründet *Zenger* (NEB, 77) allein mit Stichwortbezügen zu Ps 28,8; 29,11, die mir jedoch verborgen geblieben sind.

23 Die Formulierung *mippi* muss metonymisch verstanden werden für das, was aus dem Mund kommt; das sind bei Säuglingen unartikulierte Laute, in den oben genannten Kontexten eher Schreien und Weinen als Lachen und Jauchzen.

de der »Feinde und Rachgierigen« eine Stimme gegeben. Nicht Schreie behalten das letzte Wort, sondern das Lob. Damit gibt er uns zu verstehen: Ein Gotteslob, das die Schreie der Hilflosen übertönt, nimmt Gott die Ehre.

(2)

Betrachten wir den Psalm in seinen Einzelheiten im Blick auf unser Thema. Er beginnt und endet mit dem Lobpreis:

> Jhwh, unser Herr, wie gewaltig ist dein Name in aller Welt!

Die Frage, was der Mensch sei, begegnet im Alten Testament erstmals in diesem Psalm, aber diese Frage hat im Psalm nicht das erste Wort. Das lautet vielmehr: Jhwh.[24] Der Psalm beginnt überdies nicht mit Fragen, sondern mit der Gewissheit eines Bekenntnisses »Jhwh, unser Herr«. Nicht was der *Mensch* sei, sondern dass *dieser Gott* der Gott dieser Menschen ist, dass dieser Gott *unser Herr* ist, eröffnet den Psalm. Das hier verwendete Wort *'adon* bedeutet »Herr« im Sinne des »Gebieters«.[25] Mit alledem weist jener namenlose Dichter der Frage nach dem Menschen ihren Ort zu: Vom Menschen reden heißt im Sinne dieses Psalms von *Gott* als dem Gebieter der Menschen zu reden. Er hat einen Namen und ist deshalb ansprechbar. Zum Wesen des Menschen gehört es, von Gott angeredet und mit ihm im Gespräch zu sein. Gott ist hier ein Du, kein Es und auch kein Über-Ich. Die Anrede durch Gott verbindet überdies mit anderen Angeredeten. So ist Gott »*unser* Herr«[26] geworden.

Der rahmende Lobpreis geht jedoch darüber hinaus. Er redet von der gesamten Erde, von *kol ha'aräs*. Das meint nicht die Erde im Unterschied zum Himmel, sondern die gesamte Welt, den Kosmos, das All.[27] Die Rahmenverse preisen also Gottes universale Herrschaft über den gesamten Kosmos. Sie rühmen diesen Gott als Herrn aller Welt, der sich in ihr »einen gewaltigen Namen« gemacht hat dadurch, dass er sie geschaffen hat, wie v.4 erklärt; darin unterscheidet er sich von anderen »Herren«.[28]

[24] Darauf hat vor allem *Perlitt* in seiner eindringlichen Auslegung aufmerksam gemacht (Mensch, 69).

[25] *Jenni,* THAT I, 32f., hält aber das Lexem, das anders als *ba'al* nicht auf Sachen bezogen wird, in der Anrede für einen reinen »Ehrentitel«. Dagegen spricht der Kontext in Psalm 8, der von königlich-herrscherlichen Zügen dominiert wird.

[26] »Unser Herr« begegnet als Epitheton Jhwhs nur noch in Ps 135,5; 147,5; Neh 8,10; 10,30.

[27] So schon *Duhm,* Psalmen, 26, und zuletzt *Seybold,* Psalmen, 50; vgl. auch absolutes *kol* in Ps 103,19; Jes 44,24; Jer 10,16. Der Rahmen fasst zusammen, was im Korpus des Psalms als »Himmel« und »Erde« entfaltet wird (gegen *Schnieringer,* Psalm 8, 208f., der »die gesamte Erde« hier nur auf den unteren Teil des Kosmos bezieht).

[28] Auf diese Weise kommen dynamisches und dianoetisches Verständnis des »Namens« zusammen.

(3)

Das Herz dieses Psalms schlägt in den v.4–5. Sie verknüpfen aufs engste die Kosmologie mit der Anthropologie:

> 4 Sooft ich deinen Himmel sehe, ›das Werk‹ deiner Finger,
> den Mond und die Sterne, die du hingestellt hast:
> 5 Was ist der Mensch, dass du seiner gedenkst (*zkr*),
> und das Menschenkind, dass du dich um es kümmerst (*pqd*)?

Schon die Formulierung »dein Himmel« setzt den entscheidenden Akzent. Sie deutet den Himmel, der vor Augen liegt, als von Gott geschaffen und deshalb als sein Eigentum.[29] Das schärft sogleich den Abstand ein zwischen Gott und Mensch.

Aus dem Gefälle beider Verse spricht ein großes Staunen.[30] Das entzündet sich an der Differenz zwischen den gewaltigen Werken, die Gott doch so fingerleicht zu Stande gebracht hat, und dem Menschen in seiner Schutzbedürftigkeit und Winzigkeit angesichts des nächtlichen[31] Firmaments. Doch weder dem eindrücklichen Nachthimmel mit dem Mond und den Sternen[32] noch ihrem dauerhaften Bestand[33] gilt das Staunen, sondern der unbegreiflichen Zuwendung dieses gewaltigen Gottes zu jenem hilfsbedürftigen Menschenwesen. Dass dieser gewaltige Gott den Menschen überhaupt (*'änosch*) und gar noch den Einzelmenschen (*ben 'adam*) und also auch ihn im Blick hat, ja, sich um ihn kümmert – das übersteigt nicht nur das Vorstellungsvermögen des Dichters damals. Diese Zuwendung Gottes hat keinen Grund im Menschen. Aber in ihr gründet das, was wir »Menschenwürde« nennen.

Gottes Zuwendung wird mit zwei Verben[34] beschrieben, die einen weiteren Bedeutungshorizont haben, als wir zunächst mit ihnen verbinden. »Gedenken (*zkr*)« erschöpft sich nicht in einem rein noetischen Er-

29 Beide Aspekte gehören zusammen, wie *Metzger* gezeigt hat (Eigentumsdeklaration, 86f.).

30 Syntaktisch handelt es sich um eine Ellipse (v.4) mit einer rhetorischen Frage (v.5), die von den beiden *ki*-Sätzen expliziert wird. *Schnieringer* (Psalm 8, 219) paraphrasiert: »Was ist der Mensch (schon für ein Besonderer), dass du seiner gedenkst/gedenken müsstest?!«, wie du das immer wieder tust. Auf den *ki*-Sätzen liegt alles Gewicht. An sie knüpfen v.6ff. an. Die *ki*-Sätze sind also das entscheidende Gelenk. Zur syntaktischen Analyse des Fragesatzes s. *Groß*, wayyiqtol, 56f., zur Analyse des Gefälles v.4–5 s. *Irsigler*, Frage, 11–13, und vor allem *Schnieringer*, Psalm 8, 158–168, 219, 232–233.

31 Die Sonne fehlt bezeichnenderweise in der Aufzählung der Himmelskörper in v.4.

32 Den Himmelskörpern eignet keinerlei Numinosität, sind sie doch nichts als Werke dieses Gottes, der ihnen ihren Ort am Firmament gegeben hat.

33 Das Verb *kun* akzentuiert im Doppelungsstamm (HAL, 443: »fest hinstellen, Bestand geben«) Festigkeit und Dauerhaftigkeit.

34 Beide begegnen mehrfach zusammen: Ps 106,4; Jer 14,10; 15,15; Hos 8,13; 9,9 u.a.

innern, sondern hat auch den emotionalen Unterton hilfreicher Zuwendung.[35] Die emotionale Seite erscheint in Jer 31,20:

> Ist mir nicht Ephraim ein teurer Sohn oder ein Kind, an dem ich Freude habe?
> Denn sooft ich auch gegen ihn geredet habe,
> muss ich doch immer wieder seiner gedenken.
> Darum ist mein Innerstes um ihn erregt;
> ich muss mich über ihn erbarmen, spricht Jhwh.

Die mit Gottes Gedenken verbundene hilfreiche Zuwendung beleuchtet Gen 8,1.[36] Nach der Sintflut heißt es:

> Da dachte Gott an Noah, an alles Getier und alles Vieh,
> die mit ihm in der Arche waren,
> und Gott ließ einen Wind über die Erde wehen,
> so dass das Wasser sank.

Die Untertöne emotionaler wie hilfreicher Zuwendung sind im Kontext von v.5 zu hören. Das zweite Verb, »sich kümmern« (*pqd*), zeigt je nach Situation ein freundliches oder ein feindliches Gesicht,[37] kann aber in v.5 nur im positiven Sinne wohlwollender Anteilnahme gemeint sein.

Die in Psalm 8 gewählten Wörter für »Mensch« bezeichnen den Menschen als Gattungswesen unabhängig von anderen Bestimmungen. V. 5 gilt also im Blick auf *jeden* Menschen. Das erste Wort für Mensch hebt darüber hinaus dessen Vergänglichkeit, Schutzbedürftigkeit und Winzigkeit hervor.[38] Des Menschen Tage gleichen dem Gras, heißt es in Ps 103,15. Umso mehr erstaunt, was Gott diesem Wesen zutraut und wozu er es beauftragt.

(4)

Davon reden die v.6–9. Sie erläutern Gottes Zuwendung in den *ki*-Sätzen von v.5.[39]

> 6 Du ließest ihn wenig mangeln im Vergleich mit einem Gott;
> hast du ihn doch mit Ehre (*kabod*) und Hoheit (*hadar*) gekrönt (*ʿtr*),
> 7 hast ihn zum Herrscher über die Werke deiner Hände gemacht,
> ihm alles unter seine Füße gelegt:

35 *Perlitt,* Mensch, 75: *zkr* heißt »›sich erinnern‹ ... aber auch ›bedacht sein auf‹ ...«

36 Zwischen Gott und Mensch vgl. Ex 6,5–6; zwischen Mensch und Mensch vgl. Gen 40,14.

37 Für »sich annehmen« s. Gen 21,1; Ex 3,16; 13,19; Ps 80,15 usw., für »zur Verantwortung ziehen« s. Jer 6,15; Hi 7,18; Ps 17,3; 59,6.

38 Vgl. Ps 9,21; 90,3; 103,15 und *Perlitt*, Mensch, 74–75, der auch darauf hinweist, dass die mit *'änosch* verwandte akkadische Wurzel soviel wie »schwach werden« bedeutet.

39 Für diese Deutung des Anschlusses von v.6–9 an v.5 gegen die seit *Duhm* (Psalmen, 36) vertretene adversative Deutung (»... und dennoch ...«) s. *Irsigler* (Frage, 12–13) und *Schnieringer* (Psalm 8, 174–176).

[8] Kleinvieh und Rinder, sie alle,
und auch die Tiere der Flur,
[9] die Vögel unter dem Himmel und die Fische im Meer,
was immer die Bahnen der Meere durchzieht.

Das syntaktische Verständnis der v.6–9 ist bis auf v.6 durchsichtig. Der Einsetzung zum König in v.6b und die unmittelbar daran anschließende Bestimmung des Herrschaftsbereichs in v.7 liegen auf derselben Ebene. Die Liste der Untertanen in v.8–9 entfaltet, was »alles« in v.7b umfasst. Wie aber verhält sich das zweite Kolon von v.6 zum ersten? Die chiastische Stellung der Satzglieder und die inversiven Verbformen[40] beider Kola legen einen synonymen Parallelismus[41] nahe, in dem das zweite Kolon (mit allem, was bis v.9 folgt) das erste auslegt. Dann muss das einleitende *waw* des zweiten Kolons explikativ verstanden werden.[42] Wortwahl, Metaphorik und Vorstellungen in v.6b–7 (»Ehre«, »Hoheit«, »krönen«) stammen aus den Arsenalen des Königtums. Was Gott und Mensch in v.6a verbindet, kann nach der Erläuterung von v.6b–7 nur die Funktion des Herrschens sein.[43]

Was aber ist mit *'ălohim* im Zusammenhang von Ps 8 gemeint? Die griechische Übersetzung der Septuaginta versteht *'ălohim* als himmlische Wesen, übersetzt also mit »Engel« und entschärft damit den hebräischen Text. Eine derartige Lösung kommt auch deshalb nicht in Betracht, weil im gesamten Psalm weder von anderen göttlichen Wesen noch von einem himmlischen Hofstaat die Rede ist.[44] Ein pluralisches Verständnis (»Götter«) scheidet gleichfalls aus, weil in v.5 der einzelne Mensch dem einen Gott gegenüber steht.[45] Da im Alten Testament die königlichen Attribute von v.6b allein Jhwh als himmlischem König und Schöpfergott und dem von ihm eingesetzten irdischen Sachwalter beigelegt werden,[46] kann sich *'ălohim* auch in v.6a nur auf den Schöpfergott selbst beziehen.[47] Da in v.5 mit den Appellativen *bän 'adam//'änosch* der Einzelmensch als Gattungswesen in den Blick kommt, kann der eine Gott nicht mit seinem Namen

40 V.6a: *wayyiqtol-x*; v.6b: *x-yiqtol.*

41 So auch *Neumann-Gorsolke,* Herrschen, 85.

42 *Schnieringer,* Psalm 8, 243.

43 *Schnieringer,* Psalm 8: »Das ›König-Sein‹ ist ›der Vergleichspunkt‹ zwischen Gott und Mensch in V. 6« (S. 240), allerdings »geht es in V. 6a um einen Vergleich des Menschen mit Gott *hinsichtlich der Rolle eines Königs* (Hervorhebung von Schn.). Die Gottähnlichkeit des Menschen ist von daher funktional bestimmt, nicht etwa ›ontisch‹« (S. 294).

44 *Hossfeld/Zenger,* NEB, 80; »außerdem heißen die Himmelswesen im Alten Testament kaum *'ălohim* (vgl. Ps. 82,1.6), sondern *b^ene 'ălohim* o.ä. ...« (*Schmidt,* Gott und Mensch, 26).

45 So schon *Irsigler,* Frage, 23f.

46 Für das eine s. Ps 24,7–8; 29,1.4; 96,6; 104,1; 145,5.12, für das andere Ps 21,4.6; 45,3–5; 89,40; 132,18.

47 So m.R. *Schnieringer,* Psalm 8, 241.

yhwh, sondern muss mit dem Appellativ *'älohim* genannt werden.[48] Weil im Deutschen jedoch »Gott« wie ein Eigenname wirkt, muss man v.6a übersetzen: »Du ließest ihn wenig ermangeln im Vergleich mit *einem Gott.*« Allerdings bemisst sich das, was »ein Gott« ist, an dem, was Jhwh als der eine Gott schlechthin, als Schöpfer und König der Welt ist.[49] Daran gemessen fehlt dem Menschen nur »wenig«, wie v.6a feststellt.[50] Von einer Identität kann also nicht die Rede sein.

(5)

In dieser Hinsicht erinnert Ps 8 an Gen 1,26–28:[51]

> 26 Gott (*'älohim*) sprach:
> Lasst uns Menschen machen als unser Bild (*b'ṣalmenu*), uns ähnlich (*kidmutenu*), dass sie herrschen (*rdh*) über die Fische im Meer, über die Vögel unter dem Himmel, über das Vieh, über alles Getier auf der Erde und über alles Gewürm, das auf der Erde kriecht.

Gott erschafft den Mensch als seinen Repräsentanten auf Erden (»als sein Bild«), der in dieser Funktion »ihm ähnlich« ist und deshalb ermächtigt wird, über die Tiere zu herrschen. Ungefähr das mag auch Ps 8 mit jener singulären Wendung gemeint haben:

> 6 Du ließest ihn wenig mangeln im Vergleich mit einem Gott;
> hast du ihn doch mit Ehre (*kabod*) und Hoheit (*hadar*) gekrönt (*'tr*),
> 7 hast ihn zum Herrscher über die Werke deiner Hände gemacht,
> ihm alles unter seine Füße gelegt ...

Beide Texte formulieren eine im Alten Testament sonst unbekannte Gottähnlichkeit des Menschen. Diese wird in beiden Texten durch eine in der Schöpfung begründete »königliche« Anthropologie vermittelt.[52]

48 Mit *'älohim* ist »die ›Art‹, nämlich das ›göttliche Wesen‹, die ›Gottheit‹« gemeint (so *Schmidt,* Gott und Mensch, 26), doch lässt sich eine Einschränkung dabei nicht erkennen; die liegt allein in dem »*wenig* im Vergleich mit«.

49 So m.R. *Irsigler,* Frage, 24.

50 Was das Wenige ist, wird freilich nicht ausdrücklich gesagt, sondern muss aus dem Kontext erschlossen werden.

51 Das Verhältnis beider Texte wird kontrovers beurteilt, doch bestreiten die meisten eine literarische Abhängigkeit von Gen 1 mit Hinweis auf differente Terminologie und Theologie (für viele s. *Spieckermann,* Heilsgegenwart, 235f., und *Neumann-Gorsolke,* Herrschen, 323). Manche rechnen in Ps 8,6–7 sogar mit älterer vorexilischer Tradition (z.B. *Irsigler,* Frage, 31). Die Berührungen in Thema und Motiven führt man in der Regel auf eine gemeinsame Überlieferung zurück (so *Schnieringer,* Psalm 8, nach ausführlicher Diskussion S. 435–470). Die Frage kann hier auf sich beruhen, ist doch eine vorexilische Ansetzung von Ps 8 auch aus anderen Gründen unwahrscheinlich (s.u. 7).

52 Das ist in Gen 1,26ff. über die ägyptische Königsideologie unbestritten. Die Begründung in der Schöpfung muss aber gegen *Schnieringer* (Psalm 8, 464) auch für Ps 8,6–7 geltend gemacht werden: Die Vergangenheits-Tempora beziehen sich ebenfalls auf die zwar nicht eigens benannte, aber zweifellos vorausgesetzte Erschaffung; denn

Daraus folgt beide Male die Einsetzung des Menschen zur Herrschaft über die Tiere. Beide Texte deuten damit die Gottähnlichkeit funktional.[53] Denn Gott überträgt beide Male die Erhaltung der Schöpfung auf den Menschen – in Ps 8 mit der Einsetzung zur Herrschaft über die Werke seiner Hände, in Gen 1 mit der ausdrücklichen Beauftragung dazu.

Allerdings sind die Unterschiede nicht zu übersehen. Gen 1 hebt die Gottähnlichkeit hervor, Ps 8 betont dagegen die Differenz in der Ähnlichkeit; denn v.6a weist eigens darauf hin, dass dem Menschen im Vergleich mit einem Gott etwas fehlt, auch wenn das nur »wenig« ist und nicht ausdrücklich benannt wird, worin der Mangel besteht.[54] Differenzen bestehen vor allem in den Formulierungen. Während Gen 1,26ff. an einer präzisen Bildterminologie und an begrifflicher Distinktion gelegen ist, formuliert der Hymnus die Gottähnlichkeit nur negativ und indirekt. Auch die Ermächtigung zur Herrschaft wird verschieden formuliert, doch lässt sich daraus wenig Honig saugen. Zwar wird *radah* allermeist auf Objekte bezogen, die nicht zur eigenen Gruppe gehören oder die gar Feinde sind,[55] auch ist dieses Verb sonst deutlich mit der Ausübung von Gewalt verbunden. Beides kann man von dem neutraleren *maschal* nicht sagen, doch bringt Ps 8 mit der Metapher »alles hast du ihm unter die Füße gelegt« durchaus einen gewalttätigen Unterton[56] in das scheinbar bukolische Idyll. Schließlich hat die Liste der Tiere in beiden Fassungen singuläre Glieder und differiert auch in der Abfolge. Allerdings lässt sich die Abfolge in ihren jeweiligen Kontexten durchaus erklären: Die Abfolge der Tiere in Gen 1,26 entspricht der Reihenfolge ihrer zuvor berichteten Erschaffung, die Abfolge in Ps 8 ist dagegen – ebenfalls kontextgemäß – ganz von der Nähe zum Menschen bestimmt. Deshalb wird in Ps 8 auch eigens zwischen Klein- und Großvieh unterschieden; vielleicht fehlt auch deshalb das »Gewürm«, das durch die verallgemeinernde Ergänzung im Bereich der Wassertiere ersetzt wird. Das könnte dafür sprechen, dass Gen 1 dem Verfasser von Ps 8 zumindest bekannt gewesen ist, doch fehlt dem Befund im Ganzen die Eindeutigkeit, die notwendig wäre, um eine literarische Abhängigkeit nachweisen zu können.

Kehren wir noch einmal zu den königlichen Attributen und den damit verbundenen herrscherlichen Funktionen zurück, die Gott und Mensch in beiden Texten verbinden. Anders als im Alten Testament sonst sind sie

zu welchem vergangenen Zeitpunkt sonst wären die metaphorische Investitur (»mit Ehre und Pracht gekrönt«) und Inthronisation (»alles hast du unter seine Füße gelegt«) jedes Menschen zum König vorstellbar?

53 So ein breiter exegetischer Konsens, s. zuletzt nur *Frevel,* Eine kleine Theologie, 255.

54 Allerdings erlaubt der Kontext, vor allem der nachfolgende, einige Schlussfolgerungen. Die Frage wird noch einmal nach der Behandlung der v.7–9 aufgenommen.

55 Das hat *Stipp* in seiner detaillierten Untersuchung der Semantik zum *dominium terrae* gezeigt (s. bes. S. 130).

56 Stets handelt es sich um die Feinde des Königs (vgl. Ps 110,1), auch wenn die Pointe sich nicht in deren Vernichtung erschöpft, sondern in der dadurch gestifteten, wiederhergestellten oder bewahrten Ordnung.

hier nicht allein Gott und seinem irdischen Stellvertreter auf Davids Thron vorbehalten, sondern kommen in Ps 8 wie in Gen 1 *jedem* Menschen als Gottes Geschöpf zu. Dafür sorgt die ausdrückliche Bestimmung des Menschen als Gattungswesen in v.5. Dafür sorgen auch die rahmenden Tempora der Verben in v.6–7, welche die metaphorische Einsetzung zum König in eine Vergangenheit verlegt, die dem Einzelleben vorausliegt; dafür kommt nur die Schöpfung in Frage, was auch v.4 nahe legt. Jeder Mensch – ein gekröntes Haupt! In dieser Hinsicht sind alle Menschen gleich. Jeder Mensch hat diese Würde – die fromme Frau genauso wie der gemeine Dieb, ja, selbst der Kinderschänder und die schlimmste Verbrecherin sind davon nicht ausgenommen. Die v.7–9 erhellen, in welchem Sinne jeder Mensch als Gottes Geschöpf königliche Würde hat. Dabei ergeben sich auch Antworten auf die Frage, was dem königlichen Menschen im Vergleich zu einem Gott fehlt.

(6)

Die v.7–9 entfalten die Grenzaussage von v.6. Nachdem Gott den Menschen zur Herrschaft befähigt hat (v.6), weist er ihm in v.7–9 sein Herrschaftsgebiet und seine Untertanen zu. Der Himmel ist Gottes unumstrittenes Hoheitsgebiet, aber die Erde unterstellt er in ihren verschiedenen Bereichen der Herrschaft des Menschen. »Die Werke deiner Finger« (v.4) und »die Werke deiner Hände« (v.7) bezeichnen also zwei verschiedene Herrschaftsbereiche. Über »die Werke seiner Finger« herrscht allein Gott, »die Werke seiner Hände« hat er jedoch dem Menschen »unter seine Füße gelegt«.[57]

An der Formulierung von v.7–8 befremdet vor allem die Totalität der Herrschaft. Zweimal heißt es »alles«: »Alles hast du unter seine Füße gelegt«, und »Kleinvieh und Rinder, sie alle«.[58] Die Totalität wird sogleich entfaltet, indem der Dichter die Lebensbereiche am Beispiel der dort beheimateten Tiere abschreitet.[59] Der Dichter strebt mit der Reihe eine gewisse Vollständigkeit innerhalb einer Systematik an, die von der Nähe zum Menschen bestimmt ist. Sie beginnt in v.8 mit den Regionen, die dem Menschen zugänglich sind: die Steppe mit dem Kleinvieh und das Kulturland mit den Rindern, also mit den domestizierten Tieren. Der Dichter fährt fort mit dem freien Gefilde, der ungenutzten »Flur«, in der

[57] Zur Wendung als Herrschaftsgestus s. die Entfaltungen in 1Kön 5,17; Ps 47,4; 110,1; vgl. Ps 18,48.

[58] Da dem Dichter an einer Auflistung *aller* Tiere gelegen ist, kann sich die Herrschaft des Menschen über die Tiere nicht in deren Nutzung geschweige denn Vernutzung erschöpfen.

[59] Es geht weniger um die Tiere als Objekte der Herrschaft als um die mit ihnen verbundenen Lebensbereiche, wie man am Wild, an den Vögel und Fischen gut sehen kann, deren Beherrschung durch Menschen so gut wie ausgeschlossen ist.

die wilden, ungezähmten[60] Tiere ihr Leben fristen. In v.9 bringt er erstaunlicherweise mit den Vögeln den Luftraum über der Erde und mit den Fischen das Meer. Des Menschen Herrschaft soll sich offenbar auf *alle* Bereiche der Mitkreatur erstrecken. Die Einbeziehung gerade auch der von den wilden Tieren und der gar noch von den Vögeln und Fischen bevölkerten Regionen zeigt, dass Gott den Menschen mit nicht weniger als mit der Herrschaft über die Welt beauftragt. Herrschaft über *Menschen*, gar eine schrankenlose oder tyrannische ist nicht im Blick. Eine Herrschaft über Menschen ist in diesem Psalm schon deshalb ausgeschlossen, weil die Bestimmungen von v.6–7 *jedem* Menschen gelten.[61]

Befremdet hat weiter die Wendung »unter seine Füße legen«; denn dieser Gestus suggeriert Gewalt und schrankenlosen Despotismus. Wegen dieser unerfreulichen Nachbarschaft stand »Herrschaft« in der jüngeren Vergangenheit nicht hoch im Kurs. Aber gerade Erfahrungen mit schlechten Herrschaften oder gar mit fehlender Herrschaft lehren Achtung vor jeder Herrschaft, die wohl tut. Es kommt eben sehr auf die Art des Herrschens an und wer unter wessen Füßen zu welchem Zweck liegt. Dieser weit verbreitete Gestus der Herrschaft findet sich nicht nur in vorderorientalischen Texten, sondern auch in Bildern. Für viele mögen die Abrollungen zweier neuassyrischer Rollsiegel aus dem 8. Jh. v.Chr. stehen.[62]

Das erste zeigt einen geflügelten Genius mit Sichelschwert in der Linken, der seinen rechten Fuß auf einen Capriden (?) setzt und ihn gegen einen angreifenden Löwen verteidigt. Auf dem zweiten setzt der König mit dem Sichelschwert in der Rechten seinen Fuß auf ein mythisches Mischwesen und packt einen angreifenden Löwen, hinter dem sich ein stilisierter Baum befindet, der für ein gedeihliches Leben, vielleicht sogar für die Weltordnung steht, die der König verteidigt.

60 Zwar wird *bᵉhemah* auch für das Großvieh generell gebraucht, doch schränkt die Verbindung mit *sadäh* auf die ungezähmten, wild lebenden Tiere ein (1Sam 17,44; Jl 1,20; 2,22, vgl. einfaches *sadäh* in Gen 4,8; Jes 43,20; Ps 104,10f.).

61 Die zwischenmenschliche Ordnung ist kein ausdrückliches Thema von Ps 8 (so schon *Schmidt,* Gott und Mensch, 28), indirekt ergeben sich aber sehr wohl Gesichtspunkte (s.u.).

62 Das erste befindet sich heute im Vorderasiatischen Museum zu Berlin; es wird hier aus *Moortgat,* Nr. 612, wiedergegeben. Die Abb. des zweiten stammt aus *Seibert,* Nr. 55.

Diese und ähnliche Bilder führten zunächst zu einer überraschenden Deutung. Einige meinten auf Grund dieser Siegel, die Metapher drücke nicht Unterwerfung, sondern Schutz durch das Abwehren von Feinden[63] aus; manche deuteten die Wendung gar als Ausdruck fürsorglicher Aufsicht. Doch hatte schon Seibert betont, es gehe um »die Bezwingung und Unterordnung des Tieres«.[64] Vor allem aber hat man eingewandt, dass die Bildkomposition des Siegels über die Wendung von Ps 8,7 hinausgeht, ihr also nicht wirklich entspricht,[65] und dass die Wendung von »seinen Füßen« im Plural spricht, während in den Siegelbildern nur ein Fuß auf dem Tier steht.[66]

Besser passen da zweifellos die ägyptischen Darstellungen der Neun-Bogen-Völker auf Thronpodesten oder königlichen Fußschemeln aus der Mitte des 2. Jt.[67] Als Beispiel diene die Darstellung Thutmosis IV. (15. Jh. v.) aus einem Grab in Abd el-Qurna.[68]

Die Füße des Königs ruhen auf einem Schemel, der von den zusammengebundenen Repräsentanten der Neun-Bogen-Völker gebildet wird. Das Bild zeigt weder die Situation des Kampfes gegen Feinde noch die des Beschützens, sondern die der Herrschaft über bereits unterworfene, die dem Herrschaftsbereich des Königs eingegliedert sind. Dem entspricht der Gebrauch der metaphorischen Wendung in ägyptischen Texten des Neuen Reiches:

63 So vor allem *Keel,* Bildsymbolik, 50

64 *Seibert,* Hirt, 65.

65 S. zuletzt die Zusammenfassung der Diskussion bei *Neumann-Gorsolke,* Herrschen, 112–121.

66 So der berechtigte Einwand von *Görg,* Alles hast du gelegt, 131.

67 *Metzger,* Thron, 104ff.

68 Umzeichnung aus *Keel,* Bildsymbolik, Nr. 342.

Alle Fremdländer sind niedergetreten unter meine Sandalen.

Die Neunbogen sind vereint unter seinen Sandalen.

Alle Länder, alle Fremdlinge ... sind vereint unter deinen Sandalen.[69]

In denselben Zusammenhang gehören vergleichbare assyrische Belege.[70] Bei alledem geht es also durchaus auch um Gewalt, aber um eine Gewalt, mit der der König Ordnung stiftet und Ordnung bewahrt. Zu *dieser* Aufgabe ist der Mensch in Ps 8 bestimmt. Seine Herrschaft ist also weder schrankenlos noch grenzenlos.[71]

Dass die Herrschaft des königlichen Menschen ihre Art und ihr Maß an Gottes Schöpferhandeln findet, macht der Dichter doppelt deutlich. Die dem Menschen zugewiesenen Herrschaftsbereiche sind »die Werke deiner (*Gottes*) Hände« (v.7). Vor allem aber lässt der Dichter die Ermächtigung zur Herrschaft in das Lob des gewaltigen Namens Gottes münden. Mit diesem Lob gibt der Mensch, dem nur wenig im Vergleich mit einem Gott fehlt, »dem Geber sein Eigentum zurück«.[72] Der Mensch nimmt also seine Bestimmung im Sinne von Ps 8 dann recht wahr, wenn Gott die Herrschaft des Menschen auf Erden als Lobpreis seines Namens annehmen kann. In alledem steckt auch eine Antwort auf die Frage, was dem königlichen Menschen im Vergleich zu einem Gott fehlt. Der Psalm formuliert keine ausdrückliche Einschränkung, sondern antwortet indirekt: Des Menschen Herrschaft ist begrenzt; sie erstreckt sich nicht auf den Himmel, sondern allein auf die Erde. Der Mensch hat seine Königsherrschaft nicht selbst errungen, sondern der Schöpfergott hat sie ihm über »das Werk seiner Hände« verliehen. Daraus folgt: Königlich bleibt der Mensch nur, solange er seine Aufgabe in Bindung an diesen Gott und in Verantwortung vor ihm wahrnimmt.

(7)

Wann ist dieser Psalm entstanden? Psalm 8 lebt in seinen Einzelheiten und in der Gesamtpointe von der Übertragung exklusiv königlicher Züge auf jeden Menschen. Eine derartige Übertragung ist schwer vorstellbar, solange das Königtum noch in Saft und Kraft stand. Er wird deshalb mit großer Wahrscheinlichkeit aus nachköniglicher Zeit stammen. Hinzu kommt der Gebrauch von Wörtern und Wendungen, die sonst nur in

69 Die Belege zitiert aus *Görg,* Alles hast du gelegt, 134. Hierher gehört auch die Selbstbezeichnung des Königs Namiawaza, der sich unter anderem als »Schemel deiner Füße« und so als Vasall des Pharao und als seinen Untertan bezeichnet (in den Amarna-Texten, mitgeteilt von *Metzger,* Thron, 111).

70 S. die kleine Sammlung bei *Neumann-Gorsolke,* Herrschen, 99–103.

71 Oder mit *Frevel* (Eine kleine Theologie, 256): »Die Herrschaft des Menschen ist damit nicht gegen die Lebenswelt gerichtet, sondern für sie.«

72 *Spieckermann,* Heilsgegenwart, 232.

nachexilischen Texten Seitenstücke haben.[73] Zwar ist ein Bemühen um Vergewisserung des Menschen in Ps 8 nicht zu übersehen,[74] doch lässt sein optimistisches Menschenbild (v.6–9) noch keine Zweifel erkennen.[75] Das weist eher in die fortgeschrittene Perserzeit, in der die Verhältnisse konsolidiert waren. Deshalb scheidet eine exilische oder frühnachexilische Ansetzung aus. Anderseits atmet der Psalm eine Weite fernab aller nationalreligiösen Akzente. Erst die Ergänzungen in v.2b–3 verarbeiten Krisenerfahrungen, die aber überall und immer möglich sind.

2. Der Chaoskämpfer als Burg der Bedrängten: Psalm 144

Ps 144 stellt eine anthologische Komposition dar, die mit Hilfe der Schrift entstanden ist.[76] An ihrer Wiege hat bis v.11 vor allem Ps 18 gestanden.[77] Der Dichter hat auch die Frage nach dem Menschen aus Ps 8 aufgegriffen. Die von ihm geschaffene Mixtur setzt jedoch ganz eigene Akzente:

	1 Von David.[78]	18,1
ICH:		
Benediktion	Gepriesen sei Jhwh, mein Fels,	18,3
	der meine Hände den Kampf lehrt,	18,35
	meine Finger den Krieg,	
	2 meine Huld und meine Festung,	18,3
	meine Burg und mein Retter,	
	mein Schild, ja, bei ihm suche[79] ich Zuflucht,	18,3
	der mir mein Volk[80] unterwirft.	(18,48)

[73] S. die Zusammenstellung bei *Deissler,* Datierung, 48: *'adonenu* als Anrede an Gott (Ps 135,5; 147,5; gemeinsam mit Jhwh nur Neh 10,30, außerdem s. Neh 8,10; 10,30), *ḥissar min* (nur in Koh 4,8), *behemot saday* (nur Jl 2,22), u.a.

[74] Das betont vor allem *Neumann-Gorsolke,* Herrschen, 131–133, im Anschluss an *Irsigler,* Ps 8, 26, 36, und deutet den Psalm als Antwort auf »die theologische Krise des Exils ... wohl noch vor der Gründung des neuen Tempels«.

[75] Die Annahme einer exilischen Entstehung durch *Neumann-Gorsolke* und *Frevel* ist deshalb alles andere als »plausibel« (Eine kleine Theologie, 254). Eine nachexilischen Ansetzung wird seit *Duhm,* Psalmen, 37, immer wieder erwogen, s. nur *Petersen,* Mythos, 81f.

[76] Über den anthologischen Charakter von Ps 144 besteht von *Gunkel* (Psalmen, 605) und *Deissler* (Psalmen II, 319) bis *Hossfeld/(Zenger),* Psalmen, 779, große Einigkeit.

[77] Eine kleine Auswahl der Schriftbezüge bieten die Hinweise am rechten Rand der Übersetzung, genaueres bei *Seybold,* Formen der Textrezeption, *Saur,* Königspsalmen, 255–261, und *Hossfeld/(Zenger),* Psalmen, 780ff. Zum bes. Verhältnis zu Ps 18 s. *Adam,* Held, 180–183.

[78] In zahlreichen Handschriften der Septuaginta folgt noch der Hinweis »in Bezug auf Goliad«, der sich einer historisierenden Auslegung von v.10 verdankt. Der Septuaginta lag diese Satzabgrenzung in v.10 offenbar schon vor.

[79] Die AK der Verben in v.2.8.11b entspricht dem *»aoristus gnomicus* der Griechen« (Ges.-K. § 106k).

[80] MT liest den Singular und bezieht auf das eigene Volk, dessen Unterwerfung freilich sonst kein Thema ist, während die Völker mit den vertragsbrüchigen Fremden in v.7 erscheinen. Der Plural wird von 11QPs[a], vielen hebr. Handschriften, von Aquila, von der syr. Übersetzung und dem Targum gestützt und entspricht Ps 18,48. Belässt

Reflexion	3 Jhwh, was ist schon der Mensch, dass du dich seiner annehmen,	8,5
	das Menschenkind (*bän ^{a}nosch*), dass du es beachten müsstest,[81]	8,5
	4 gleicht doch der Mensch einem Hauch,	39,6; 62,10
	sind seine Tage doch wie ein Schatten, der vorübergeht.	102,12...
Bitten	5 Jhwh, neige deinen Himmel und steige herab,	18,10
	rühre die Berge an, dass sie rauchen,	18,8; 104,32
	6 schleudere[82] Blitze und zerstreue sie,[83]	18,15
	schieße deine Pfeile und verwirre sie!	18,15
	7 Strecke deine Hände aus von der Höhe!	18,17
	Reiße mich heraus, und rette mich	18,17
	aus großen Wassern,	18,17
	aus der Hand der Fremden,	(18,45)
	8 deren Mund Trug redet[84]	
	und deren Rechte betrügerisch[85] ist!	
Lobversprechen	9 Gott, ein neues Lied will ich dir singen,	(18,50) 33,2f.
	auf der Leier mit zehn Saiten will ich dir aufspielen,	33,2; 92,4
	10 der den Königen den Sieg schenkt,	18,51
	der seinen Knecht David dem bösen Schwert entreißt.[86]	18,1
Bitten	11 Reiße mich heraus, und rette mich	
	aus der Hand der Fremden,	(18,45)
	deren Mund Trug redet	
	und deren Rechte betrügerisch ist!	
WIR:		
Bilder der Hoffnung	12 So[87] werden unsere Söhne wie Setzlinge sein,	(128,3–4)
	großgezogen in ihrer Jugend,	
	unsere Töchter wie geschnitzte Ecksäulen,	
	ein Abbild des Palastes.	

man den Singular, wäre an die innerjüdische Differenzierung zu denken zwischen der nachexilischen Gemeinde der Frommen, die hier in der Rolle des Königs erscheint, und dem »Volk«, wie sie anderwärts zwischen »meinen Knechten« und Jakob, bzw. Juda (Jes 65) oder zwischen den Gerechten und Frevlern ausdrücklich benannt wird.

81 Die beiden Verben mit wPK drücken eine »Folgerung aus dem unmittelbar Vorhergehenden« aus (Ges.-K. § 111l).

82 Für die im Deutschen ungebräuchliche *figura etymologica* »blitze mit Blitzen«.

83 Das Pronomen kann sich nicht auf die Berge beziehen, allenfalls auf die »Völker« in v.2, am ehesten aber wohl auf die »Fremden« als Feinde in v.7–8 – ein deutliches Indiz für die Kenntnis des Kontextes der Vorlage (sie nennt in 18,4 vorab die Feinde) und den freien Umgang des Dichters mit seinen Vorlagen aus der Schrift.

84 S.o. Anm. 79.

85 Die Bezeichnung der rechten Hand als »Lügenrechte« charakterisiert die fremden (Vasallen?) als eidbrüchig und treulos.

86 So die Satzverteilung der Masoreten und der Septuaginta, deren historisierende Überschrift (»... in Bezug auf Goliad«) diese Verteilung voraussetzt (1Sam 17,45.47.51; 21,10). Aus kolometrischen Gründen zieht man gewöhnlich »vom bösen Schwert« zum nächsten Satz, obwohl ein Parallelismus nur schwer zu erkennen ist. Für die masoretische Verteilung spricht auch v.7.

87 Die Partikel *'aschär* dient hier der Anbindung der v.12–14. Zur freieren Unterordnung eines Satzes mit Hilfe dieser Partikel s. Gesenius (Lex. 74b) und HAL I, 95b (in konsekutivem oder finalem Sinn). *Hossfeld/(Zenger),* Psalmen, 777, plädiert für konsekutiven Sinn (»Dann sind unsere Söhne ...«).

	[13] Unsere Speicher sind voll, quellen über (an Vorräten) von Art zu Art. Unser Kleinvieh mehrt sich tausend-, zehntausendfach auf unseren Fluren. [14] Unsere Rinder sind trächtig; es gibt weder Riss noch Fehlgeburt und kein Wehgeschrei auf unseren Plätzen.	*vgl. 12–14 mit Dtn 28,4ff.*
Benediktion	[15] Heil dem Volk, dem es so ergeht! Heil dem Volk, dessen Gott Jhwh ist!	33,12

Die Anthologie besteht aus einem »Königslied« in v.1–11, das mit einer Benediktion eröffnet wird, und aus einer Beschreibung der gesegneten Existenz des königlichen Volkes in v.12–14, die mit einer Benediktion in v.15 endet. Dass beide Teile ursprünglich nicht zusammengehörten, kann man am Wechsel von Sprecher, Thema und Ton sehen: vom »Ich« zum »Wir«, vom König zum Volk,[88] von der Bitte zum Selbstpreis.[89] Mit dem Themawechsel hängen eine andere Bildwelt und ein anderer Wortschatz in v.12–14 zusammen, der überdies durch mehrere Fachwörter und *hapax legomena* auffällt. Hinzu kommt die merkwürdige Anbindung der v.12–14 mit der Partikel *'aschär*.[90] Gleichwohl hat der ›Schriftsteller‹ den zweiten Teil nicht ohne inneren Grund angeschlossen: Die gesegnete Existenz des königlichen Volkes wird als Ergebnis erfolgreichen Regiments des Königs geschildert, wenn er die erbetene Hilfe Jhwhs erfahren hat. In v.15 wechselt der Sprecher gegenüber v.12–14 nochmals, so dass die Schlussbenediktion v.15 wie die Anbindung in v.12 wahrscheinlich auf den ›Schriftsteller‹ der Gesamtkomposition zurückgehen.[91] Für eine Entstehung in spätpersischer Zeit sprechen der anthologische Charakter der Komposition mit ihren zahlreichen Schriftbezügen, die Aramaismen, die Erwähnung der Fremden und die Spuren von Spiritualisierung.[92]

Das königliche Kolorit des ersten Teils verdankt sich vor allem der Vorlage in Ps 18. Allerdings hat der Dichter das Danklied von Ps 18 in

88 Im gegenwärtigen Zusammenhang wird allerdings das Thema »Volk« schon im letzten Kolon von v.2 vorbereitet.

89 Zwar gibt es im AT kein »völlig paralleles Stück« (*Gunkel*, Psalmen, 607), doch fehlt für eine Bestimmung als »Wunsch des Volkes nach materiellem Wohlstand« (so *Saur*, Königspsalmen, 254) die grammatische Basis, da nicht ein einziger Jussiv in v.12–14 begegnet. Vielmehr besteht der zweite Teil ganz aus beschreibenden Nominalsätzen.

90 Vielleicht ist der ursprünglich selbständige Teil v.12–14 einst mit einem Makarismos *'aschre* (ähnlich dem in Ps 33,12) eingeleitet worden, der dann mit v.15 einen Rahmen gebildet hätte, doch muss das eine Vermutung bleiben.

91 So auch *Saur*, Königspsalmen, 253. Gegen die Annahme, dass »der Psalm von vornherein als Einheit konzipiert wurde« (so aber *Hossfeld/Zenger*, Psalmen 779), spricht das Fehlen einer stärkeren inneren Verbindung der für die Endkomposition sicher zu Recht unterstellten Konzeption »vom König zum Volk«.

92 Zu den Fremden s.u. zu v.7, zur Spiritualisierung s. schon die königliche Fiktion des Gesamtpsalms, aber auch Einzelzüge wie Jhwh als »meine Huld« in v.2.

ein Bittgebet verwandelt und dabei aus dem siegreichen David einen frommen, von Gottes Hilfe abhängigen König gemacht, in dessen Gewand er schlüpft. Der Aufbau des Königsliedes ist relativ durchsichtig.[93] Es beginnt mit einem Lobpreis in v.1–2 und endet in v.5–8 mit einem Hilfeschrei aus scheinbar aktueller Bedrängnis. Der ist nicht so originell, wie er klingt; denn er wurde mit Hilfe von Ps 18 und 104 formuliert. Angehängt an den Hilferuf folgt in v.9–10 die Ankündigung eines »neuen Liedes«; sie ist vielleicht erst nachträglich eingebracht worden, wie man an der Wiederaufnahme in v.11 sehen kann, die den Leser zu v.7–8 zurücklenkt. Im gegenwärtigen Zusammenhang aber blickt der Psalm damit »auf eine Folge von Rettungserfahrungen verschiedener Könige« zurück.[94] Was das »neue Lied« ist, lässt sich schwer sagen. Man erwartet ein Danklied oder einen Hymnus. Am ehesten bezieht sich die Ankündigung auf den folgenden Hymnus in Ps 145.

Wir beschränken uns jetzt allein auf die Rezeption von Ps 8 im Rahmen des ersten Teils. Ps 8,5 wird aufgegriffen, aber nicht einfach zitiert, wie die Umkehrung der Nomina für »Mensch« und der Wechsel der Verben mit nahezu identischer Bedeutung zeigen. Die ausdrückliche Nennung Jhwhs in der Anrede ist in 144,3 notwendig, weil der voranstehende Kontext keine unmittelbare Anrede wie in 8,5 gestattet. Die gegenüber 8,5 veränderte Syntax hängt mit der anderen Intention in 144,3–4 zusammen, die nicht auf Jhwhs Zuwendung, sondern auf des Menschen Hinfälligkeit in v.4 zielt. Deshalb muss hier auch die gottähnliche Stellung des königlichen Menschen aus 8,6 fehlen.

Die Frage »Was ist der Mensch?« hat gegenüber Ps 8 jeden Optimismus verloren. Dem entspricht der Ort jener Reflexion über den Menschen zwischen Lobpreis Jhwhs als Schutzburg und Retter (v.1–2) und Hilfeschrei des Bedrängten (v.5–8).[95] Welche Akzente setzt sie?

> 3 Jhwh, was ist schon der Mensch, dass du dich seiner annehmen,
> das Menschenkind, dass du es beachten müsstest,
> 8 gleicht doch der Mensch einem Hauch,
> sind seine Tage doch wie ein Schatten, der vorübergeht.

Hatte Ps 8 jeden Menschen als ein königliches Wesen gezeichnet, gekrönt mit Ehre und Hoheit, fast ein Gott, so tritt in Ps 144 umgekehrt der »König« auf, aber als ein von Feinden bedrängter schutzbedürftiger Mensch (v.1–2) bar jeder königlichen Würde. Das muss angesichts der gottähnlichen Stellung des Königs in der Königsideologie[96] noch zusätzlich befremden. In Psalm 8 erwuchs das große Staunen über die überraschende Zuwendung Gottes zum Menschen aus der Differenz zwischen

93 Vgl. dazu *Saur,* Königspsalmen, 250f., *Hossfeld/(Zenger),* 780.
94 *Adam,* Held, 181, der die Könige in v.10 auf die Davididen bezieht.
95 *Klein,* Wirkungsgeschichte, 187: »Von der Größe des Menschen ist nichts mehr zu spüren, wohl aber von der Mächtigkeit Gottes (V.5–7), die zur Hilfe gerufen wird.«
96 Vgl. Ps 2,7; 110,1 und 45,7.8b.

dem gewaltigen Schöpfungswerk Gottes im Anblick des nächtlichen Himmels und der Winzigkeit des Menschen; in Ps 144 speist es sich dagegen allein aus der Einsicht in die Hinfälligkeit des Menschen, der nur Hauch und Schatten ist.[97] *Hābäl* sagt der Dichter wie Qohelet. Der Ton weisheitlicher Skepsis ist nicht zu überhören. Um diesen Hauch und Schatten kümmert sich der gewaltige Gott? Unbegreiflich! Aber gerade diese Erfahrung hat der Beter im Königsmantel in der Vergangenheit gemacht. Sonst könnte er in v.1–2 nicht sagen, dass Gott ihn kämpfen lehrt, ihm Schild und Burg ist, wie er es immer wieder war, so dass er bei ihm Zuflucht suchen kann.[98] Er hat offenbar erlebt, dass Gott »sich seiner annimmt« und »sich um ihn kümmert« (*yad^ca*), dass er ihn »beachtet« und »berücksichtigt« (*ḥaschab Pi.*), wie es in v.3 heißt, obwohl es dafür gar keine Begründung gibt als des Beters Nichtigkeit. Diese Erfahrungen bewegen ihn, Gott um Hilfe anzurufen.

An dieser Stelle kommt mit den v.5–7 die andere Seite unseres Themas in den Blick, allerdings auf überraschende Weise:

> 5 Jhwh, neige deinen Himmel und steige herab,
> rühre die Berge an, dass sie rauchen!
> 6 Schleudere Blitze und zerstreue sie,
> schieße deine Pfeile und verwirre sie!
> 7 Strecke deine Hände aus von der Höhe!
> Reiße mich heraus, und rette mich
> aus großen Wassern,
> aus der Hand der Fremden,
> 8 deren Mund Trug redet
> und deren Rechte betrügerisch ist!

Angesicht gegenwärtiger Not erfleht der Beter Gottes Erschei̱nen. Er erwartet sein Kommen in den traditionellen Bildern eines altorientalischen Sturm- und Wettergottes.[99] Dazu gehört ein bestimmtes meteorologisches Equipment, das sich hier auf Gewitterwolken und Blitze beschränkt. Derartige Wetterphänomene sind freilich ambivalent. Ohne bewässernden Regen gedeiht nichts, aber als Gewitterflut entfaltet der Regen verheerende Gewalt. Hier ist die zerstörerische Seite im Blick: Der Dichter erwartet Gott, wie er auf tief hängenden Gewitterwolken herabkommt, die Berge im Unwetter rauchen lässt und mit seinen Blitzen alles zerstreut, was sich ihm entgegenstellt.

Gegen wen richtet sich das ungeheure Aufgebot? Nicht gegen mythische Chaosmächte der Urzeit. Die wohlgeordnete Welt wird hier vielmehr von denen bedroht, deren Mund Trug redet, die ihre Schwurhand

97 Vgl. einerseits Ps 39,6.12.; 62,10; 94,11, anderseits 102,12; 109,23; Hi 7,6f.16; 8,9; 14,2; vgl. Ps 90,10 u.a.

98 Die Partizipien und Nominalsätze in v.1–2 sprechen von Jhwhs »dauerhafter Schutzqualität« (*Adam,* Held, 181).

99 Zu den damit verbundenen Vorstellungen, insbesondere vom »Neigen des Himmels«, s. *Köckert,* Theophanie, 219ff.

zum Meineid erheben (v.8) und die dadurch die Ordnung verkehren. Es handelt sich um »Fremde« im Land (v.7b), also um Ausländer, vielleicht um Angehörige der nichtjüdischen Oberschicht im perserzeitlichen Juda.[100] Aber vielleicht stehen sie hier nur als Relikt aus Ps 18 für die Feinde schlechthin. Wie dem auch sei, an die Stelle mythischer Mächte sind soziale und gesellschaftliche Größen getreten. Zwar erscheinen die »großen Wasser« auch hier in v.7, die anderwärts die Chaosmacht symbolisieren,[101] aber sie werden sofort mit Menschen identifiziert.

Die kosmologische Seite des Themas scheint zu fehlen; denn Jhwh ist nicht als derjenige im Blick, der die Welt am Anfang geschaffen hat. Indes ist das Thema Schöpfung keineswegs auf die Vorstellung einer Schöpfung »am Anfang« beschränkt. Älter als diese ist vielmehr die Vorstellung von der Erhaltung der Welt.[102] In deren Zusammenhang gehört auch das Kampfmotiv.[103] Jhwh erscheint in Ps 144 als Erhalter der Welt, hier allerdings nicht in der Gestalt des Regenspenders, sondern in der des Kämpfers, der die Welt »in Ordnung« hält. Er ist die Burg, die Zuflucht gewährt. In seiner Hut birgt sich der Beter.

Was ist der Mensch? – so hatte Ps 8 gefragt und darauf geantwortet: beinahe ein Gott, königlich gekrönt und zur Herrschaft bestimmt. Ps 144 weiß davon nichts mehr zu sagen. Aus dem königlichen Menschen ist ein bedrängter König geworden, der das Eingreifen des siegreichen Chaoskämpfers erfleht.

3. Im Visier des Allmächtigen: Hiob 7

Schon am Anfang des ersten Redegangs fragt der Hiobdichter am Einzelschicksal Hiobs nach dem Sinn des Lebens angesichts des Leidens an Gott. Hiob wendet sich in seiner ersten Antwort auf die Rede seines Freundes Eliphas zunächst mit unerwarteter Schärfe an die Freunde insgesamt (Hi 6, bes. ab v.21), sodann aber immer deutlicher an Gott selbst (Hi 7, bes. ab v.7[104]). Dieser zweite Teil liest sich wie ein Anti-Text zu Ps 8. Nicht staunendes Lob, sondern die Klage beherrscht Hiobs Rede von der ersten bis zur letzten Zeile. Sie steigert sich in einem unaufhaltsamen Crescendo bis zum Wunsch, endlich zu sterben. Er setzt ein mit der

100 So schon *Deissler,* Psalmen, 320, der auf Neh 6,18f. und die Parteigänger der Tobiaden verweist.

101 Man sehe nur Ps 93,4 u.v.a.

102 Das hat vor allem *Spieckermann* gezeigt (zusammenfassend in: Heilsgegenwart, 73–86).

103 So im ugaritischen Baal-Mythos und auch in den einschlägigen atl. Texten (Hi 40f.; Ps 74,13–17; 89,10ff.). Nur im babylon. Weltschöpfungsepos *Enuma elisch* (Taf. IV, 59–146), einer gelehrten Kompilation babylonischer und westsemitischer Traditionen um 1250 v., ist das Kampfmotiv mit der *creatio prima* verbunden.

104 Vgl. aber schon 6,8–14.

Mühsal seines Lebens, das er als durch und durch fremdbestimmt und hoffnungslos erfährt (v.1–6):

> 1 Ist Frondienst nicht des Menschen Los auf Erden,
> sind seine Tage nicht wie die des Lohnknechts?[105]
> 2 Wie ein Sklave nach Schatten lechzt
> und wie ein Knecht auf seinen Lohn wartet,
> 3 so[106] muss[107] ich Monde des Unheils erben,
> und Nächte der Mühsal teilt man mir zu.
> 4 Kaum hingelegt, denk' ich: Wann steh' ich wieder auf?
> Sooft[108] es Abend wird, bin ich gesättigt mit Unrast bis zum Morgengrauen.
> 5 Mein Fleisch hat sich gehüllt in Made und erdigen Schorf;
> meine Haut ist verkrustet (?) und eitert (?).[109]
> 6 Meine Tage eilen schneller dahin als ein Weberschiffchen
> und gehen[110] zu Ende ohne Hoffnung.

Dem Optimismus seines Freundes Eliphas hält Hiob vor, dass sein Leben nicht nur elend und jammervoll, sondern gänzlich nichtig sei, weil es unentrinnbar dem Tode ausgeliefert ist.

> 7 Bedenke, dass mein Leben ein Hauch ist,
> dass mein Auge nie wieder Gutes sehen wird!

Wie könnte Eliphas dort, im Totenreich, nach Hiob sehen:

> 8 Nicht wird das Auge erblicken mich, das nach mir sieht;
> mich (werden) deine Augen (suchen), doch ich bin nicht mehr.
> 9 Die Wolke schwindet und geht dahin,[111]
> so steigt, wer in die Unterwelt fuhr, nicht wieder herauf,
> 10 kehrt in sein Haus nicht mehr zurück,
> und seine Stätte kennt ihn hinfort nicht.

Aus dieser Mühsal des Lebens und jener Unentrinnbarkeit des Todes speist sich Hiobs Klage. Mit ihr wendet er sich von seinem Freund ab und Gott zu. Da wird seine Klage zur Anklage:

> 11 Ich meinerseits[112] will meinem Mund nicht wehren,
> will reden mit gepresstem Atem,

105 Die Übersetzung von v.1 folgt *Horst* (Hiob, 93), dessen eindrücklicher Übersetzung des Hiobbuches man sich nur schwer entziehen kann.

106 Bezieht man v.3 auf den Vergleichssatz v.2, kann der Satz nur ironisch gemeint sein; denn der so dringlich ersehnte Lohn stellt sich als Unheil heraus. Deshalb deutet *Ebach* v.3 als Folge des Frondienstes von v.1 und v.2 als Erläuterung des Frondienstes, ständig von der Hand in den Mund leben zu müssen (Streiten mit Gott, 68).

107 Umschreibung des singulären Hofal von *naḥal* »zum Erben gemacht werden«; zu den Verbformen in v.3 s.o. Anm. 79.

108 Mit dem App. und *Fohrer,* Hiob, 163, in *umidde* geändert

109 Die Einzelheiten der Beschreibung der Krankheit Hiobs sind unsicher.

110 Das Verb muss als *wᵉ=yiqtol* vokalisiert werden.

111 Die Formen AK – *wa*PK kennzeichnen v.9a als Erfahrungssätze.

112 Der von *gam* gesetzte Ton des Satzes ist nicht eindeutig; *Ebach* übersetzt adversativ »Doch ich ...« (Streiten mit Gott, 69).

will klagen in meiner Seele Bitterkeit:
12 Bin etwa ich das Meer oder der Drache
dass du eine Wache aufstellst gegen mich?

»Merr« (*yam*) und »Drache« oder einfach »Ungeheuer«, eben *tannin*, spielen auf die vorweltlichen Chaoswesen an, die wir auch aus dem Alten Testament kennen.[113] Im babylonischen Lehrgedicht *Enuma-elisch* stellt der Schöpfergott und Chaoskämpfer Marduk gegen Tiamat Wachen auf.[114] Hiob wirft Gott vor, er behandle ihn wie eines der Chaosmonster, also als eine wirkliche Macht, welche die Weltordnung bedroht und die deshalb um jeden Preis zur Strecke gebracht werden muss.

13 Denk ich: Mein Lager wird mich trösten,
meine Verzweiflung hilf mir tragen mein Bett,
14 so schlägst du mich mit Träumen,
und überfällst mich mit Gesichten,
15 dass ich lieber ersticken will,
der Tod mir lieber ist als meine Qualen.[115]
16 Ich will nicht mehr,[116] ich lebe ja nicht ewig.
Lass ab von mir; denn nur ein Hauch sind meine Tage!

Dieser Gott kümmert sich, gewiss, aber nicht als liebender Vater, sondern als grausamer Sadist, der noch den Schlaf seiner Opfer verwüstet. Angesichts dieses Gottes ist der so jämmerlich zugerichtete Hiob bereit »aufzugeben/zu verwerfen«, wie mit dem Verb *ma'as* vieldeutig formuliert wird. Weil Hiobs Lebensfaden nur noch kurz ist, hofft er, Gott werde von ihm ablassen. Hiob, ein Schatten seiner selbst, sein Leben, nur noch ein Hauch! Das ist der Horizont, in dem der Hiobdichter die Frage »Was ist der Mensch?« aus Ps 8 aufgreift. Das geht noch über Ps 144 hinaus. Anders als dort erwächst hier die Frage nach dem Menschen nicht aus der Differenz zwischen dem rettenden Gott und der Nichtigkeit und Kürze eines Menschenlebens, sondern allein auf dem Boden der Resignation vor dem unerbittlich andringenden Gott.[117]

Der Hiobdichter bezieht sich gleich mehrfach auf Ps 8,5, jedoch mit aufschlussreichen Verschiebungen.[118]

113 *Rahab* in Ps 89,10–11; Hi 26,12; *Rahab*s Helfer in Hi 9,13; *Rahab* und *Tannin* Jes 51,9; *Livjatan* und *Tannin* Jes 27,1.

114 En. el. IV, 139.

115 Die v.13–14 sind iterativ zu verstehen, v.15 schließt daran konsekutiv an.

116 Andere nehmen wie in v.5 eine Wurzel *ma'as II* in der Bedeutung »vergehen« an. Doch muss man wohl bei *ma'as I* »ablehnen« (v.16) bleiben, wenn man das in v.15 voranstehende *baḥar* »wählen« bedenkt.

117 In Hi 15,12–14 stellt Eliphas die gleiche rhetorische Frage in der Einsicht des unendlichen Unterschieds zwischen dem gerechten Gott und dem von einer Frau geborenen Menschen, vgl. Bildad in 25,4–6.

118 *Perdue* spricht zu Recht von »Parody of Psalm 8« (Metaphorical Theology, 152).

> [17] Was ist der Mensch (*'änosch*), dass du so groß ihn achtest[119]
> und dass du richtest deinen Sinn (*leb*) auf ihn,
> [18] dass, wenn du ihn gemustert (*paqad*) jeden Morgen,
> du jeden Augenblick ihn überprüfst (*baḥan*)?

Aus einem Hymnus ist Klage geworden. Der wörtlich gleich formulierten, aber auf ein Kolon konzentrierten rhetorischen Frage folgen hier wie dort zwei parallele *ki*-Sätze (*yiqtol*), in denen die Frage entfaltet wird. Allerdings gebraucht Hiob zwei andere mehrdeutige Verben. Sie klingen im Kontext seiner Rede wie bittere Ironie auf Gottes hilfreiche Zuwendung und wohlwollende Anteilnahme in Ps 8. Gott »achtet« Hiob »groß«, will sagen: Gott nimmt ihn so ernst wie das Chaosungeheuer (v.12), dass er ihn unablässig überwacht. In die gleiche Richtung zielt auch das zweite Verb. Gott »richtet sein Herz auf ihn«, will sagen: Gott achtet gespannt auf Hiob und ist unablässig damit beschäftigt, mögliche Verfehlungen, Vergehen und Schuld aufzuspüren. In v.18 greift Hiob zwar das Verb *paqad* (»sich kümmern«) aus Ps 8,5 auf, hat aber dabei nur dessen feindliche Bedeutungsnuance im Sinn; denn er erläutert es sogleich mit *baḥan* (»überprüfen«). Worauf zielt die Überprüfung? Der Fortgang in v.20–21 zeigt, dass Gott nichts anderes im Sinn hat, als Hiobs Schuld aufzudecken und abzurechnen. Unerbittlich mustert er ihn jeden Augenblick. Gott? Ein »Menschenwächter« (v.20); »der große Bruder schaut dich an«. Hiob? Ein Gefangener unter lückenloser Aufsicht! Das ist die Perspektive Hiobs, die der Hiobdichter uns vermittelt. Sie stellt in allen einzelnen Zügen das Gegenbild »klassischer psalmtheologischer Anthropologie« dar.[120]

Hatte der Beter von Ps 144 den siegreichen Chaoskämpfer um Hilfe und Rettung gebeten, so ist das einem Hiob völlig unmöglich, erfährt er doch Gott selber als seine größte Bedrohung.[121] Deshalb bittet er lediglich um eine kurze Atempause:

> [19] Wann endlich blickst du von mir weg,
> lässt ab von mir, bis meinen Speichel ich verschluckt?

Denn Hiob ist, für ihn unbegreiflich, die Zielscheibe im Fadenkreuz des Chaoskämpfers geworden. Weil des Menschen Leben »an Tagen kurz

119 So *Horst* (Hiob, 94) und *Ebach* (Streiten mit Gott, 69); *Frevel*, denkt an »groß machen, erheben« und deutet als »Verherrlichung« durch Gott (Eine kleine Theologie, 258); *Fohrer* versteht *gdl* Pi. dagegen im Sinne von »großziehen«, »durchbringen« (Hiob, 159). Während Fohrers Deutung auf Hi 3,11–16 Bezug nimmt, passt Frevels Deutung weder zum Gefälle von Hi 7 noch zur Diktion der *ki*-Sätze in Ps 8,5, dem mutmaßlichen Spendertext.

120 *Spieckermann*, Heilsgegenwart, 237. Weitere Einzelheiten dieses Gegenbildes in Hi 7 bei *Frevel*, Eine kleine Theologie, 258–262, der darin jedoch nicht eine Bestreitung des Menschenbildes von Ps 8 sehen will, sondern ein bleibendes »Paradigma und Maßstab« auch für Hiob (S. 261).

121 *Spieckermann*, Satanisierung Gottes, 432: »Hiob hat den satanisierten Gott zum Feind. Seine Gotteserfahrung hat die Entmenschlichung des Menschen zur Konsequenz.«

und satt an Unrast« ist (14,1), erweist sich Gott in seinem Überwachungswahn als ausgesprochen kleinlich.

> 20 Hab ich gesündigt, was tu' ich, Menschenwächter, dir schon an?
> Warum hast du zum Schussziel mich gesetzt für dich,
> und warum ward ich dir[122] zur Last?
> 21 Warum vergibst du mein Vergehen nicht
> und lässt vorübergehen meine Schuld?

Angesichts der schattenhaften Kürze seines Lebens kann Hiob Gottes Gericht nicht anders denn als unverhältnismäßig, als ungerecht und eines Gottes nicht würdig begreifen. Entsprechend endet seine Klage in tiefer Resignation:

> Nun denn, zum Staub leg ich mich nieder,
> suchst du mich dann, so bin ich nicht mehr da.

Zwölf Kapitel später, am Ende des zweiten Redeganges wird sich das Verhältnis von Gott und Mensch vollends ins Gegenteil verkehren. Der Mensch, von Gott ausgestattet als ein Beinahe-Gott? Dass ich nicht lache! In Hiobs Worten: »Meiner Würde (*kabod*) hat er mich entkleidet« (19,9). Der Mensch, mit Ehre und Hoheit gekrönt? Gott selbst hat ihm die Krone vom Haupt gerissen.

4. Die unkontrollierbare Welt in Gottes Händen: Hiob 38–42

Die Klagen und Anklagen Hiobs überschreiten mit jedem Redewechsel mehr den Horizont seiner Freunde. Sie zielen darauf, dass Gott selbst ihm Rede und Antwort stehe und Recht schaffe. Deshalb enden die Reden Hiobs in Hi 31 mit einer Herausforderung Gottes, sich endlich ihm, Hiob, zu stellen:

> 35 Wenn mich doch einer hören wollte!
> Hier, mein Zeichen. Der Allmächtige antworte mir! ...[123]

Darauf antwortet Jhwh aus dem Wettersturm und spricht in Hi 38:[124]

> 2 Wer ist es, der den Plan verdunkelt
> mit Worten ohne Wissen?
> 3 Gürte doch wie ein Mann deine Lenden!
> Ich frage dich, du lass mich's wissen!

122 Das Suffix der 1. Pers. *ʿalay* gehört zu den *Tiqqune soferim*, den sog. Verbesserungen der Schreiber; man empfand es als unerträglich, dass ein Mensch als Last auf Gott liegen könnte. Deshalb ist die 2. Pers. sing. (*ʿaläka*) zu lesen.
123 Hi 31,38–40 sind wohl später zugesetzt worden (s. die Lit.).
124 Die Reden Elihus, eines vierten Freundes, in Hi 32–37 unterbrechen jenen Zusammenhang zwischen Hiobs Herausforderung und Gottes Antwort. Sie gehören, trotz mancher Verteidigungsversuche, zu einer jüngeren Hand.

[4] Wo warst du, als ich die Erde gründete?
Tu's kund, wenn du Bescheid weißt!
[5] Wer hat ihre Maße gesetzt? Du weißt es.
Oder wer hat über sie die Messschnur gespannt?
[6] Worauf sind ihre Sockel gesenkt,
oder wer hat ihren Eckstein gesetzt,
[7] als allzumal jauchzten die Morgensterne,
jubelten alle Götterwesen?

So geht es weiter Frage an Frage, 71 Verse lang. Alle Bereiche des Kosmos und der wilden Tierwelt nimmt Gott in einem grandiosen Bilderbogen mit Hiob durch. Ist das eine Antwort? »Drei Stunden Naturkunde für Hiob«, hatte Lothar Steiger einst gehöhnt; und Ernst Bloch sekundierte: »Jhwh antwortet auf moralische Fragen mit physikalischen«, Hiob sei gerade fromm, indem er nicht glaubt.[125] Hiob jedoch reagiert ganz anders als ihm seine modernen Anwälte vorschreiben:

[1] Da antwortete Hiob Jhwh und sprach:
[2] Ich weiß (jetzt), dass du alles vermagst,
und kein Vorhaben für dich unausführbar ist.
[3] Wer ist es, der den Plan verfinstert ohne Wissen?
So habe ich erzählt – und begriff nichts –
von Dingen, die für mich unbegreiflich sind – und erkannte nichts.
[4] Höre doch, und ich will reden,
ich will dich fragen, tu du mir kund!
[5] Vom Hörensagen hatte ich von dir gehört,
jetzt aber hat mein Auge dich gesehen.
[6] Darum verwerfe ich und ändere meine Einstellung
– auf Staub und Asche.[126]

Offenbar wollte der Hiobdichter anderes zu verstehen geben, als lediglich einige Kapitel Naturkunde erteilen. Hiob jedenfalls hat nicht nur Gottes Begegnung und Schau, sondern sein *Reden* als eine wirkliche Antwort verstanden.[127] Wie ist das möglich?[128]

125 Steiger und Bloch zitiert nach *Keel,* Jahwes Entgegnung, 11–12.

126 So der vieldeutige Schlusssatz Hiobs in 42,6 in der überzeugenden Deutung von *Ebach,* Streiten mit Gott, 157–160 (mit genauerer Begründung).

127 Das Urteil *Spieckermanns,* »die Gottesreden zielen nicht mehr auf Einsicht, sondern auf Unterwerfung« (Satanisierung Gottes, 443), ist mir so sicher nicht; wenn sie auf Unterwerfung zielen, dann aber doch auf eine Unterwerfung aus Einsicht; sonst bliebe der ungeheure Aufwand mit der Fülle der Phänomene und Aspekte, der in den Gottesreden getrieben wird, ohne Sinn.

128 Ich gehe davon aus, dass die Hiobdichtung nie ohne die Rahmenerzählung und auch nie ohne die Gottesreden bestanden hat. Sie ist mit dem stilistischen Mittel der Doppelung gearbeitet (zwei Himmelsszenen, zwei Redegänge, zwei Gottesreden), um das Problem, welches das Buch bewegt, gleichsam umfassend darzustellen und zu bearbeiten. Hinter der heutigen Rahmenerzählung mag eine ältere Volkserzählung vom frommen Hiob gestanden haben. Die kannte sicherlich noch keine Himmelsszenen; denn die bereiten die Reden vor. Zum Stand der Diskussion s. *Schmid,* Hiobpro-

Hiob hatte ja in der Tat den Weltplan verdunkelt. Schon mit seiner großen Klage in Hi 3 bestreitet er, dass die Welt ein wohlgeordneter Kosmos sei; denn eine Welt, in der ein Geschick wie das seine möglich ist, habe weder Plan noch Sinn. Hiob hatte überdies Gott immer wieder als Sadisten denunziert, der ihn als Zielscheibe seiner Attacken benutzt (7,20), der die Verzweiflung Unschuldiger verhöhnt (9,23) und der sich über den Ratschluss der Frevler noch freut (10,3). Diese Welt ruht offenbar in Verbrecherhänden, so meinte er in 9,24; denn er hatte von seinem Geschick auf die Verfassung der Welt im Ganzen geschlossen.

Gott antwortet ihm jetzt, indem er ihm die Welt als einen wohlgeordneten Kosmos vorführt. Das geschieht in einer Kette rhetorischer Fragen. Derartige Fragen zielen nie auf das Erfragte, sondern auf die Folgerungen, die aus der unstrittigen selbstverständlichen Antwort gezogen werden sollen. Gottes Fragen decken auf, dass Hiob die Ordnung der Kosmos weder durchschauen kann, noch gar bestimmt hat. Gott beginnt mit der Gründung der Erde als Uranfang (v.4–7):

> 4 Wo warst du, als ich die Erde gründete?
> Tu's kund, wenn du Bescheid weißt!
> 5 Wer hat ihre Maße gesetzt? Du weißt es.
> Oder wer hat über sie die Messschnur gespannt?
> 6 Worauf sind ihre Sockel gesenkt,
> oder wer hat ihren Eckstein gesetzt,
> 7 als allzumal jauchzten die Morgensterne,
> jubelten alle Götterwesen?[129]

Der Schöpfer arbeitet als Baumeister, der zunächst den Baugrund ausmisst und absteckt (v.5) und der dann die Fundamente einsenkt und den Eckstein setzt (v.6). Von der Gründung der Erde ist die Rede, weil es um deren Stabilität geht, die Gott allen Vorwürfen Hiobs entgegenhält. Den entscheidenden Wink aber gibt die Gestalt der ersten Frage, die sich von allen anderen in der langen Gottesrede unterscheidet: »Wo warst du?« Hiob könnte darauf nur antworten: Nirgendwo, weil noch gar nicht geboren. Damit gibt Gott schon gleich am Beginn Hiob zu verstehen: Die Welt ist auch ohne dich ein von mir wohl geplantes und sinnvoll gebautes Haus.

Sodann kommt in v.8–11 das Meer an die Reihe.

> 8 ›Wer‹[130] sperrte ab mit Toren das Meer,
> als brausend aus dem Schoß es brach,

log und Hiobproblem. – Die folgende Deutung nimmt vor allem die Anstöße auf, die *Keel,* Jahwes Entgegnung, gegeben hat, indem er die fundamentale Bedeutung der Klagen in Hi 3 und 9 für das Verständnis der Gottesreden und den Sinn der Reihe der Tiere mit Hilfe der einschlägigen altorientalischen Ikonographie erhellt hat.

129 Die Septuaginta übersetzt mit »meine Engel«.

130 Lies mit *Fohrer,* Hiob, 491, u.a. *umy sak* (statt *wayyasäk*).

9 als Wolken ich zum Kleid ihm machte
und Wolkendunkel zu seiner Windel?[131]
10 Ich brach über ihm meine Grenze (*ḥoq*) aus (?)[132]
und setzte ihm Riegel und Tore.
11 Ich sprach: »Bis hierher darfst du kommen, doch weiter nicht,
hier widersteht[133] (?) (sie)[134] dem Hochmut deiner Wogen!«

Erstaunlicherweise setzt v.8 die Entstehung des Meeres als Geburt aus dem Mutterschoß voraus. Der Schoß kann im Zusammenhang nur die von Gott bereits gegründete Erde sein.[135] Das Meer gehört in Hi 38 von Anfang an auf die Seite des geordneten Kosmos. Dem entspricht die Fürsorge, die der Schöpfer dem Meer angedeihen lässt: Er bekleidet das Neugeborene mit Gewölk (*ʿanan*) und mit dem Wolkendunkel (*ʿarafäl*) des Gewitters, das den Regen bringt. Das Meer – ein Wickelkind,[136] kein Gegner, der bekämpft werden müsste! Gleichwohl erinnert die Windel[137] an die Fesselung der besiegten Chaoswesen *tiamat* und *yammu*. Immerhin sind vier von acht Zeilen der Absperrung des Meeres gewidmet, auch wenn wir manches nicht genau verstehen: Grenze, Riegel und Tore und schließlich das göttliche Machtwort: »Bis hierher ... weiter nicht!« All das vergewissert Sicherheit. Das Meer ist gleichsam von Geburt an dauerhaft von der Erde ausgesperrt.

Bisher war von der Macht des Schöpfers die Rede. Im folgenden Abschnitt geht es um den Morgen als Grenzscheide zwischen Nacht und Tag:

12 Hast du in deinen Tagen dem Morgen geboten,
das Morgenrot wissen lassen seinen Ort,
13 dass es die Säume der Erde ergreife
und abgeschüttelt werden die Frevler von ihr.
14 Sie verwandelt sich wie in Siegelton,
und ›färbt sich‹[138] wie ein Kleid.
15 Den Frevlern wird ihr Licht verweigert,
zerbrochen wird erhobner Arm.

Der Anbruch des Tages ist der Zeitpunkt, an dem anderwärts der Sonnengott Gericht hält.[139] Man denke an die Zerstörung Sodoms, die Jhwh

131 Von der Wurzel *ḥatal* »einwickeln«, vgl. Ez 30,21 »Binde«.

132 Der MT ist nicht recht verständlich, die Septuaginta hat offenbar nicht die Wurzel *schabar*, sondern *schyt* gelesen. Der Sinn wäre dann: »Ich setzte gegen es meine Grenze.«

133 Oder von *schabar*: »Hier bricht sich der Übermut deiner Wogen.«

134 Das unausgesprochene Subjekt wäre dann die in v.10 gesetzte Grenze.

135 Das erinnert an die Geburt des Meeres durch Gaia, die Erde als Allmutter, bei Hesiod (131f.), Hinweis von *Fuchs*, Mythos, 196.

136 Vgl. Ez 16,4.

137 Abgeleitet von *ḥtl* = »wickeln«.

138 Lies mit BHS *wʿyiṣṣabaʿ*.

139 Vgl. zu dem gesamten Motivkomplex *Janowski*, Rettungsgewissheit.

bei Sonnenaufgang vom Himmel her mit einem Feuer- und Schwefelregen bewirkt.[140] In Hi 38,12–15 erfolgt das Gericht über die Frevler gleichfalls am Morgen. Die Fläche der Erde erscheint als ein riesiges Tuch. Die Morgenröte, einst als Gottheit *Schachar* aus Ugarit wohlbekannt und vielleicht sogar in Jerusalem verehrt, taucht die gesamte Erde in rosige Farbe wie Siegelton, ergreift damit deren Enden[141] und schüttelt die Frevler wie Brotkrumen vom Tischtuch.[142] Die Einzelheiten des Textes sind dunkel. So viel ist aber deutlich: Gott stellt sich dem Vorwurf, er gebrauche seine Macht wie ein Despot ohne Gerechtigkeit, so dass die Frevler triumphieren und Unschuldige wie Hiob leiden müssen. Nein, antwortet er; denn Morgen für Morgen verschwindet das lichtscheue Pack, das in der Finsternis sein Unwesen treibt und von dem 24,13–17 noch mehr zu sagen wissen. Gott freut sich mitnichten über das Treiben der Frevler und lässt sie keineswegs gewähren, wie Hiob in 10,3 und in Hi 21 unterstellt. Gott hat dem Meer eine Grenze gesetzt, an der sich dessen Wogen brechen (v.10–11); er bricht auch den erhobenen Arm der Frevler (v.15b). Gott bestreitet nicht, dass es in der Wohlordnung der Welt Mörder, Diebe, Ehebrecher, eben Frevler gibt. Aber er weist mit seiner Frage Hiob darauf hin, dass er und nicht Hiob jeden Morgen neu für Ordnung sorgt. Der Schöpfer erhält die Welt, indem er Macht und Recht zusammenfügt.

In den folgenden Abschnitten kommen – durchaus mit einer Prise Ironie – die unermesslichen Dimensionen der Welt in den Blick: zunächst in der Tiefe unter dem Meer bis zum Totenreich (v.16–21), das als Stadt vorgestellt wird. Dort wollte sich Hiob verbergen, bis Gottes Zorn sich legt (14,3–17); doch er weiß ja noch nicht einmal den Weg dorthin. Sodann richtet sich der Blick in die Höhe über Erde und Meer mit der Fülle der Himmelserscheinungen (v.22–38). Hier spielen Wetterphänomene und die Wasserversorgung eine Rolle. Auch sie bleiben wie der Urgrund des Meeres für Hiob ein undurchdringliches Geheimnis, und doch sind die Zeiten für Schnee, Eis und Hagel, für Blitze, Donnerwolke und Regen wohlgeordnet.

Viel Kosmologisches wird in dieser Gottesrede ausgebreitet, doch wo bleibt der Mensch? Nur einmal taucht er in der Rede auf, bezeichnenderweise in Gestalt der Frevler. Das sagt einiges über den Menschen in der von Gott geschaffenen Welt. Aber der Mensch ist auch in der Gestalt Hiobs, dem Hörer der Rede, immer schon dabei. Gott hat ihm die Augen geöffnet für die Grenzen menschlichen Wissens und menschlicher Macht. Hiob kann die Welt nicht durchschauen und eben deshalb auch kein endgültiges Urteil fällen. Gott hat Hiob die Augen geöffnet dafür, dass die Welt »in Ordnung« ist, auch wenn es nicht seine Ordnung ist.

140 Gen 19,24.

141 Vgl. Dtn 22,12 von den Rändern einer Decke.

142 Der Vergleich der Erde mit einem Kleid findet sich auch bei Strabon 113.118.122 (Hinweis von *Fuchs,* Mythos, 203).

Der »Bilderbogen« der zehn wilden Tiere im zweiten Teil der ersten Gottesrede (38,39–39,30)[143] verschärft diese Pointe noch. Mit ihm wird Hiob vor Augen geführt, dass der Horizont, in dem Gott erschaffend »und erhaltend tätig ist, größer, viel größer ist, als der menschliche Kulturhorizont«.[144] Damit hat er Hiobs Weltsicht verändert. Aufgrund dieser Horizonterweiterung verwirft Hiob am Ende seine bisherige Sicht der Dinge. Zwar bleibt die Welt für ihn undurchschaubar und unkontrollierbar, aber sie ist in Gottes Händen.

5. Kurzer Rückblick

Die Frage nach dem, was der Mensch sei, verbindet die vier Texte auf sehr verschiedene Weise. Das verwundert nicht; denn die Horizonte, in denen diese Frage gestellt wird, unterscheiden sich erheblich.

Ps 8 stellt die Frage angesichts der Differenz zwischen dem gewaltigen Schöpfungswerk Gottes und der unbegreiflichen Zuneigung zu dem winzigen Menschen. Ps 144 appelliert angesichts der Hinfälligkeit des Menschen und der Bedrohung durch Feinde an den Chaosbändiger als Retter. In Hi 7 jedoch stellt Hiob die Frage angesichts der Bedrohung durch Gott selbst, der gegen ihn wie gegen eines der Chaosmonster vorgeht. Einerseits beteiligt der Schöpfer den Menschen an der Erhaltung der Welt, indem er ihn zur Herrschaft bestimmt (Ps 8). Anderseits ist die Welt in ihrer widersprüchlichen Fülle für den Menschen undurchschaubar und doch vom Schöpfer geordnet, auch wenn sich diese Ordnung in gar keiner Weise am Menschen, an seinen Bedürfnissen und Interessen orientiert (Hi 38–39).

Vier Texte, vier Perspektiven auf den Menschen in der Welt vor Gott. Aus ihnen lässt sich kein widerspruchsfreies System ableiten. Wir Menschen machen zu Zeiten diese, zu Zeiten jene Erfahrungen. Deshalb ist keiner der vier Aspekte uns völlig fremd. Wir können uns in jedem der vier Texte wiederfinden. Das Geschick Hiobs (Hi 7) bleibt – Gott sei Dank! – wohl den meisten von uns erspart, und doch erfahren auch wir, wie unkontrollierbar die Welt ist, in der wir leben (Hi 38). Selten sind wir in wirklicher Bedrängnis, und doch brauchen wir zuweilen eine Fluchtburg, in der wir uns bergen können (Ps 144). Manchmal aber, manchmal können auch wir Könige sein (Ps 8).

143 S. dazu *Keel*, Jahwes Entgegnung, 61–125.
144 *Oeming*, Begegnung, 114.

Literaturverzeichnis

Adam, K.-P., Der königliche Held. Die Entsprechung von kämpfendem Gott und kämpfendem König in Psalm 8 (WMANT 91), Neukirchen-Vluyn 2001

Beyerlin, W., Psalm 8. Chancen der Überlieferungskritik, ZThK 73 (1976), 1–22

Crüsemann, F., Die Macht der kleinen Kinder und Säuglinge: Ein Versuch, Psalm 8,2b.3 zu verstehen, in: Was ist der Mensch? Beiträge zur Anthropologie des Alten Testaments (FS H. W. Wolff), hg. von *Chr. Hardmeier / R. Kessler*, München 1992, 48–60

Deissler, A., Zur Datierung und Situierung der kosmischen Hymnen Ps 8; 19; 29, in: Lex tua veritas (FS H. Junker), hg. von *H. Groß / F. Mußner*, Trier 1961, 47–49

Delitzsch, F., Die Psalmen, Leipzig [5]1894

Duhm, B., Die Psalmen (KHC XIV), Tübingen [2]1922

Ebach, J., Streiten mit Gott, 2 Bde. (Kleine Biblische Bibliothek), Neukirchen-Vluyn 1996

Fohrer, G., Das Buch Hiob (KAT XVI), Gütersloh 1963

Frevel, Chr., »Eine kleine Theologie der Menschenwürde«. Ps 8 und seine Rezeption im Buch Ijob, in: Das Manna fällt auch heute noch (FS E. Zenger) (HBS 44), hg. von *F.L. Hossfeld / L. Schwienhorst-Schönberger,* Freiburg 2004

Fuchs, G., Mythos und Hiobdichtung. Aufnahme und Umdeutung altorientalischer Vorstellungen, Stuttgart 1993

Gerstenberger, E.S., Psalms 1 + 2 (FOTL XIV + XV), Grand Rapids 1988 + 2001

Görg, M., Der Mensch als königliches Kind nach Ps 8,3, BN 3 (1977), 7–13

– Alles hast du gelegt unter seine Füße. Beobachtungen zu Ps 8,7b im Vergleich mit Gen 1,28, in: Freude an der Weisung des Herrn. Beiträge zur Theologie der Psalmen (FS H. Groß) (SBS 13), hg. von *E. Haag / F.-L. Hoßfeldt*, Stuttgart 1986, 125–148

– Königliche Eulogie. Erwägungen zur Bildsprache in Ps 8,2, BN 37 (1987), 38–47

Groß, W., Verbform und Funktion *wayyiqtol* für die Gegenwart? Ein Beitrag zur Syntax poetischer althebräischer Texte (ATSAT 1), St. Ottilien 1976

Gunkel, H., Die Psalmen (HK II/2), Göttingen [6]1986

Hamp, V., Psalm 8,2b–3, in: *ders.*, Weisheit und Gottesfurcht. Aufsätze zur alttestamentlichen Einleitung, Exegese und Theologie, St. Ottilien 1990, 119–126

Horst, F., Hiob. 1. Teilband: Hiob 1–19 (BK XVI/1), Neukirchen-Vluyn [3]1974

Hossfeld, F.-L. / Zenger, E., Die Psalmen. Psalm 1–50 (NEB), Würzburg 1993

– Psalmen 101–150 übersetzt und ausgelegt (HThKAT), Freiburg 2008

Hupfeld, H., Die Psalmen übersetzt und ausgelegt, 2 Bde., Gotha [2]1867

Irsigler, H., Die Frage nach dem Menschen in Psalm 8. Zur Bedeutung und Horizont eines kontroversen Menschenbildes im Alten Testament, in: *ders.,* Vom Adamssohn zum Immanuel (ATS 58), St. Ottilien 1997, 1–48

Janowski, B., Rettungsgewißheit und Epiphanie des Heils, Bd. I: Das Motiv der Hilfe Gottes »am Morgen« im Alten Orient und im Alten Testament (WMANT 59), Neukirchen-Vluyn 1989

Kaiser, O., Erwägungen zu Psalm 8, in: Neue Wege der Psalmenforschung (FS W. Beyerlin) (HBS 1), hg. von *K. Seybold / E. Zenger*, Freiburg 1994, 207–221

Keel, O., Die Welt der altorientalischen Bildsymbolik und das Alte Testament. Am Beispiel der Psalmen, Zürich / Köln / Neukirchen-Vluyn 1972

– Jahwes Entgegnung an Ijob. Eine Deutung von Ijob 38–41 vor dem Hintergrund der zeitgenössischen Bildkunst (FRLANT 121), Göttingen 1978

Klein, H., Zur Wirkungsgeschichte von Psalm 8, in: Konsequente Traditionsgeschichte (FS K. Baltzer) (OBO 126), hg. von *R. Bartelmus / Th. Krüger / H. Utzschneider,* Freiburg/Schweiz 1993, 183–198

Köckert, M., Die Theophanie des Wettergottes Jahwe in Psalm 18, in: Kulturgeschichten (FS V. Haas), hg. von *Th. Richter* u.a., Saarbrücken 2001, 209–226

Köhlmoos, M., Das Auge Gottes. Textstrategie im Hiobbuch (FAT 25), Tübingen 1999

Kunz-Lübcke, A., Gotteslob aus Kindermund. Zu einer Theologie der Kinder in Psalm 8, in: Mensch und König. Studien zur Anthropologie des Alten Testaments (FS R. Lux) (HBS 53), hg. von *A. Berlejung / R. Heckl* (HBS 53), Freiburg 2008, 85–105

Loretz, O., Poetischer Aufbau von Psalm 8, UF 3 (1971), 104–112

– Die Psalmen 8 und 67, UF 8 (1976), 117–121

Lund, O., From the Mouth of Babes and Infants You have Established Strength, SJOT 11 (1997), 78–99

Mathys, H.-P., Dichter und Beter. Theologen aus spätalttestamentlicher Zeit (OBO 132), Fribourg 1994, 262–266

Metzger, M., Eigentumsdeklaration und Schöpfungsaussage (1983), in: *ders.,* Schöpfung, Thron und Heiligtum. Beiträge zur Theologie des Alten Testaments (BThS 57), hg. von *W. Zwickel,* Neukirchen-Vluyn 2003, 75–94

– Der Thron als Manifestation der Herrschermacht in der Ikonographie des Vorderen Orients und im Alten Testament (1985), in: *ders.*, Schöpfung, Thron und Heiligtum. Beiträge zur Theologie des Alten Testaments (BThSt 57), hg. von *W. Zwickel,* Neukirchen-Vluyn 2003, 95–151

Moortgat, A., Vorderasiatische Rollsiegel. Ein Beitrag zur Geschichte der Steinschneidekunst, Berlin [2]1966

Neumann-Gorsolke, U., Herrschen in den Grenzen der Schöpfung. Ein Beitrag zur alttestamentlichen Anthropologie am Beispiel von Psalm 8, Genesis 1 und verwandten Texten (WMANT 101), Neukirchen-Vluyn 2004

Oeming, M., Die Begegnung mit Gott, in: *M. Oeming / K. Schmid* (Hg.), Hiobs Weg. Stationen von Menschen im Leid (BThSt 45), Neukirchen-Vluyn 2001, 95–119

Perdue, L.G., Metaphorical Theology in the Book of Job: Theological Anthropology in the First Cycle of Job's Speeches (Job 3; 6–7; 9–10), in: *W.A.M. Beuken* (Hg.), The Book of Job (BEThL 114), Leuven 1994, 129–156

Perlitt, L., Der Mensch nach der Offenbarung des Alten Testaments. Eine Auslegung des 8. Psalms (1974), in: *ders.,* Allein mit dem Wort. Theologische Studien, hg. von *H. Spieckermann,* Göttingen 1995, 67–80

Petersen, C., Mythos im Alten Testament. Bestimmung des Mythosbegriffs und Untersuchung der mythischen Elemente in den Psalmen (BZAW 157), Berlin u.a. 1982, 62–84

Reventlow, H. Graf, Der Psalm 8, Poetica 1 (1967), 304–332

Rudolph, W., Aus dem Munde von jungen Kindern und Säuglingen, in: Beiträge zur alttestamentlichen Theologie (FS W. Zimmerli), hg. von *H. Donner / R. Hanhart / R. Smend,* Göttingen 1977, 388–396

Saur, M., Die Königspsalmen. Studien zur Entstehung und Theologie (BZAW 340), Berlin u.a. 2004

Schmid, K., Der Hiobprolog und das Hiobproblem, in: *M. Oeming / K. Schmid,* Hiobs Weg. Stationen von Menschen im Leid (BThSt 45), Neukirchen-Vluyn 2001, 9–34

Schmidt, W.H., Gott und Mensch in Psalm 8. Form- und überlieferungsgeschichtliche Erwägungen, ThZ 25 (1969), 1–15

Schnieringer, H., Psalm 8. Text – Gestalt – Bedeutung (ÄAT 59), Wiesbaden 2004

Seibert, J., Hirt – Herde – König. Zur Herausbildung des Königtums in Mesopotamien, Berlin 1969

Seybold, K., Die Psalmen (HAT I/15), Tübingen 1996

– Formen der Textrezeption in Psalm 144, in: Schriftauslegung in der Schrift (FS O. H. Steck) (BZAW 300), hg. von *R.G. Kratz / Th. Krüger / K. Schmid*, Berlin u.a. 2000, 281–289

Smith, M.S., Ps 8:2b–3. New Proposals for Old Problems, CBQ 59 (1997), 637–641

Spieckermann, H., Heilsgegenwart. Eine Theologie der Psalmen (FRLANT 148), Göttingen 1989, 227–239

– Die Satanisierung Gottes. Zur inneren Konkordanz von Novelle, Dialog und Gottesreden im Hiobbuch, in: »Wer ist wie du, Herr, unter den Göttern?« Studien zur Theologie und Religionsgeschichte Israels (FS O. Kaiser), hg. von *I. Kottsieper / J. v. Oorschot / D. Römheld / H.M. Wahl,* Göttingen 1994, 431–444

Steck, O.H., Beobachtungen zu Psalm 8, BN 14 (1981), 54–64 = *ders.,* Wahrnehmungen Gottes im Alten Testament. Ges. Stud. (ThB 70), München 1982, 221–231

Stipp, H.-J., Dominium terrae. Die Herrschaft des Menschen über die Tiere in Gen 1,26.28, in: Gott, Mensch, Sprache (FS für W. Groß) (ATSAT 68), hg. von *A. Michel / H.-J. Stipp*, St. Ottilien 2001, 113–148

Waschke, E.-J., »Was ist der Mensch, dass du seiner gedenkst?« (Ps 8,5). Theologische und anthropologische Koordinaten für die Frage nach dem Menschen im Kontext alttestamentlicher Aussagen, ThLZ 116 (1991), 801–812

Arnold Benz

Der Mensch im Prozess der kosmischen Evolution

Wer vom »Menschen im Universum« spricht, geht normalerweise von der menschlichen Erfahrung aus und denkt sich das Universum dazu, um sich darin zu orientieren. Das Universum erscheint dann unvorstellbar groß. In meinem maximal interdisziplinären Beitrag gehe ich umgekehrt vor. Als Astrophysiker frage ich, wie es möglich war, dass im Universum Menschen entstehen konnten. Es geht dabei nicht nur um die biologische Evolution, sondern um die vielfach längere kosmische Entwicklung, die zur Entstehung der Erde und den Bedingungen zum Entstehen von Leben führte. In dieser Perspektive erscheinen der Mensch, seine Geschichte, seine Physiologie und sein Bewusstsein als unvorstellbar komplex.

Diese Umkehrung der Perspektive erlaubt es Astrophysikern, die überwältigende Vielfalt der kosmischen Prozesse zu werten. Interessant ist, was zur Entwicklung der Menschheit beigetragen hat. So will es eine 2010 gestartete NASA Direktive[1] namens »Cosmic Origins«. Sie will die Frage beantworten »how did we get here?« Immer klarer wird, dass es wenige Vorgänge im Universum gibt, die nichts mit unserer Existenz zu tun haben. Es ist keine lineare Entwicklung, an deren Ende der Planet Erde in heutiger Form steht. Wir sind das Produkt eines Netzwerks von Zusammenhängen und chaotisch gekoppelten Vorgängen.

Die Entwicklung des Universums

Die Paläoanthropologie datiert das Entstehen der *Homo sapiens* vor rund 200.000 Jahren in Afrika. Es ist der jüngste Teil einer Entwicklung, die kurz nach dem Entstehen der Erde vor 4,57 Milliarden Jahren begann und über Einzeller (vor 3.5 Mia. Jahren) und Vielzeller (vor 0.5 Mia. Jahren) zu Säugetieren führte. In dieser Zeit entwickelte sich die Erdatmosphäre und reicherte Sauerstoff-Moleküle an. Sie stammen aus dem Stoffwechsel von Pflanzen und sind der Grund, dass sich die Erde nicht erwärmte, obwohl die Sonne heute bereits 30% mehr Wärme abgibt als bei ihrer Entstehung.

1 Cosmic Origins, http://cor.gsfc.nasa.gov/.

Sauerstoffatome und alle anderen schweren Elemente wie Kohlenstoff und Eisen sind in Sternen entstanden, die längst erloschen sind. Planeten wie die Erde müssen daher eine jüngere Erscheinung sein. Sie konnten sich erst beim Entstehen von späteren Generationen von Sternen bilden. Die Erde ist astronomisch gesehen relativ jung und das Resultat der kosmischen Entwicklung von chemischen Elementen.

Sterne entstehen in Molekülwolken. Sie sind Gebiete im interstellaren Raum, wo die Gasdichte groß genug ist, dass sich Wasserstoffatome zu Molekülen finden, sich das Gas abkühlt und dicht wird. Es herrscht ein unvorstellbarer Wirrwarr in diesen Wolken. Das Gas bewegt sich mit Überschall und verursacht Schocks, die sich gegenseitig durchdringen. Dabei entstehen Filamente, und auf ihnen bilden sich kugelförmige Wolkenkerne, die dann zu Sternen kollabieren.

Molekülwolken können nur in Galaxien entstehen, denn es braucht dazu ein großes Potential von Schwerkraft, welches das interstellare Gas verdichtet und bindet. Die Schwerkraft wird von den Massen der Hunderten von Milliarden Sternen der Galaxie und anderen Objekten erzeugt, von Schwarzen Löchern, verschiedenen Gaswolken bis zu energiereichen Teilchen. Doch fünfmal größer als alle Massen, die wir kennen, ist die Masse der Dunklen Materie. Es wird vermutet, dass sie aus noch unbekannten Elementarteilchen besteht, die im Urknall entstanden sind. Diese Teilchen reagieren nicht mit der bekannten Materie, sind daher nicht sichtbar, erzeugen aber Schwerkraft und halten damit Galaxien zusammen. Die Dunkle Materie bildete Materieansammlungen kurz nach dem Urknall, in denen sich die normale Materie sammeln und Galaxien bilden konnte. Ohne Dunkle Materie wären keine Molekülwolken entstanden und hätten sich keine Sterne und Planeten gebildet.

Die Anhäufungen der Dunklen Materie, welche im Raum verstreut zu Galaxien führte, waren nur möglich, weil sich das Universum ausdehnt. Die Expansion ist nicht zu schnell, so dass sich Verdichtungen bilden konnten, aber auch nicht zu langsam, so dass alle zusammengefallen wären. Die Ausdehnung des Universums ist das Resultat der Dunklen Energie. Diese Energie ist gleichmäßig im Raum verteilt. Sie wirkt wie ein Überdruck, der die anfängliche Expansion bewirkte und heute noch antreibt und beschleunigt. Es ist nicht klar, was Dunkle Energie ist. Sie macht fast drei Viertel der Energie im Universum aus. Ohne Dunkle Energie könnte das Universum nicht existieren.

Das Weltbild der modernen Astronomie

Es ist bemerkenswert, dass 95% des Universums Dunkle Energie oder Materie sind, d.h. dass wir sie nur indirekt nachweisen können und ihre Natur nicht verstehen. Angesichts dieser Tatsache ist man versucht zu fragen, wie zuverlässig das Weltbild der heutigen Astrophysik ist. Es ist wohl nicht das letzte Wort, denn die Forschung geht weiter und wird auch weiterhin neue Erkenntnisse liefern, weil immer bessere Beobachtungsmethoden eingesetzt werden. Astrophysiker blicken in eine rosige Zukunft. Andererseits ist nicht zu erwarten, dass die heute bekannten Messungen und Beobachtungen völlig anders erklärt werden. Unser heutiges Weltbild wird sich eher weiterentwickeln als völlig umgestürzt werden.

Im Vergleich zu früheren Weltbildern, die verschiedene räumliche Eigenschaften hatten (wie Käseglocke, geozentrisch oder heliozentrisch), ist im heutigen Weltbild die zeitliche Dimension wichtig geworden. Das Universum hat sich seit dem Urknall entwickelt. Es ist zum Beispiel lichtdurchlässig geworden, und schließlich war die chemische Entwicklung so weit fortgeschritten, dass Sonne und Erde entstehen konnten. Aus dem früheren Bild eines stationären Kosmos, der im Anfang entstand und sich dann nur noch unwesentlich veränderte, ist ein dynamisches Universum geworden. Der Anfang verliert an Bedeutung. Neue Entwicklungen werden nur möglich dank früheren Entwicklungen, auf denen die neuen aufbauen. Damit eröffnen sich immer wieder andere Dimensionen der kosmischen Evolution, die anfänglich noch nicht vorhanden waren.

Die Dynamik beschränkt sich nicht auf die Vergangenheit. Die Energiequelle von Sternen ist der Wasserstoff, den sie im Innern zu schweren Elementen verschmelzen. Die Lebensdauer von Sternen ist beschränkt durch den Energievorrat. Der innere Aufbau ändert sich im Laufe der Entwicklung und vor allem kurz vor dem Verglühen. Die Leuchtkraft der Sonne nimmt ständig zu, und die Temperatur der Erdatmosphäre steigt, bis sie spätestens in etwa anderthalb Milliarden Jahren 100 Grad übersteigt und alles Wasser verdunstet. Die meisten Lebewesen können bei diesen Temperaturen nicht mehr existieren. Gegenwärtig entstehen durchschnittlich zehn neue Sterne pro Jahr in unserer Galaxie. Nach einigen zehn Billionen Jahren wird auch der Vorrat an Wasserstoff in der Galaxie erschöpft sein. Es können sich dann keine neuen Sterne mehr bilden. Was entstanden ist, wird vergehen, selbst Galaxien.[2]

Ohne die geheimnisvolle Dunkle Energie gäbe es kein Universum, wie wir es kennen, und ohne die unerklärte Dunkle Materie gäbe es keine Sterne, keine Sonne und Erde. Die populäre Literatur staunt darüber, dass unsere Umwelt und wir selbst aus »Sternenstaub« bestehen, aus Verschmelzungsprodukten früherer Sterne. Doch der Mensch hat viel mehr materielle Beziehungen zum Kosmos. Zum Beispiel haben Kometen und Meteoriten das Wasser zur Erde gebracht, ein Hauptbestandteil unseres Körpers. Sie haben auch unvorstellbare Zerstörungen verursacht, welche die Evolution der Lebewesen entscheidend beeinflusst haben.

Nicht nur die Bestandteile des menschlichen Körpers haben ihre kosmische Geschichte. Unsere ganze Vorgeschichte ist eingebettet in die

2 Mehr dazu in *Benz, A.*, Die Zukunft des Universums – Zufall, Chaos, Gott? Düsseldorf [7]2012.

Entwicklung des Universums. Die Menschheit gibt es nur dank Planeten und der ganzen Entwicklung des Universums vom dichten und heißen Gas kurz nach dem Urknall bis heute. Das Universum könnte nicht wesentlich jünger sein, wenn es Menschen beheimaten soll. Dazu sind rund zehn Milliarden Jahre nötig. Die kosmische Expansion macht daraus eine Größe von über zehn Milliarden Lichtjahren. Das Universum könnte daher nicht kleiner sein. Es braucht ein ganzes Universum, damit ein Mensch entstehen kann. Gibt es das Universum, damit Menschen entstehen konnten?

Grenzen der Astrophysik

Die Frage wird in der Astrophysik im Rahmen des Anthropischen Prinzips[3] diskutiert und wird dort anders formuliert: Warum sind die physikalischen Eigenschaften des Universums so abgestimmt, dass Menschen (Tiere usw.) entstehen konnten? Die Multiversum-Hypothese ist ein weit verbreiteter Erklärungsversuch. Sie geht davon aus, dass es viele Universen gibt. Wir leben in einem, wo die Verhältnisse zufällig so gegeben sind, wie wir sie vorfinden. Die gängigen Modelle des Urknalls aus Quantenfluktuationen im Vakuum legen den Gedanken nahe, dass er sich mehrfach ereignen könnte. Diese Hypothese ist jedoch schwerlich je überprüfbar durch Messen oder Beobachten. Alles, was messbar oder beobachtbar ist, gehört nach Definition zu unserem Universum. Andere Universen können nicht Teil des physikalischen Zirkels von Beobachtung und Theorie sein. Sie bleiben eine Hypothese, das heißt eine Theorie, die durch keine Beobachtung abgestützt wird und daher keine Überzeugungskraft hat. Das kann sich ändern, aber rein naturwissenschaftlich betrachtet gilt die Feinabstimmung heute als »noch unerklärt«.

Ist das Universum eines von vielen oder ein unwahrscheinliches Unikat? Eine ähnliche Frage stellt sich ebenfalls bei der erstaunlich lebensspendenden Erde und ihrer Geschichte. In diesem Fall gibt es in der Tat tausende, wenn nicht Trillionen von anderen Planeten. Nach den neuesten Erkenntnissen sind sie sehr vielfältig. Ein gewisser Prozentsatz ist »erdähnlich«. Allerdings sind die Bedingungen für diese Qualifikation bescheiden: feste Oberfläche, ähnliche Masse und Temperaturen im Bereich des flüssigen Wassers. Ob dies genügt zum Entstehen von Leben, Mehrzellern oder gar intelligentem Leben, mag bezweifelt werden. Bedenkt man, was alles auch noch eine Rolle spielte in der Entwicklung der irdischen Lebewesen, von Kontinentalverschiebung bis zu Meteoriteneinschlägen, könnte man auch folgern, dass es keinen Planeten wie die Erde

3 *Carter, B.*, Large Number Coincidences and the Anthropic Principle in Cosmology IAU Symp. 63 (1974), 291 »... was wir zu beobachten erwarten können, muss eingeschränkt sein durch die Bedingungen, welche für unsere Gegenwart als Beobachter notwendig sind.«

gebe im ganzen Universum. Rein rational muss man gestehen, dass wir noch viel zu wenig wissen, um zu erklären, was es zu einem Planeten braucht, auf dem Leben entsteht, und warum das Universum für Leben tauglich ist.

Es liegt in der Methodik der Naturwissenschaften, Erklärungen zu suchen, die auf Gesetzmäßigkeiten oder Zufall gründen. Nicht in den Messungen, aber im theoretischen Erklären fließen zum Teil weltanschauliche Perspektiven ein. In den vergangenen Jahrzehnten wurden Hypothesen zur kosmischen Feinabstimmung explizit vorgeschoben, um eine theologische Deutung abzuwehren.[4] Schnelle Antworten, seien es nun wissenschaftliche Hypothesen oder theologische Deutungen, werden von Laien oft als definitiv missverstanden. Es fällt ihnen, wie auch gewissen Wissenschaftlern, schwer, sich zuzugestehen, dass man die Antwort nicht weiß. Und doch ist es geradezu ein Grundelement unserer Existenz, dass wir nicht alles wissen. Der bekannte amerikanische Physiker Richard Feynman sagte:

»Ich kann mit Zweifel, Ungewissheit und Nichtwissen leben. Ich denke, es ist viel interessanter, mit Nichtwissen zu leben, als mit Antworten, die vielleicht falsch sind.«[5]

Unser Verständnis der Welt wird nie vollkommen sein und muss offen für Unerklärtes bleiben. Letztlich bleibt immer ein Geheimnis.

Eine neue Physikotheologie?

Im 17. Jahrhundert, im Gefolge der erwachenden Naturwissenschaften, wurden neue Erkenntnisse der Natur bedenkenlos theologisch gedeutet. Die Physikotheologen[6] sahen in der Zweckmäßigkeit der Natur direkte Spuren von Gottes schöpferischer Hand. Viele der biologischen Zweckmäßigkeit konnten später zwangslos mit der Evolutionstheorie kausal erklärt werden.

Auch die Theologie kommt in der kosmischen Feinabstimmung an eine Grenze. Was in einer theistischen Schöpfungslehre selbstverständlich ist, kann keine naturwissenschaftliche Erklärung sein. Hier ist eine sorgfältige Epistemologie nötig. Der Schluss von der lebensermöglichenden Feinabstimmung auf den Schöpfer ist eine Deutung, keine kausale Erklärung.[7] Eine Deutung bezieht ihre metaphorische Kraft von Erfahrungen

[4] *Dawkins, R.* The God Delusion, Boston 2006, 145–147.

[5] *Feynman, R.*, in: The Pleasure of Finding Out: The Best Short Works of Richard P. Feynman, J. Robbins, ed., Cambridge MA. 1999 (übersetzt vom Autor).

[6] *Michel, P.*, Physikotheologie: Ursprünge, Leistungen und Niedergang einer Denkform, Zürich 2008.

[7] Zum Unterschied von Erklären und Deuten siehe *Benz, A.*, Das geschenkte Universum – Astrophysik und Schöpfung, Düsseldorf ²2010.

an einem ganz anderen Ort. Sie lässt sich nicht mathematisieren mittels Kausalität oder Zufall. Es sind existentielle Lebenserfahrungen, die uns von einem Schöpfer berichten. Gen. 2 erzählt vom Geschenk des persönlichen Lebens, der Umwelt, den Tieren und schließlich der Partnerin. Diese primären Schöpfungserfahrungen im Leben stehen hinter der Deutung des Universums als Geschenk. Das fein abgestimmte Universum kann wie ein Geschenk erscheinen, bei dem der Schenkende zwar nicht direkt sichtbar, aber wie in einer Ikone als transzendent erfahren werden kann.

Die kosmische Feinabstimmung wäre ein schlechter Grund für eine neue Physikotheologie. Mit der Metapher des göttlichen Feinabstimmers, der das Universum anfangs so wunderbar eingerichtet hat, dass es dann wie eine Uhr funktioniert, würde Gott in die fernste Vergangenheit verdrängt. Im Gegensatz zum 17. und 18. Jahrhundert wäre ein solches Gottesbild heute unverständlich, weil sich das Weltbild verändert hat. Das Universum ist dauernd in Entwicklung, und noch heute, vielleicht auch in Zukunft, entsteht Neues. Wenn von Schöpfung gesprochen werden soll, dann von Schöpfung heute und vor unseren Augen (creatio continua).

Ist Staunen erlaubt?

Soweit die Naturwissenschaft, die auf Messen und objektivem Beobachten gründet. Wenn ich jedoch in einer klaren mondlosen Nacht auf einem Berg oder in der Wüste ins Freie trete, nehme ich das Universum auf andere Art wahr.

»Die Sterne strahl[]en prächtiger, als sie es nach der Theorie der Schwarzkörperstrahlung müssten.«[8]

Der reine Glanz der Sterne am dunklen Nachthimmel kann ästhetisch überwältigen. Dazu kommt das Gefühl der unfassbaren Weite. Ein leichter Schwindel erfasst auch mich, wenn mir die unvorstellbaren Entfernungen bewusst werden, obwohl ich fast täglich mit ihren Zehnerpotenzen rechne. Was mich jedoch am meisten erstaunt, ist die simple Tatsache, dass sich Himmelskörper in der chaotischen Entwicklung des Universums überhaupt bilden konnten. Schon die Griechen staunten ob der Ordnung und Gesetzmäßigkeit des Kosmos (κόσμος = gr. Ordnung). Auch wenn wir heute wissen, wie sich alle Himmelkörper bewegen und entwickeln, ist es immer noch erstaunlich, dass die physikalischen Grundgesetze und Konstanten seit dem Urknall unverändert sind. Trotz dieser starren Ordnung sind jedoch alle Dinge des Universums entstanden. Immer wieder kam Neues in die Welt, das noch nie da war.

Im Staunen nimmt ein Mensch die Wirklichkeit anders wahr als durch Messen und Beobachten. Der Mensch mit seinem Bewusstsein und sei-

8 Aus Anmerkung 7, S. 161. Nach Jürgen Moltmann: »Die Vögel singen schöner, als sie nach Darwins Theorie müssten.«

nen Gefühlen ist der Sensor, nicht das CCD eines Teleskops. Die Perspektive hat gewechselt vom fast unbegrenzten Universum zum Menschen, der sich in Beziehung dazu findet. Dieses Wahrnehmen geht nicht ohne Menschen; sie nehmen daran teil, sie sind jedoch nicht austauschbar. Der objektive Sachverhalt kann derselbe sein, aber jeder staunt auf seine Weise.

Staunen ist nicht objektiv und keine überprüfbare Wahrnehmung, selbst wenn das Bestaunte ein naturwissenschaftliches Resultat ist oder eine rationale Erklärung hat. Im Staunen geht man eine subjektive Beziehung zu den Objekten ein. Es ist wie eine Resonanz in der Physik, wenn eine äußere Schwingung einen Resonanzkörper erfasst und in Bewegung versetzt. Das Innere reagiert auf ganz bestimmte Reize und verstärkt, was von außen kommt. Gewiss, Staunen ist ein subjektives Gefühl und soll kritisch hinterfragt werden. Subjektiv meint hier nicht subjektivistisch. Staunen ist ein Gefühl, das für die wissenschaftliche Motivation wichtig oder gar grundlegend ist.[9]

Teilnehmende Wahrnehmungen

Wahrnehmungen, an denen wir teilnehmen, bestimmen unser tägliches Leben. Staunen, aber auch Zuneigung, Ablehnung, Liebe, Trauer, Motivation zur Arbeit und Angst haben einen Anteil von sowohl objektiven Gegebenheiten und subjektivem Gefühl. Unseren Platz im Leben und unsere existentielle Wirklichkeit nehmen wir teilnehmend wahr. Teilnehmende Wahrnehmungen sind zu wichtig, als dass wir sie neben der naturwissenschaftlich messbaren Wirklichkeit nicht ernst nehmen könnten.

Was ist der Wahrheitsgehalt von teilnehmenden Wahrnehmungen? Gewiss, Illusionen sind auch dabei. Doch ist subjektives Wahrnehmen nicht auf den einzelnen Menschen beschränkt und kann bei vielen ähnlich sein. So wird zum Beispiel ein Gemälde subjektiv erfahren, aber an Kunstauktionen werden Bilder zu ganz verschiedenen Preisen gehandelt, weil die Erfahrungen von vielen Menschen ähnlich sind.

Sind teilnehmende Wahrnehmungen das Resultat von neurologischen Vorgängen oder gar neuronale Fehlleistungen? Zweifellos sind unser Bewusstsein und seine Funktionen mit Hirntätigkeit verbunden. Doch ist die Neurowissenschaft weit davon entfernt, sie zu erklären. Teilnehmende Wahrnehmungen sind unmittelbar und können quantitativ nur ungenügend beschrieben werden. Die Messungen von Hirnströmen der Hörerin einer Beethoven-Symphonie sagen nur wenig über ihr Hörerlebnis aus.

9 *Aristoteles*, Metaphysik, Buch A Kap. 2, 982 b 11ff. »Denn das Staunen war den Menschen jetzt wie vormals der Anfang des Philosophierens, indem sie sich anfangs über das nächstliegende Unerklärliche verwunderten, dann allmählich fortschritten und auch über Größeres Fragen aufwarfen, z.B. über die Erscheinungen auf dem Mond und der Sonne und den Gestirnen und über die Entstehung des Alls.«

Was ist die Quantenmechanik eines Hirns, das von sich sagt: »Ich denke, also bin ich?« Die Gleichung, die diesen Vorgang beschreibt, falls es sie gibt, ist nicht bekannt. Teilnehmende Wahrnehmungen gehören nicht zum Bereich der Naturwissenschaften und werden de facto ausgeschlossen. Dies ist eine wichtige, aber oft nicht beachtete methodische Grenze der Naturwissenschaften.

Ein Physikalismus, der alle Phänomene auf physikalische Vorgänge reduzieren will, kann bei teilnehmenden Wahrnehmungen nicht mit der heutigen Physik argumentieren. Vielleicht kann das eine zukünftige Physik, aber dies bleibt eine unbewiesene Hypothese. Die Alternative ist, teilnehmende Wahrnehmungen als direkte Erfahrung der Wirklichkeit anzunehmen und nicht zu reduzieren. Dies bedingt, dass jeder Augenblick ein Spezialfall ist und selbst Raum, Zeit und die Gesetze außergewöhnlich und erklärungsbedürftig sind. Jürgen Moltmann schloss daraus:

»Ist die Wirklichkeit der Welt kontingent, dann kann man sie nicht aus ewigen Prinzipien ableiten, sondern muss sie aus genauer Beobachtung erkennen.«[10]

Zum Verhältnis von Naturwissenschaft und Theologie

Der Mensch findet sich heute in einem Universum, das rund hundert Billiarden mal grösser und zehn Millionen mal älter ist, als selbst Astronomen wie Galilei vor vierhundert Jahren schätzten. Wenn die Theologie von Mensch, Welt und Gott reden will, muss sie es angesichts dieser Dimensionen tun.

Diese unvorstellbaren Zahlen können jedoch nicht die Ausgangspunkte von schöpfungstheologischen Überlegungen sein. Vielmehr sollte die Theologie von menschlichen Erfahrungen ausgehen. Darunter verstehe ich Momente im Leben, in denen uns staunend die Augen aufgehen, dass uns etwas Lebenswichtiges gegeben ist, das wir nicht selbst bewirken können und doch notwendig ist für unsere Existenz.[11] Diese Geschenkerfahrung ist der Sitz im Leben der Schöpfungsidee. Es geht dabei nicht nur um Schöpfung in der fernen Vergangenheit, sondern um teilnehmende Erfahrungen in der Gegenwart und, so die Hoffnung, in der Zukunft.

Im Gespräch von Naturwissenschaftlern und Theologen taucht heute immer wieder die Frage auf: Wie schafft Gott Neues? Wie handelt Gott in der Welt? Wenn überhaupt, wieso kann die Naturwissenschaft und allen voran die Physik dies nicht nachweisen? Die Frage beschäftigt heute vorwiegend anglo-amerikanische Autoren. Sie hat eine riesige Zahl von

10 *Moltmann, J.*, in: Is the World Unfinished? On Interactions between Science and Theology in the Concepts of Nature, Time, and the Future, Robert Boyle Lecture 2011.

11 *Weder H.*, Kosmologie und Kreativität, Leipzig 1999, 68. Siehe auch *Benz, A.*, Das geschenkte Universum (Anmerkung 7).

Publikationen hervorgebracht.[12] Im sogenannten »kritischen Realismus«[13] wird aufgezeigt, dass die Naturwissenschaft, inklusive Physik, die Wirklichkeit nicht vollständig erfassen kann. Gott hat noch viel Handlungsspielraum.[14,15]

Die obigen Versuche, von Gottes Wirken zu sprechen, gehen alle von einer Weltanschauung aus, in der das Fundament der Wirklichkeit durch die Naturwissenschaften und insbesondere die Physik gegeben ist. Wenn die Theologie in dieser Perspektive über die Welt spricht, drückt sie sich in Konzepten aus, die dem gegenwärtigen wissenschaftlichen Wissen entsprechen. Der Schritt zum Szientismus ist dann nicht mehr weit.[16] Der Begriff »Gott« wird in Regionen verlagert, zu denen die Naturwissenschaft keinen Zugang hat. Kann die Physik der Startpunkt einer Theologie sein, die verständlich machen will, wie Gott in der Welt handelt?

Lydia Jaeger[17] entgegnet, dass die Theologie vom Schöpfungsgedanken ausgehen muss. Wenn Gott der Schöpfer ist, ruht die Existenz und Entwicklung der Welt in seinen Händen. Das mag theologisch die richtige Richtung sein, doch widerspricht das Vorgehen dem naturwissenschaftlich geprägten Denken unserer Zeit. Die Schöpfungsidee wird hier zu einem Axiom, auf dem eine Theologie konstruiert wird. Der Grund, von Schöpfung zu reden, wird innerhalb dieses Gedankengebäudes nicht begründet oder deduktiv hergeleitet.

Eine Theorie und auch ein Glaube, der lebenswirksam sein soll, müssen sich auf die wahrnehmbare Wirklichkeit beziehen. Der Bezug zu die-

12 Zum Beispiel haben das Center for Theology and Natural Sciences in Berkeley und das Vatikan Observatorium zwischen 1990 und 2005 sechs Bände mit Konferenzbeiträgen über das Thema »göttliches Handeln« herausgebracht.

13 Eine Zusammenfassung der Arbeiten von prominenten Vertretern des kritischen Realismus findet sich in *Losch, A.*, Jenseits der Konflikte, Göttingen 2011.

14 Gemäß der Quantenmechanik, der heute grundlegenden physikalischen Theorie, sind Ort und Zeit eines Teilchens unscharf. Daher ist die Zukunft nur statistisch vorauszusagen, und es bleibt ein Element von reinem Zufall. Gott könnte daher kontingente Wirkungen erzeugen, ohne die physikalischen Gesetze zu brechen. Zunächst sind die Auswirkungen nur im Bereich der Atome, aber gelegentlich können sie makroskopische Folgen haben. Eine andere quantenmechanische Eigenschaft sind nichtlokale Fernwirkungen korrelierter Teilchen, bekannt als EPR-Phänomen. Sie erlaubt instantane Wechselwirkungen ungeachtet der Grenze der Lichtgeschwindigkeit. Das ganze Universum könnte korreliert sein, und Gott könnte, ohne die Gesetze der Physik zu brechen, überall gleichzeitig einwirken.

15 Andere Möglichkeiten wurden unter den Begriffen der Chaos-Theorie und Emergenz gefunden. Die Zukunft eines chaotischen Systems ist exponentiell störungsempfindlich an den Randbedingungen. Die Entwicklung des Systems kann daher nicht vorausgesagt werden. In einem chaotischen System kann eine neue Ordnung entstehen, aus Einzelteilen eine neue Struktur (Emergenz).

16 *Smedes, T.A.*, Chaos, Complexity, and God: Divine Action and Scientism, Leuven 2004.

17 *Jaeger, L.*, Against Physicalism-plus-God: How Creation accounts for Divine Action in Nature's World, Faith and Philosophy, 29 (2012), 304.

sen Erfahrungen muss verständlich und nachvollziehbar sein. Der Anlass, von Schöpfung und Schöpfer zu sprechen, können nur Lebenserfahrungen sein, zum Beispiel die erwähnte Erfahrung des geschenkten Lebens.

Im Verhältnis von Naturwissenschaft und Theologie geht es auch um die Deutungshoheit. Was ist das Fundament der Wirklichkeit? Früher war klar, dass Gott hinter allem steht, seien es persönliches Schicksal oder kosmische Ereignisse.[18] Heute wird oft implizit vorausgesetzt, dass der Mensch ein biologisches Wesen ist, die Biologie auf der Chemie fußt und diese aus der Physik resultiert. Ist letztlich alles Physik oder alles göttliche Schöpfungskraft? Die Frage kann mit unseren Kenntnissen nicht beantwortet werden und ist vielleicht falsch gestellt, weil unsere Vorstellungen von Physik und Gott falsch sind. Sie muss offen bleiben im Hinblick auf die verschiedenen Wahrnehmungen und ihre Sprachebenen und Theorien, die darauf aufbauen.

Schluss

Die Astrophysik sieht den Menschen als Teil der kosmischen Evolution und versucht, diese Entwicklung als Normalfall und durch reinen Zufall zu erklären. In dieser Sicht ist die Menschheit das Produkt blinder Kräfte und unbedeutend. Sie lebt an einem verschwindend kleinen Ort und erst seit einer winzigen Zeit im Verhältnis zu den Zeitmaßstäben der kosmischen Entwicklung. Naturwissenschaftliche Erklärungen vermitteln keinen Sinn.[19]

In der menschlichen Perspektive auf den Kosmos ist das Ich jedoch ein singulärer Sonderfall. Ich staune, dass ich bin und nicht nichts ist. Im Staunen kann ich die Welt in meiner Nähe und schließlich bis ans Ende des Universums als Geschenk[20] empfinden und mich in ein Sinngefüge einordnen. Um verständlich zu sein, muss sich die Theologie auf teilnehmende Wahrnehmungen wie diese Geschenkerfahrung stützen und am Wert dieser Perspektive festhalten, in der die Sicht vom Menschen ausgeht. Sie leistet damit einen wichtigen kulturellen Beitrag.

Theologie und Naturwissenschaft nehmen den Menschen im Kosmos verschieden wahr. Weil sie ihren Ursprung in verschiedenen Wahrnehmungen haben, sind sie zunächst getrennt. Sie können nicht harmonisiert werden, aber es gilt, sie aus einer übergeordneten Perspektive in eine Beziehung zu bringen.

[18] Zum Beispiel Mt 10,29–31: »Verkauft man nicht zwei Spatzen für einen Fünfer? Und nicht einer von ihnen fällt zu Boden, ohne dass euer Vater bei ihm ist. Bei euch aber sind sogar die Haare auf dem Kopf alle gezählt. Fürchtet euch also nicht! Ihr seid mehr wert als viele Spatzen.«

[19] *Weinberg, S.*, Die ersten drei Minuten, dt. Übersetzung, München 1977, 212: »Je begreiflicher uns das Universum wird, umso sinnloser erscheint es auch.«

[20] Mehr dazu in *Benz, A.*, Das geschenkte Universum (Anmerkung 7).

Henning Theißen

Zur Welt kommen – aus der Welt gehen?

Spannungsfelder der Anthropologie[1]

»You come from nothing, you go back to nothing. What have you lost? Nothing!« Es ist nur ein Zwischenruf, der das Lied »Always look on the bright side of life« begleitet, doch dieser Satz dürfte insgeheim die Deutung enthalten, die die britische Komikertruppe Monty Python dem *Leben des Brian* (1979) gibt. Brian, den schon bei seiner Geburt die Magier aus dem Morgenland mit dem neugeborenen König der Juden verwechselten, endet am Schluss des Films wie dieser am Kreuz, doch das fröhlich gepfiffene Lied gibt zusammen mit jenem Zwischenruf zu verstehen, dass sich damit ein Lebenskreis schließt, in dem Gutes und Böses einander die Waage halten. Das Leben ist demnach ein Nullsummenspiel in dem ganz besonderen Sinn, dass die Geburt dem Leben nichts geben und der Tod ihm nichts nehmen kann. Jenseits aller Metaphysik bleibt nur das Leben selbst zwischen Geburt und Tod, doch nicht in der Gespanntheit, die die Lebensphilosophie ihm zumuten will, denn das »nothing«, aus dem es kommt und zu dem es geht, ist nicht das groß geschriebene Nichts der Existenzphilosophie,[2] sondern schlicht nichts: »What have you lost? Nothing!«

Man müsste als Theologe vielleicht kein Wort über diese Weisheit von Monty Python verlieren, wenn sie nicht – persiflierend, aber doch unverkennbar – als Deutung des Todes Jesu daherkäme und nicht darin eine durchaus verbreitete Auffassung vom Leben des Menschen wiedergäbe. Aus nichts zu kommen und zu nichts zurückzukehren, ist ja keine nihilistische Haltung, sondern besagt umgekehrt, dass das Leben auf der Welt zwischen Geburt und Tod alles, buchstäblich unser Ein und Alles ist. Entscheidend ist dabei nicht jenes bald nihilistisch, bald existentialistisch missverstandene *nothing*, sondern die Entsprechung zwischen Geburt und Tod, die den Kreis des dazwischen liegenden Lebens rundet: So wie Men-

1 Ich greife im Folgenden vielfach auf meinen Beitrag: *Theißen,* Natalität zurück, führe die dort vorgetragenen Gedanken aber mit anderer Akzentsetzung fort. Herrn Benjamin Häfele danke ich für ergänzende Literaturrecherchen. Meinem Greifswalder Kollegen Martin Langanke danke ich für viele Hinweise auf das Werk Wilhelm Kamlahs.

2 Zu dem hier angedeuteten Zusammenhang von *Lebens-* und *Existenzphilosophie* vgl. die mit dem jeweiligen Begriff betitelten Darstellungen von O.F. Bollnow (Berlin 1958 bzw. Stuttgart 1955).

schen zur Welt kommen, gehen sie auch wieder aus der Welt. Die theologische Eschatologie hat sich, wenn man an so verschiedene Stichwörter seit dem zweiten Drittel des 20. Jahrhunderts wie die Konsequente[3] und die präsentische[4] Eschatologie, aber auch die Ganztodhypothese[5] oder Bonhoeffers späte Andeutungen zur Diesseitigkeit[6] und in all dem auch an die wiederentdeckte Unsterblichkeit der Seele denkt,[7] um eine nüchterne Gelassenheit bemüht, die an der Weisheit von Monty Python kein schlechtes Beispiel hätte. Die Frage an uns Theologinnen und Theologen ist also nicht: Müssen, sondern: Können wir neben dieser Weisheit überhaupt noch etwas sagen? Ich versuche es im Folgenden, indem ich anhand einiger anthropologischer Entwürfe die Grenzen des Spannungsfeldes auslote, das mit der Entsprechung von »zur Welt kommen« und »aus der Welt gehen« abgesteckt ist.

I. Zur Welt kommen – Natalität als Thema der Anthropologie

Der Titel dieses Symposions ruft mit der Zusammenstellung von Kosmos und Mensch das Werk Max Schelers in Erinnerung, dessen letztes Buch *Die Stellung des Menschen im Kosmos* 1928 den Boom der Philosophischen Anthropologie mit einläutete. Die konsequente Nutzung biologischer, besonders verhaltensbiologischer Erkenntnisse zur natürlichen Ausstattung des Menschen versprach seinerzeit, eine verlässlichere Methodik zur Bestimmung des Menschseins im Vergleich mit dem Tierreich an die Hand zu geben. Zumindest für Scheler selbst aber, der im Zuge dieses Unterfangens den Begriff des Geistes rehabilitierte, wird man auch ein Nachwirken transzendentalphilosophischer Denkfiguren in Rechnung stellen müssen. Ist doch die innerhalb der Philosophischen Anthropologie nach Scheler dann besonders von Hellmuth Plessner betonte Rolle des Gehirns als Zentralorgan, das dem Menschen Selbstbewusstsein als organisch lokalisierbare Organisation des organischen Lebens erlaube,[8] ein Argument, das in seiner Metastruktur ohne die Geburtshilfe des cartesischen oder auch des kantischen Apperzeptionsgedankens kaum das Licht der philosophischen Welt erblickt hätte.

Gleichwohl ist mit der Philosophischen Anthropologie fraglos ein wichtiges Kapitel der Reflexion über den Menschen aufgeschlagen. Denn die ›Stellung des Menschen im Kosmos‹ bezeichnete hier nicht mehr nur

3 So besonders die Schüler Albert Schweitzers, z.B. *Buri,* Bedeutung; *Werner,* Entstehung; *Richter,* Welt-Ende?

4 Vgl. *Bultmann,* Geschichte und Eschatologie.

5 Vgl. *Rahner,* Theologie des Todes; *Jüngel,* Tod.

6 Vgl. *Bonhoeffer,* Widerstand und Ergebung, 541–543 (Nr. 178: Brief an E. Bethge vom 21.07.1944), hier 541.

7 Vgl. jüngst *Christe,* »Unsterblichkeit«, daneben *Gestrich,* Seele.

8 Einschlägiges Hauptwerk: *Plessner,* Stufen des Organischen.

den Vergleich mit den Tieren, der schon seit antiken und biblischen Zeiten und bis hin zu Blaise Pascal das Wesen zwischen Engel und Tier ins Blickfeld gerückt hatte, nach der Aufklärung aber gleichsam am religiösen Auge amputiert erschien. Vielmehr fragte die (verhaltens-)biologische Betrachtung auch, wie der Mensch in diese Stellung gelangt sei, nahm also tatsächlich das *Zur-Welt-Kommen* in den Blick. Hierfür steht innerhalb der Philosophischen Anthropologie ihre aufs Ganze gesehen vielleicht wirksamste These, die Arnold Gehlen 1940 aufstellte, als er den Menschen im Vergleich mit der Geburtsausstattung hoch entwickelter Tiere als ein ›Mängelwesen‹ betrachtete, das von Natur aus ›Kulturwesen‹ sein müsse,[9] um durch die Nutzung z.B. der aus dem aufrechten Gang resultierenden Kooperation von Auge und freigewordener Hand jene biologischen Mängel zu kompensieren. Gehlens Kulturthese, die wegen ihrer tendenziell speziesistischen Argumentation (wie man heute sagen könnte) ambivalent wirkte und ihn später selbst die Forderung einer zunächst nicht näher bezeichneten »Askese« als Gegenpol zur Kultur erheben ließ,[10] soll hier nicht weiter diskutiert werden; der Hinweis möge genügen, dass noch jüngst (2006) die Nachlassanthropologie *Die Beschreibung des Menschen* von Hans Blumenberg, die die Zwiespältigkeit der mit dem aufrechten Gang eintretenden »Sichtbarkeit« thematisierte, sicherlich eine Nachwirkung Gehlens darstellt.

In das mit Gehlens Wirkung eröffnete Spannungsfeld der Anthropologie gehören auch die Beiträge des Schweizer Zoologen Adolf Portmann hinein, die im noch jungen, sich gerade konsolidierenden Westdeutschland der 1950er Jahre programmatisch »Das neue Bild des Menschen« zeichneten. Portmanns These, dass der Mensch aufgrund seiner evolutionsbiologischen Geburtsausstattung (»physiologische Frühgeburt«) und der daraus resultierenden Dauer der von ihm immer auch sozial verstandenen ›Brutpflege‹ ein »›sekundärer‹ Nesthocker« ist, ergänzt sich auf den ersten Blick gut mit Gehlens Kulturthese. Tatsächlich jedoch modifiziert Portmann die Grundlagen der Betrachtung nicht unerheblich, wenn er davon ausgeht, dass die Tragezeit beim Menschen, um eine ähnlich hoch entwickelten Säugetieren vergleichbare Geburtsausstattung zu erreichen, eigentlich viel länger dauern müsste – und erst auf diese Beobachtung die These vom sekundären (sozialen) Nesthocker stützt.[11]

Mit diesem, wenngleich nur hypothetischen, Argument ist ein Schritt vollzogen, der geeignet ist, die Betrachtung des zwischen Geburt und Tod ausgespannten Lebens wesentlich zu verändern. Mit der vergleichenden Flexibilisierung des Geburtstermins wird nämlich die Geburt nicht mehr

9 Einschlägiges Hauptwerk: *Gehlen,* Mensch.

10 Vgl. zuerst *Gehlen,* Bild des Menschen, hier 140–142.

11 Vgl. als einschlägiges Überblickswerk (nach einer Erstfassung von 1944): *Portmann,* Zoologie, hier 49–52: »Die physiologische Frühgeburt« und 55f. zum »›sekundäre[n]‹ Nesthocker« (Portmann stützt sich für den Terminus auf eigene Schriften von 1942).

nur als Zeitpunkt aufgefasst, sondern in einem, wenn nicht sogar *als* Zeit-*raum* wahrgenommen. Die Rede, dass Menschen zur Welt *kommen,* erhält dadurch eigentlich erst ihren Sinn, weil sie ja einen Vorgang und kein punktuelles Ereignis bezeichnet.

Mein Vorschlag ist, die 1958 erstmals bei Hannah Arendt begegnende philosophische Beanspruchung der Natalität, also des Faktums menschlicher Gebürtlichkeit, auch vor diesem Hintergrund der Philosophischen Anthropologie zu sehen.[12] Etabliert – beispielsweise durch die publikumswirksame Darstellung bei R. Safranski – ist die Auffassung, dass Arendt sich mit dem Begriff der Natalität vor allem von dem Einfluss Heideggers befreie, dessen nach *Sein und Zeit* (1927) existenzphilosophisch adaptierte Konzeption eines ›*Vorlaufens in den Tod*‹ das aus Gründen des Erkenntnisanspruchs erstrebte Ganzseinkönnen des menschlichen Daseins verfehle, weil sie eine einseitig todesbezogene Blickrichtung einschlage. Ohne Natalität – so Safranski 1994 und mit ihm die in Deutschland wenig später einsetzende theologische Rezeption von Arendts Begriff –, also ohne einen *Rückgang zur Geburt* bleibe das Leben auf seine vom bevorstehenden Tod gedrückten Stimmungen festgelegt und verliere die erhebenden – Safranski spricht vom »Jubel« über das neu ankommende Leben – aus den Augen.[13]

In der philosophischen Großwetterlage ist dieser Stimmungsumschwung gewiss zu beobachten. Allerdings lässt er sich weniger an Arendt als bei bestimmten Hermeneutikern wie O.F. Bollnow festmachen, der sein Buch *Das Wesen der Stimmungen* 1941 tatsächlich in dieser Weise gegen Heidegger richtete. Dass sein Vorstoß weitgehend wirkungslos blieb, dürfte nicht nur an der Erscheinungszeit mitten im Zweiten Weltkrieg liegen, sondern vor allem daran, dass Bollnow Heidegger nicht auf der Ebene seines philosophischen Erkenntnisanspruchs gegenübertrat, sondern auf dem enger umgrenzten Gebiet eben der Anthropologie, wo er sich zur Abstützung seiner Stimmungsthese zudem, methodisch fragwürdig, unter anderem auf Experimente mit bewusstseinserweiternden Drogen bezog. Einzelne Seitenhiebe in der späteren Anthropologie Wilhelm Kamlahs, von der noch die Rede sein muss, könnten gegen diese Versuche Bollnows gerichtet sein.[14] Freilich war Bollnows Anthropologie,

12 Es handelt sich bei Arendt zunächst nur um eine mehr beiläufige, strukturell aber wichtige Passage: *Arendt,* Vita activa, 15f.

13 Vgl. *Safranski,* Heidegger, 441. Zur theologischen Rezeption von Arendts Natalitätsbegriff vgl. *Theißen,* Natalität, 286–293.

14 *Kamlah,* Philosophische Anthropologie, 152 stimmt in die »wohlverständliche Auflehnung« gegen den »›antiautoritäten‹ Hedonismus« ein, der das »Wohl der Seele« unter anderem »in drogengestützten Entrückungen« suche. Trotz der zeitgeschichtlichen Bezugnahme auf die '68er kann man im Kontext philosophischer Ausrichtungen, um den es Kamlah hier geht, auch an Bollnows Bezugnahme auf Studien zur Erfahrungswirklichkeit unter Meskalinrausch denken. Als sicher darf jedenfalls gelten, dass Kamlahs parallel gelagerte Polemik gegen den Glauben, »das Gelingen des Lebens hänge von Pracht und Zahl der gelingenden Orgasmen ab« (148), direkt gegen

die sich just in den Jahren, als Arendt ihren Natalitätsbegriff artikulierte, unter dem Titel *Neue Geborgenheit* (1955) präsentierte, wenige Jahre später der vernichtenden Kritik Adornos in *Jargon der Eigentlichkeit* (1964) ausgesetzt,[15] was einen dauerhaften Erfolg vereiteln half.

Dieser kleine Exkurs mag zeigen, dass der naheliegende Eindruck, wonach Arendts Natalitätsbegriff die Ablösung Heidegger'scher Daseinsanalytik (als ›Sein zum Tode‹) bewerkstelligen soll, nicht den Tatsachen entspricht. Wie ihr 2002 veröffentlichtes *Denktagebuch* zeigt, hat Arendt trotz unbestreitbarer philosophischer Gegenläufigkeit von Geburt und Tod beide immer eher komplementär und nicht als konkurrierende Paradigmen verstanden; im Alter kommt sie gar zu einer regelrecht schiedlich-friedlichen Aufteilung beider auf theoretische und praktische Philosophie.[16] Sachgemäßer dürfte daher die weniger grundsätzliche Annahme sein, dass der Natalitätsbegriff zu der Grenzverschiebung beiträgt, die auch bei Portmann zu beobachten war, wo sich der anthropologische Blick rückwärts auf die als Zeitraum verstandene Geburt richtet. Für Arendt ist das am deutlichsten daran abzulesen, dass sie dasjenige Ereignis, das Menschen zur befreiten Ruhe ihrer Seele finden lässt, mit dem Reden und Handeln verbindet und nicht mehr mit dem physischen oder symbolischen Tode verbindet, wie es der Philosophie seit Platon und der Theologie mindestens seit Augustin geläufig war – spätestens seit der Neuedition ihrer Dissertation *Der Liebesbegriff bei Augustin* von 1929 durch L. Lütkehaus (2003) ist belegbar, dass vor allem die Beschäftigung mit dem Kirchenvater der Jaspers-Schülerin Arendt den Anlass für ihr Natalitätsdenken bot. Wenn Arendt Reden und Handeln als *zweite Geburt* bezeichnet, dann lässt sie den Zeitraum zwischen der leiblichen Geburt und dieser Wiedergeburt deutlich erkennen.[17]

II. Natalität und Freitod als Themen der normativen Ethik

Wenn die Philosophische Anthropologie und in ihrer Fortführung auch Hannah Arendt nicht mehr nur wie die Existenzphilosophie den Tod in den Zeitraum des Lebens hineinzieht, das sich auf ihn bezieht, sondern ebenso die Geburt als einen ins Leben hineinreichenden Zeitraum auffasst, so ändert das vorläufig doch noch nichts daran, dass Geburt und Tod jeweils Grenzen darstellen, über die hinweg der Mensch zur Welt kommt bzw. aus der Welt geht. Insoweit ist neben der Weisheit von

entsprechende Spitzensätze bei W. Reich (*Die Entdeckung des Orgons* I, dt. 1969) gerichtet ist.

15 Vgl. *Adorno,* Gesammelte Schriften, Bd. 6, 413–526, gegen Bollnow v.a. 428f., daneben 419f., 434f.

16 Einschlägige Stellen: *Arendt,* Denktagebuch, 208; 326; 342; 353; 681; 746 und vgl. *Theißen,* Natalität, 293 mit Anm. 28.

17 Vgl. *Arendt,* Vita activa, 166f.

Monty Python noch nichts weiter gesagt, d.h. bei allem Erkenntniszuwachs über die Stellung des Menschen *im* Kosmos ist die Stellung des Menschen *zum* Kosmos noch weiterer Aufklärung bedürftig.

Mein Vorschlag lautet, dass die Natalitätsphilosophie, die sich seit der Jahrtausendwende verstärkt Ausdruck verschafft, an dieser Stelle weiterhilft. Ich präsentiere zunächst ihren wohl wirksamsten Vertreter und setze ihn zur Philosophischen Anthropologie in Beziehung.

Der Freiburger Literaturwissenschaftler Ludger Lütkehaus, uns bereits als Editor von Arendts Dissertation bekannt, ist 2006 mit einem Buch namens *Natalität* hervorgetreten, dessen Untertitel *Philosophie der Geburt* keinen Zweifel daran lässt, dass der bei Arendt noch vereinzelt aufgetretene Begriff nun konzeptionellen Rang erlangen soll. Wenn zuvor die Rede davon war, dass die Betrachtung der Geburt als in das menschliche Leben hineinreichender Zeitraum gleichwohl den Grenzcharakter von Geburt und Tod nicht antastet, dann zieht Lütkehaus mit größtmöglicher Strenge die Konsequenzen dessen.

Lütkehaus knüpft wie Arendt an die aristotelische Unterscheidung von instrumentellem Herstellen (ποίησις) und interpersonalem Handeln (πρᾶξις) an, wenn er die Geburt als Konstituierung einer menschlichen Ausgangslage begreift, zu der die Menschen sich unweigerlich in irgendeiner Weise verhalten müssen. Er nennt dies das »Diktat der Geburt«.[18] Während Arendts Politische Philosophie das abgenötigte Sich-Verhalten zwar als Schwundstufe menschlicher Aktivität erkannt, aber doch in einer gewissen ›Daseinsfrömmigkeit‹ als Anstoß zum darüberhinausgehenden Handeln habe würdigen wollen,[19] will Lütkehaus jenseits der traditionellen Vorstellung vom Wert des Seins bei einem wertfreien Begriff gebürtlichen Seins ansetzen. Er hinterfragt daher die vermeintliche Alternativlosigkeit der mit der Natalität gegebenen Daseinsentscheidung und gelangt so zur Vorstellung eines wertfreien Nichtseins.

Seine Hauptthese lautet, dass der erstrebte wertfreie Begriff von Sein für den einzelnen Geborenen die Möglichkeit zum Freitod, für die Eltern aber die Pflicht zur Verantwortung einschließt, mit dem von ihnen ›hergestellten‹ Leben von vornherein als einem eigenständigen politischen Subjekt zu ›handeln‹.[20] In beiden Fällen werde für den Geborenen das »Diktat der Geburt« zwar nicht als solches zurückgenommen, wohl aber die daraus folgende ethische Zumutung, sich ungefragt zum Leben verhalten zu müssen.[21] Lütkehaus stellt dem mit der Geburt gegebenen Sein

[18] Vgl. *Lütkehaus,* Natalität, hier 76; 80, vgl. 74 (»Diktat meiner Geburt«). Im Hintergrund steht Arendts sozialphilosophische Kritik an einem zum bloßen »Sich-Verhalten« reduzierten Handeln: *Arendt,* Vita activa, 41.

[19] Diese kritische Rekonstruktion bei *Lütkehaus,* Natalität, 38.

[20] Bemerkenswert ist, dass *Lütkehaus,* Natalität, 74 bzw. 76 für jeden der beiden Aspekte reklamiert, er sei die einzige Möglichkeit, das Diktat der Geburt auszuhebeln – eine hart an die Grenze des Widerspruchs streifende Behauptung.

[21] Vgl. *Lütkehaus,* Natalität, 101.

darum einen Begriff des Nichtseins gegenüber, der nicht die Vernichtung des Lebens, sondern die bloße Negation jener ungefragten Zumutung bezeichnet.[22] Sein und Nichtsein stehen sich hier als wertfreie Begriffe und damit überhaupt erst in strenger Opposition gegenüber. Alle hergebrachten Assoziationen, die dem positiv gegebenen Sein auch eine ethisch positive Wertigkeit zuschreiben wollen, erscheinen demgegenüber als Formen des Sein-Sollens-Fehlschlusses, den Lütkehaus überwinden will.[23] Das hat zur Folge, dass Lütkehaus ganz traditionell Geburt und Tod strikt als Grenzen des menschlichen Lebens denkt, wenn er z.B. schreibt: »Die Ungeborenen aber sind schlicht nicht«[24] – ein Satz, der in einer *Philosophie der Geburt* aufhorchen lässt. Ausgangspunkt ethischer Verantwortung kann unter dieser Voraussetzung nur das schon geborene menschliche Leben sein. Lütkehaus kann sich daher für sein ethisches Konzept auf Hans Jonas berufen,[25] der das bloße Sein des hilflosen Neugeborenen als Paradigma der Verantwortungsethik eingeschärft hat.

Gerade die Entgegensetzung von Sein und Nichtsein ist jedoch keineswegs so klar, wie Lütkehaus es durch die Verknüpfung mit der Sein-Sollens-Problematik nahelegt. So dient das Paradigma des Neugeborenen bei Jonas in Wahrheit dem Beweis für ein Sein, dem von sich aus – also ohne den Rekurs auf diesen oder jenen erst noch durchzusetzenden Wert – Güte inhäriert und das darum ethisches Sollen begründet, indem es mit seinem nackten Leben die Erhaltung dieses Lebens gebietet.[26] Die Konsequenz dieses von sich aus guten Seins ist, dass Jonas die für Lütkehaus so fundamentale Vorstellung von einem bloßen Sein oder »nackten ›ist‹«, wie er schreibt, ausdrücklich ausschließt.[27] Das Evidenzbeispiel des ja nackten Neugeborenen ist hier bei all seiner appellativen Kraft letztlich eher irreführend. Folglich bildet für Jonas auch nicht das Nichtsein die Opposition des Seins; vielmehr ist der Gegensatz eines Seins, dem Güte inhäriert, das ungute Sein.

Im Ergebnis besagt der Vergleich von Lütkehaus und Jonas, dass beide verantwortungsethischen Konzepte trotz des gemeinsamen Rekurses auf das Geborensein des Neugeborenen gegensätzliche Interessen verfolgen. Insbesondere das Freitodargument, mit dem Lütkehaus das Dilemma der Natalität auflösen will, ist in Jonas' Einführung des Natalitätsarguments

22 Lütkehaus nimmt hier den in seinem philosophischen Hauptwerk *Nichts* (Frankfurt 2010) entwickelten Begriff des Nichts vorweg.

23 *Lütkehaus,* Natalität, 24 formuliert die als fehlerhaft zu überwindende Verknüpfung beider mit Blick auf frühe natalitätsphilosophische Äußerungen von Arendt: »Geburt ist prinzipiell positiv.«

24 *Lütkehaus,* Natalität, 86.

25 So *Lütkehaus,* Natalität, 80.

26 Vgl. *Jonas,* Prinzip Verantwortung, 240–242, wo die »Archetypische Evidenz des Säuglings« das fundamentale Kapitel über »Das Gute, das Sollen und das Sein: Theorie der Verantwortung« abschließt.

27 *Jonas,* Prinzip Verantwortung, 235.

ausdrücklich ausgeschlossen.[28] Gleichzeitig verbindet das verantwortungsethische Interesse beide Autoren.

Die hier beobachtbare Gemengelage erklärt sich nach meiner Einschätzung so, dass sowohl Lütkehaus als auch Jonas das Problem der Natalität im Rahmen einer normativen Ethik angehen, die nach dem im Umgang mit dem (neu-)geborenen Leben Gebotenen fragt. Das ist offensichtlich bei Jonas, der nach dem aus einem bestimmten Sein entspringenden Sollen sucht. Es trifft aber auch für Lütkehaus zu, freilich weniger für sein Argument zugunsten des Freitods als Möglichkeit wertfreien Nichtseins, wohl aber für seinen verantwortungsethischen Impetus, der kaum zufällig die kantische Rede vom Bürger zweier Welten anklingen lässt.[29] Der ganze verantwortungsethische Ansatz vermag somit die Philosophische Anthropologie nicht über ihren Gründervater Scheler hinauszuführen, bei dem die Konzeption des Wertes, die Lütkehaus und Jonas je auf ihre Weise zu überwinden suchen, ja das Formproblem von Kants Ethik zu lösen, nicht aber deren Normanspruch aufzugeben hat.[30]

Über Entsprechung und Nichtentsprechung von Geburt und Tod – das Verhältnis von »zur Welt kommen« und »aus der Welt gehen« – vermag jedoch der normative Ethikansatz nur wenig Auskunft zu geben. Normativ höchst relevant sind Geburt und Tod als Grenzen des menschlichen Lebens, die ethisch sensible Verfahren bei der Überschreitung dieser Grenzen verlangen – also z.B. dann, wenn es um die Frage geht, unter welchen Umständen die Erhaltung menschlichen Lebens im terminalen Stadium einer nichtheilbaren Erkrankung gleichwohl geboten ist. Wie wir sahen (s.o. I.), richtet sich das Interesse der Philosophischen Anthropologie jedoch nicht auf Geburt und Tod als Grenze, sondern auf den durch sie bezeichneten Zeitraum. Die damit eintretende Unschärfe in der Abgrenzung des Lebens verschiebt das ethische Interesse vom Gebotenen in ebenfalls gradueller Weise auf das mehr oder weniger Empfehlenswerte. An die Stelle der zwischen Lütkehaus und Jonas dissenshaften Frage, ob das Leben als solches gut ist, tritt damit die Frage nach dem guten Leben. Kurzum, die Philosophische Anthropologie artikuliert ein *eudämonistisches* Interesse an den Fragen nach Geburt und Tod des menschlichen Lebens. Im folgenden Teil meiner Überlegungen wende ich mich daher einem eudämonistischen Entwurf Philosophischer Anthropologie zu.

28 So *Jonas,* Prinzip Verantwortung, 241 über die Elterngeneration als Subjekt der Verantwortung und den »Nichtwiderruf ihres Fiat im eigenen Fall«.

29 Vgl. *Lütkehaus,* Natalität, 76: »Für ihre ›Tat‹ liegt auf den Erzeugern die Verbindlichkeit, ihre unmündigen Kinder so früh wie möglich zur Mündigkeit zu befähigen und die mündig gewordenen unverzüglich in ihre Freiheit als ›Weltbürger‹ zu entlassen.«

30 Ich assoziiere Schelers Hauptwerk *Der Formalismus in der Ethik und die materiale Wertethik* (1913).

III. Freitod als Thema der eudämonistischen Ethik

Wilhelm Kamlah (1905–1976), gemeinsam mit Paul Lorenzen Begründer der philosophischen Erlanger Schule,[31] hier als Stimme in der Auseinandersetzung um die Philosophische Anthropologie vorzustellen, ist alles andere als originell. Kamlah hat nach 1945, obschon mit zweieinhalb Jahrzehnten Abstand, gleich zwei Entwürfe zur Anthropologie vorgelegt, die durch die Beschäftigung mit den impulsgebenden Werken besonders von A. Gehlen mitangeregt sind und deren zweites dessen Programmwort *Philosophische Anthropologie* sogar als Titel trägt.[32] Bereits 1940, also im Erscheinungsjahr von Gehlens Hauptwerk, hat Kamlah eine kleine kritische Studie zu diesem Buch veröffentlicht, in der er Gehlen bei aller Anerkennung seiner Verdienste um einen kulturtheoretisch, also ohne metaphysische oder religiöse Vorannahmen bestimmbaren, philosophischen Begriff des Menschen vorhält, dass er methodisch von einer Schichtung des Menschen in eine biowissenschaftlich beobachtbare Komponente und eine darauf aufsattelnde geistige Verfasstheit ausgehe.[33] Dieser Vorwurf, Anthropologie mit dem Mittel eines Zwei-Komponenten-Klebstoffs zu betreiben, stößt sich an Gehlens Adaption des verhaltenswissenschaftlichen Reiz-Reaktion-Schemas. Ihm gegenüber macht Kamlah geltend, dass Menschen schon in ihren vermeintlich der neutral beobachtenden Messung überantwortbaren Wahrnehmungsvorgängen komplexe Bewusstseinsleistungen vollbringen, durch die sie dasjenige, was an diesen Vorgängen tatsächlich messbar ist, abblenden und so erst den wahrgenommenen Gegenstand als solchen erfassen. Kamlahs in mehrerlei Hinsicht bevorzugtes Beispiel ist das Musizieren, und zwar sowohl auf Seiten des Instrumentalisten oder Sängers als auch des Hörenden, die jeweils ihre ›Aufmerksamkeit‹ gerade nicht auf die mechanischen bzw. akustischen Techniken und Signale, aus denen das Musizieren sich scheinbar zusammensetzt, richten, wenn sie die Musik wahrnehmen, da diese sich vielmehr von dem Hintergrund all dieses Messbaren abhebt.[34]

Die Nähen und Abstände, die Kamlahs Rede von Aufmerksamkeit zum phänomenologischen Konzept der Intentionalität und einer daraus womöglich zu entwickelnden Anthropologie aufweist, sollen hier vorerst

31 Zur Einführung in Person und Werk Kamlahs vgl. *Langanke,* Philosophische Anthropologie.

32 Vgl. *Kamlah,* Mensch in der Profanität; *ders.,* Philosophische Anthropologie.

33 Ich zitiere nach der Version letzter Hand: *Kamlah,* Probleme der Anthropologie, hier 126ff zur Kritik an der »Theorie von der nur rezeptiven Sinnlichkeit«.

34 Vgl. *Kamlah,* Philosophische Anthropologie, 73–82 (»Aufmerksamkeit«), hier 76 zum Musikbeispiel neben anderen Beispielen (z.B. 75 zum Autofahren). Auch in der elementarer ansetzenden Sprachkritik finden sich Musikbeispiele etwa beim Problem der Einführung von Prädikatoren (*Kamlah/Lorenzen,* Logische Propädeutik, 27: »Dies ist ein Fagott«).

auf sich beruhen.[35] Kamlah selbst bringt in seinem zweiten anthropologischen Entwurf die Kritik an allen methodischen Zwei-Komponenten-Schichtungen auf eine einfache Formel, die ein Ausleuchten solcher Theoriehintergründe überflüssig macht: »Wir müssen den Menschen überhaupt nicht erreichen, da wir Menschen sind.«[36]

Tatsächlich dürfte es kennzeichnend für Kamlahs Anthropologie als ein Werk der Erlanger Schule sein, dass ihr »Erster (deskriptiver) Teil« (I) von der »Explikation einiger Erfahrungen von jedermann« (Überschrift) ausgeht, nämlich z.B. vom »Widerfahrnis« im Unterschied zur »Handlung« (I § 3), vom »Bedürfen« im Unterschied zum »Begehren« (I § 6), von »Gewohnheit« (I § 7) und »Entschluss« (I § 8) und von dem schon erwähnten »Aufmerken« (I § 9). Die Zuversicht, mit der Kamlah von der Generalisierbarkeit der hier gemachten Beobachtungen ausgeht, mag überraschend wirken, noch frappierender scheint mir aber, dass die gleiche Zuversicht auch die Ethik im zweiten Teil des Buches durchzieht, und zwar sowohl die normative als auch die eudämonistische Ethik. Trotz ihrer streng zu unterscheidenden Fragestellungen nach dem Gebotenen bzw. dem Guten sind beide Ethikansätze in Kamlahs Buch analog strukturiert. Den Ausgangspunkt bildet eine »Grundnorm« (§§ 1f.) des Guten in der normativen (II.A) bzw. eine »Grunderfahrung«[37] oder -einsicht vom guten Leben in der eudämonistischen Ethik (II.B), denen gegenüber Kamlah alle Menschen zugänglich glaubt, sofern sie aufgrund irgendeiner erlebten ›Situation‹ – also jedenfalls in einer »Situation menschlichen Miteinanderlebens«[38] – bereit sind zu akzeptieren, dass aus einer solchen Situation ethische Verpflichtungen resultieren können.[39] Wenngleich Kamlah mit dem Stichwort der Situation von Mitmenschlichkeit lediglich den ethischen Solipsismus ausschließen will,[40] bedeutet sein Konnex von Situation und Verpflichtung doch eine Suspendierung des Sein-Sollens-Problems, die Kamlah durchaus bewusst ist[41] und die seinen Entwurf jedenfalls interessant machen wird für den Anschluss an unsere

35 Für das Thema Natalität ist auf das Werk von Christina Schües zu verweisen, die dieses Thema aus dezidiert phänomenologischer (Husserl'scher) Perspektive und mit weiter gehenden anthropologischen Interessen behandelt, vgl. dazu *Theißen,* Natalität, 301–305.

36 *Kamlah,* Philosophische Anthropologie, 30.

37 *Kamlah,* Philosophische Anthropologie, 8 erwähnt die »Grunderfahrung« schon im Vorwort bei der Widmung an den im Krieg gefallenen Pianistenfreund G. Brandt und weist damit in die Entstehungskontexte seines ersten anthropologischen Entwurfs zurück. Als Terminus wird der Ausdruck bei *Kamlah,* Philosophische Anthropologie, 158 im Kontext der Erläuterung des Eudämoniebegriffs eingeführt.

38 *Kamlah,* Philosophische Anthropologie, 110.

39 Vgl. *Kamlah,* Philosophische Anthropologie, 101f.

40 Dieser wird in der platonischen Figur des Kallikles aus dem sokratischen Dialog *Gorgias* ausdrücklich als Negativfolie eingeführt (*Kamlah,* Philosophische Anthropologie, 102).

41 Vgl. *Kamlah,* Philosophische Anthropologie, 96.

Überlegungen im II. Abschnitt dieses Aufsatzes, die sich ja zwischen Lütkehaus und Jonas im Sein-Sollens-Problem konzentrierten. Vorerst freilich kann man festhalten, dass Kamlah mit der Annahme einer Grundnorm bzw. einer ethischen Grunderfahrung vor allem die Generalisierbarkeit seines ethischen Entwurfs sicherstellt, der ja von dem Menschen ausgehen will, der wir alle sind. Vorausblickend lässt sich demgemäß konstatieren: Die *Grundnorm* besteht in dem als »Mitmenschlichkeit« gegebenen Bedürftigsein des Menschen, die *Grunderfahrung* in der »Gelöstheit« von aller Selbstmächtigkeit.[42]

Der *Grundnorm* werden spezielle, d.h. *Handlungs-Normen* (II.A § 5) und diesen wiederum die aus dem institutionellen Eingebundensein der Handelnden folgenden *Pflichten* (II.A § 4) zugeordnet;[43] Analoges geschieht in der eudämonistischen Ethik, wenn der *Grunderfahrung* vom guten Leben gewisse »vitale« *Güter* nachgeordnet werden, also solche, die dem Begehren nach Vitalität geschuldet sind,[44] und schließlich *»unabdingbare Lebensbedingungen«,*[45] die aus der Bindung des Menschen an die Bedingtheiten menschlichen Lebens resultieren, wie »Nahrung, Kleidung, Wohnung«.[46] Wenn Kamlah auch diese Abstufungen der ethischen Normen bzw. Güter als für alle Menschen generalisierbar ansieht, dann nicht so, dass sich sozusagen universelle Positivlisten von Normen und Gütern aufstellen ließen – vielmehr ist Kamlah so umsichtig, solche zu vermeiden. Generalisierbar ist aber die jeweils bestehende Abstufung, wonach institutionelle Pflichten im Konfliktfall hinter der Grundnorm zurückstehen müssen, so dass sich normativ-ethisch eine »Mitverantwortung« des Einzelnen gerade als Funktionsträger in einer Institution ergibt. Auch hierzu besteht eine eudämonistische Analogie: Die Güte der unabdingbaren Lebensbedingungen (die in der eudämonistischen Ethik an derselben Systemstelle stehen, die in der normativen Ethik die institutionellen Pflichten haben) bemisst sich an der Grunderfahrung und muss im Zweifelsfall hinter dieser zurückstehen. Das heißt im Klartext, dass ein Leben, dessen Güte unwiderruflich allein in der Erhaltung der unabdingbaren Lebensbedingungen besteht, hinter der Grunderfahrung guten Lebens zurückbleibt und das Gut der Lebenserhaltung nicht über die

[42] Vgl. *Kamlah,* Philosophische Anthropologie, 104 u.ö. bzw. 159 u.ö.

[43] Auf die über Kant hinausgehende Differenzierung der Pflichten von den Normen weist *Kamlah,* Philosophische Anthropologie, 94 vorausgreifend hin.

[44] *Kamlah,* Philosophische Anthropologie, 148 nennt als Beispiele »Jugend, Vitalität, Sex, Erfolg, Wohlstand«, aber auch (so 149) »Gehaltserhöhung«, »Überwindung einer Krankheit«, »Erfüllung geschlechtlichen Begehrens«, »Erlösung von Einsamkeit«, wobei der vor allem bei erster Aufzählung unüberhörbar kritische Ton auf deren Abkoppelung von der eudämonistisch maßgeblichen »Einstellung« gerichtet ist (149), die Kamlah dann positiv in der noch näher zu beschreibenden »Grunderfahrung« erblickt. In der Rückbindung an diese können jedoch jene Beispiele auch als »Güter« verstanden werden (vgl. 174f.).

[45] *Kamlah,* Philosophische Anthropologie, 175.

[46] *Kamlah,* Philosophische Anthropologie, 171.

Grunderfahrung gestellt werden darf. Das schließt ein, dass die Grunderfahrung paradoxerweise ein kritisches Gegengewicht zur Erstrebung der vitalen Güter bildet, deren Grundlage sie doch darstellt; ja, die Grunderfahrung ist geradezu vitalitäts*kritisch*.

Kamlahs Ethik mündet vor dem Hintergrund dieser Paradoxie in einen Paragraphen, der bei vorausgesetztem Verlust jener unabdingbaren Lebensbedingungen den »Freitod« als philosophische Möglichkeit eröffnet (II.B § 6), u.U. als einzige Möglichkeit, das Gute der Grunderfahrung unter jenen verloren gegangenen Bedingungen noch zu realisieren. Ein Leben, das nurmehr nacktes Überleben, das bloß »am Leben« wäre, ist kein gutes Leben mehr.[47] Von Güte kann aber gesprochen werden, wenn ein solches Leben dann so nackt aus der Welt geht, wie es auf die Welt gekommen ist.

Trotz seiner klaren Struktur wirft Kamlahs eudämonistischer Entwurf im Vergleich mit den schon betrachteten normativ ausgerichteten Anthropologien auf den ersten Blick mehr Fragen auf, als er klärt. *Wie Lütkehaus* macht Kamlah als ethischen Testfall menschlichen Lebens, das gegenüber seinen Bedingtheiten (Lütkehaus mit Arendt: conditio humana; Kamlah: Lebensbedingungen) nurmehr sich verhalten (Lütkehaus mit Arendt) oder auf die bloße Erhaltung des Lebens (Kamlah) verlegen kann, den Freitod namhaft – freilich mit dem Unterschied, dass Lütkehaus vornehmlich dessen normative Verurteilung angreift, während Kamlah, darüber hinausgehend, eudämonistisch die Möglichkeit des Freitods als Gut denkt. Wegen dieses Unterschieds kann Kamlah für den Freitod *nicht wie Lütkehaus* einen wertfreien Begriff bloßen Seins und Nichtseins ins Feld führen, sondern macht mit Lütkehaus' Antipoden H. Jonas für die unabdingbaren Lebensbedingungen von vornherein die Vorstellung des guten Seins geltend, die beim Menschen das nackte Leben immer schon bestimmt: »Und zwar hat jedermann die berechtigte Begehrung, [...] nicht nur seinen nackten Hunger zu stillen, sondern ›gut‹ zu essen und zu trinken.«[48] Damit ist offensichtlich einmal mehr die *Zwei-Komponenten-Stufung abgewiesen,* die erst auf biowissenschaftlich messbare Daten (wie z.B. das Hungerbedürfnis) die den Menschen kennzeichnenden Beschaffenheiten aufsatteln will.[49] Man wird allerdings fragen, ob nicht demgegenüber *Kamlahs eigene Abstufung* der menschlichen Bedürfnisse, die ihn das Vitalitätsbegehren einer antivitalistischen Grunderfahrung unterordnen lässt, kontraproduktiv wirkt.[50]

47 Vgl. *Kamlah,* Philosophische Anthropologie, 182 abschließend zum Problem des »Auseinanderklaffens von Am-Leben-sein und Leben-können« (dazu schon II.B § 1).

48 *Kamlah,* Philosophische Anthropologie, 171 (in unmittelbarem Anschluss an die bei der vorvorigen Anm. aufgelisteten Lebensbedingungen).

49 Man denke auch an den so appellativen wie falschen Ausspruch von B. Brecht: »Erst kommt das Fressen, dann die Moral.«

50 Es trägt m.E. auch nicht zur Erhöhung der Klarheit bei, wenn *Kamlah,* Philosophische Anthropologie, 175 die »eudämonistische Gelöstheit« (die nichts weiter ist als

Mit einem Wort: Der Hinweis auf den eudämonistischen Charakter von Kamlahs Anthropologie allein vermag deren Standort nicht ausreichend zu bestimmen. Ein weiteres Theorieelement muss hinzukommen, das die »Grunderfahrung«, von der Kamlah nur sehr andeutungshaft redet, klarer fasslich macht, auch wenn es dabei der Generalisierbarkeit der Rede von dieser Grunderfahrung wegen nicht um diesen oder jenen Inhalt derselben gehen kann. Weiterführend dürfte hier die Beobachtung sein, dass Kamlahs gesamtes anthropologisches Schaffen im Zeichen der »Profanität« steht, wie bereits im Entwurf von 1949 das maßgebliche Titelstichwort lautete. Noch die Aufsatzsammlung, die Kamlah ein Jahr vor seinem Suizid und zwei Jahre nach dem zweiten anthropologischen Entwurf veröffentlichte und die seine Letztbearbeitung der Gehlen-Kritik von 1940 enthielt, hieß im Untertitel *Philosophie und Wissenschaft in der neuzeitlichen Profanität.* Offensichtlich also zeichnet sich Kamlahs Anthropologie durch die bewusste Distanz zum metaphysischen oder religiösen Verständnis des Menschen aus. Das gilt in dieser Allgemeinheit zwar auch für Jonas, dessen kurz nach seinem Tod veröffentlichte *Metaphysische Vermutungen* wie der berühmte Tübinger Vortrag *Der Gottesbegriff nach Auschwitz* sicherlich als Untermauerung und nicht als Relativierung seiner Bemühungen um eine *Ethik für die technologische Zivilisation* (so der Untertitel seines *Prinzips Verantwortung* von 1979) zu verstehen sind.[51] Und die Distanz zur Religion gilt erst recht für den verbandsmäßig engagierten Atheisten Lütkehaus, der den wertfreien Begriff des Seins offen gegen eine undifferenzierte Bejahung des Lebens speziell im Christentum richtet.[52] Allerdings ist die Distanz zur Religion bei Kamlah von anderer Art, die für den ganzen Ansatz der Erlanger Schule bedeutsam sein dürfte, die ihn aber zugleich erst richtig interessant für die Theologie macht, von der er sich distanziert.

In seiner Grundkritik, dass die Philosophische Anthropologie der Vorkriegszeit mit ihrer methodischen Zwei-Komponenten-Schichtung den Menschen, der wir alle sind, verfehle, indem sie ihn erst erreichen zu müssen meine, weiß Kamlah sich eins mit dem Christentum und der Existenzphilosophie derselben Zeit. Auch jedes dieser beiden rede ohne Umschweife vom Menschen in seiner profanen Situation, doch tue es dies in einer zur vernünftigen Erkenntnis, weil zur zwischenmenschlich

die »Grunderfahrung«) als *»unabdingbare Grundbedingung«* bezeichnet, so dass sie gefährlich in die Nähe der im selben Kontext genannten *»unabdingbare[n] Lebensbedingungen«* (175) rückt (während sie doch eine »Einstellung« zu diesen sein soll, 149), und wenn außerdem die vital(istisch)en Güter, sofern sie (noch) nicht unter der Regel der Grunderfahrung stehen, ebenfalls als »Lebensbedingungen« bezeichnet werden (148). Ich halte es für klarer, den für Kamlah freilich nur am Maßstab jener Grunderfahrung möglichen Rangunterschied der ethisch abzustufenden Phänomene gleichwohl in den Begriff derselben hineinzulegen.

51 Vgl. *Jonas,* Metaphysische Vermutungen.

52 Insbesondere verwirft *Lütkehaus,* Natalität, 37f. die Vorstellung der Gottebenbildlichkeit als eine Art »Gleichschaltung« des Menschseins.

kommunikablen Generalisierbarkeit nicht taugenden Weise, indem es (was das Christentum ist) religiöse Verkündigung treibe oder aber (im Falle der Existenzphilosophie) beim Appell verharre – ungeachtet dessen, dass dies durchaus auf Universitätskathedern geschehe (Kamlah hat für das Christentum die existentiale Interpretation der Bibel bei R. Bultmann und für die Philosophie die »profane Gläubigkeit« bei K. Jaspers vor Augen).[53] Das Erlanger Programm besteht nun darin, die im Partikularen verharrende Sprache, die insoweit noch Alltagssprache ist, zur begriffsmäßigen Generalisierbarkeit und damit zur intersubjektiven Mitteilbarkeit zu führen – in diesem Sinne nennt sich das von Kamlah gemeinsam mit Lorenzen verfasste Grundlagenwerk der Erlanger Schule im Untertitel eine *Vorschule des vernünftigen Redens*, und auch Kamlahs schon erwähnte letzte Aufsatzsammlung trägt den gleichsinnigen Titel *Von der Sprache zur Vernunft*. So erklären sich auch die sprachkritische Grundlegung der Ethik im zweiten Entwurf der Anthropologie und ebenso die ethische Grundnorm der Mitmenschlichkeit.

An die »Grenze« der sprachlichen Möglichkeiten stößt dieses Programm jedoch, wie Kamlah selbst einräumt,[54] bei der ethischen »Grunderfahrung«. Führte nämlich die sprachkritische Grundlegung zur ethisch entscheidenden Differenzierung bloßer Begehrungen von echten Bedürfnissen als »berechtigtes Begehren«,[55] so artikuliert sich jene Grunderfahrung in der Grundeinsicht, dass die Verfügbarkeit des wahrhaft Bedurften zwar die Grundvoraussetzung für menschliches Handeln darstellt, aber selbst nicht handelnd gewährleistet werden kann. Die dem zugrunde liegende Erfahrung wird demnach in einem *nicht handelnden Handeln*, einem *unvermögenden Vermögen* gemacht[56] und als *Scheitern am Ideal handelnder Selbstmächtigkeit* (Kamlah spricht vom Typus des »Selbstsicheren«)[57] einsichtsmäßig verarbeitet, bedarf aber – wie letztlich das Verständnis des Musizierens – des Verstehens aus erster Hand, der eigenen Erfahrung.[58]

Streifen jene paradoxen Formulierungen auch an die Grenze der Sprache, so kann sich Kamlah gerade hier recht gut mit religiösen und theologischen Sprachmustern behelfen, wenn er für die Handlungsunverfügbar-

53 Vgl. zur Kritik an »Theologie und Existenzphilosophie« zusammenfassend *Kamlah,* Philosophische Anthropologie, 21. Im Einzelnen wendet sich Kamlah speziell gegen Jaspers (15) und zielt mit dem Anspruch, die »bisher schon betriebene Entmythisierung [sic!]« nur »radikal zu Ende« zu führen (162), kritisch auf Bultmann.

54 Vgl. *Kamlah,* Philosophische Anthropologie, 161.

55 *Kamlah,* Philosophische Anthropologie, 54.

56 Vgl. die ganz ähnlichen Paradoxformulierungen bei *Kamlah,* Philosophische Anthropologie, 165.

57 Vgl. *Kamlah,* Philosophische Anthropologie, 156.

58 Vgl. die Hervorhebung bei *Kamlah,* Philososphische Anthropologie, 164, wonach die Grunderfahrung *»selbständig« oder primär* zu machen sei. Zum »sekundär[en]« Verständnis z.B. des Fagottspiels vgl. 44 (neben dem anderen Vorzugsbeispiel des Rasenschneidens: 43).

keit der Grunderfahrung auf Luthers Begriff des Gesetzes in seinem theologischen Gebrauch verweist[59] oder sich auf die »Religionen des Ostens« und deren Rede von derartigen Grunderfahrungen beruft.[60] Auf weite Strecken der Anthropologie mag sich Kamlahs Distanz zur Religion deshalb gar nicht fühlbar machen. Die religiöse Rede verstummt jedoch für Kamlah, wenn es darum geht, das in dieser Grunderfahrung des nichtkönnenden Könnens oder des Loslassens gleichwohl Haltgebende namhaft zu machen, das es erlaubt, auf eine solche Grunderfahrung die Erstrebung der vitalen Güter zu bauen, ohne dem Vitalismus das Wort zu reden. Denn obwohl gerade Christentum und christliche Theologie genau an dieser Stelle sehr beredt von Gott zu sprechen wissen, in dessen Hände falle, wer sich von allem löse – so ist gerade die Rede von Gott für Kamlah mythisch hypostasierte, nicht zur Vernunft geführte und damit auch nicht anthropologisch generalisierbare Rede.[61] Anstelle Gottes vermag der philosophische Anthropologe Kamlah als das Durchtragende der Grunderfahrung *nichts* zu erblicken – und betont ausdrücklich, dass damit nicht das seinerseits hypostasierte Nichts der Existenzphilosophie gemeint sei, sondern die unaufgeregte Negation »nicht etwas«,[62] also nichts in genau dem Sinne, den der uns nun schon gut bekannte L. Lütkehaus in seinem philosophischen Hauptwerk dem Ausdruck ›nichts‹ gegeben hat. Es ist ohne jeden despektierlichen Anflug gesagt, wenn man feststellt, dass damit auf dem Boden der Kamlah'schen Grunderfahrung die Weisheit von Monty Python liegt – was vor allem bedeutet, dass die Sprache *nichts* bietet, was diese Erfahrung zur Vernunft bringen könnte.[63]

59 Vgl. *Kamlah,* Philosophische Anthropologie, 157.

60 *Kamlah,* Philosophische Anthropologie, 151.

61 *Kamlah,* Philosophische Anthropologie, 162 verweist auf ein »gewaltiges mythisches Bilderbuch«, welches die Theologie hier öffne – das aber der Philosophie verschlossen ist.

62 So *Kamlah,* Philososphische Anthropologie, 161.

63 Wie es scheint, hat Kamlah sich (über die quasi fachfremden Andeutungen zum »Gebet«, zur »Meditation« und zum »autogenen Training« in *Kamlah,* Philosophische Anthropologie, 165 hinaus) nicht näher mit der Frage auseinandergesetzt, ob anstelle sprachlicher andere Mittel in Betracht kommen, die Grunderfahrung anthropologisch zu verallgemeinern. Er wäre dann vermutlich auf die Praxis der Religionen gestoßen, die von einer solchen Grunderfahrung ausgehen, und hätte die weitere Frage beantworten müssen, wie Ethik auf Praxis gegründet werden kann. Diese weitere Frage scheint ebenso außerhalb des Erlanger Programms zu liegen, wie sie für eine evangelisch-theologische Anthropologie außer Reichweite scheint, die in vorzüglicher Weise auf das Wort bauen wird, selbst wenn sie es nicht zu vernunftmäßiger Generalisierbarkeit führt. Indem ich also notiere, dass hier ein interessanter, aber auf ganz andere Felder führender Weg in die religiöse Praxis nicht beschritten wird, möchte ich mich im letzten Abschnitt meiner Überlegungen dem Problem widmen, das mit dem Gegenüber von ›Gott‹ und ›nichts‹ als dem Durchtragenden der Grunderfahrung gegeben ist.

IV. Aus der Welt gehen – Die Mitmenschlichkeit des menschlichen Todes

In der Alternative, ob der eudämonistischen Grunderfahrung des Loslassens Gott oder aber nichts zugrundeliegt, spitzt sich die Distanz, die Kamlahs Anthropologie gegenüber der religiösen, besonders der christlichen Tradition hält, zur Ausschließlichkeit zu. Mögen viele seiner Beobachtungen z.B. zur Nichtabstufbarkeit des Menschseins und zur Mitmenschlichkeit mit christlichen Auffassungen konvergieren: Wo jene Alternative aufgemacht wird, tut sich ein Graben zwischen philosophischer und theologischer Anthropologie auf. Das ist, wie Kamlah vollauf bewusst ist, beim Thema des Freitodes der Fall, auf den seine eudämonistische Ethik, wie von langer Hand vorbereitet, zuläuft, der aber so, wie Kamlah ihn meint, nämlich als freien Entschluss zur Selbsttötung angesichts des nicht mehr lebenswert zu machenden Lebens, von der christlichen Ethik abgelehnt wird. Wo diese Ablehnung inzwischen nicht mehr den normativen Charakter moralischen Verbots annimmt, bleibt sie in der eudämonistischen Hinsicht, die Kamlah ja allein interessiert, doch bestehen: Als ein mögliches Gut würdigt die christliche Ethik den Freitod auch weiterhin nicht, indem sie auch da, wo sie – meist in palliativmedizinischem Kontext[64] – für einen den Umständen entsprechend guten Tod eintritt, doch vorrangig normativ argumentiert[65] und das Sterbenlassen als *geboten* ansieht.[66]

64 Ich denke beispielsweise an die gewiss auf hohem Niveau argumentierenden EKD-Texte Nr. 80 *Sterben hat seine Zeit. Überlegungen zum Umgang mit Patientenverfügungen aus evangelischer Sicht* (2005) und Nr. 97: *Wenn Menschen sterben wollen – Eine Orientierungshilfe zum Problem der ärztlichen Beihilfe zur Selbsttötung* (2008).

65 Diese kritische Einschätzung gilt auch gegenüber der in Salzburg entstandenen, pointiert (nämlich an der Spitze einer interdisziplinären Darstellung aus den Perspektiven katholischer Theologie, Psychiatrie und Existenzanalyse) moraltheologisch auftretenden Studie von *Bauer/Fartacek/Nindl,* Suizid, hier 111–130. Diese mit historischen Informationen und praktischen Empfehlungen aus- und aufgerüstete Gemeinschaftsarbeit will die normative Frage nach dem moralischen Erlaubtsein des Suizid so beantworten, dass das aus der Tradition als entscheidend hervorgehobene, letztlich kantische Argument einer unzulässigen Verzweckung der leiblichen Natur der menschlichen Person im Suizid (125f. u.ö.) nur im theologischen Kontext verfange (»Die Annahme der *unveräußerlichen* personalen Würde des menschlichen Lebens und der Versuch, daraus ein allgemeines Verbot der Selbsttötung abzuleiten, sind Gedanken, die wohl philosophisch angedacht, aber in ihrer vollen Form erst in der Theologie eingelöst und begründet werden können«, 128). Denn nur hier sei es möglich, den *Leib,* der der Mensch als Person nicht nur sei, sondern den er immer auch *habe* (120), gleichwohl als ausgestattet mit einer *personalen* Würde zu denken, die den Menschen als *Gabe* [sc. Gottes] verpflichte (128). Abgesehen vom argumentativen salto mortale, den diese Verhältnisbestimmung von Person und Leib vollzieht, scheint mir die Repristination der Philosophie als ancilla theologiae bedenklich; vor allem wird die Mitmenschlichkeit des menschlichen Lebens und Todes hier kaum berücksichtigt (rein kritisch im Bezug auf D. Diderot: 124 mit Anm. 377).

66 In deutlich normativem Kontext argumentiert auch der methodisch gesichert vorgehende Beitrag von *Fischer,* Suizid. Fischer bestreitet als theologischer Ethiker ein

Mein Eindruck ist, dass man dem seltenen Grenz- und Ausnahmefall des Freitodes, als den Kamlah ihn versteht, nachgehen sollte, um über das generelle anthropologische Problem des »aus-der-Welt-Gehens« Klarheit zu gewinnen. Dabei fällt auf, dass Kamlah die eudämonistische Alternative »Gott oder nichts« beim Thema des Freitods zum regelrechten Widerspruch stilisiert. Genau dies wäre für Kamlah aber beim Gesamtthema unseres Symposions der Fall: der *Kosmologie.*

Sowohl die Annahme einer ursprünglich guten Schöpfung als auch die eschatologische Erwartung einer neuen Schöpfung seien nicht nur Gegensätze zur philosophischen Anschauung, sondern theologische Irrtümer, die bei der Frage, ob ein Leben noch die Grunderfahrung guten Lebens machen kann, ausgeschlossen werden müssten.[67] Diese Zuspitzung ist auffallend, denn für Kamlahs argumentatives Interesse wäre es ausreichend gewesen festzuhalten, dass die personale Gottesvorstellung der philosophischen Auffassung von der Grunderfahrung widerspricht – ohne den personalen Gottesbegriff kann der Freitod ja nicht als Ausdruck der Selbstmächtigkeit gegenüber dem göttlichen Schöpfer des Lebens verstanden werden, wie es die theologische Tradition tut. Bei näherem Hinsehen zeigt sich jedoch, dass Kamlah mit der Rede vom Freitod gar nicht jene letzte Zuflucht menschlicher Freiheit und Selbstbestimmung meint, die die stoische Ethik des *patet exitus* darunter verstand; deshalb trifft der in der christlichen Ethik heute unverändert verbreitetste Einwand, der Suizid sei als aktives Handeln unvereinbar mit dem bloß hinnehmenden Sterbenlassen, Kamlah auch nicht.

Tatsächlich hat Kamlah nämlich in seiner letzten Veröffentlichung, einer nur knapp 30-seitigen *Meditatio mortis,* den Freitod unter scheinbarer Hintanstellung der Grundnorm der Mitmenschlichkeit anders, nämlich als eine bloß bewusstere Form der Hinnahme des Todeswiderfahrnisses interpretiert.[68] Auf den ersten Blick scheint es widersinnig, gerade für diese die Freiheit des Handlungsentschlusses zurückdrängende Interpretation den Ausdruck ›Freitod‹ stark zu machen.[69] Kamlah hat jedoch er-

Recht auf Suizid oder Suizidbeihilfe mit dem Hinweis auf die normative Kraft der Auffassung von der »Lebensführung« als eines »Sich-Führen-*Lassens*« (251, Hervorhebung original) und begründet dies mit dem Charakter des Lebens als »Gabe« (ebd.). Bei aller methodischen Nähe zwischen diesem und dem in der vorigen Anm. genannten katholischen Beitrag ist unterscheidend zu beachten, dass Fischers normativer Begriff des Sich-Führen-Lassens eine andere Art von Verpflichtung darstellt, als sie dem Katholiken Bauer vorschwebt. Meine Anfrage an Fischer wäre, inwieweit man ein anthropologisches Sich-Lassen aber überhaupt noch normativ verstehen kann.

67 Nach *Kamlah,* Philosophische Anthropologie, 181 befindet sich die Theologie hier jeweils »seit ihrem Ursprung« im »Irrtum«.

68 Der zielsicher angepeilte Schlusssatz bei *Kamlah,* Meditatio mortis, 26 lautet: »Bewußte Hinnahme des Todes geht aber, so gesehen, im Falle der mors voluntaria nur zu gesteigerter Bewußtheit über.«

69 Dies geschieht z.B. bei *Kamlah,* Meditatio mortis, 14f. nicht nur gegenüber der moralisierenden Rede vom ›Selbstmord‹, sondern auch gegenüber dem wertneutralen Terminus ›Suizid‹.

kannt, dass die Freiheit einer Handlung nicht nur in ihrem Entschluss liegt, sondern auch in dem Genuss der Befreiung, die die Handlung zustandebringt.[70] Kann die freiwillige Beendigung des eigenen Lebens diesen Genuss nicht mehr gewähren, so wird aufgrund des Entschlusses dennoch »im Vorblick, noch lebend, die Beendigung als Befreiung erlebt«.[71] Dies setzt freilich voraus, dass die Umsetzung des Entschlusses die nicht mehr lebenswerten Lebensbedingungen nicht noch verschlimmert, der im Vorblick als Befreiung erlebte Tod muss also aus genuin ethischen Gründen einen »menschenwürdigen, sanften Tod« darstellen.[72] Kamlahs Klage, dass der zum Freitod Entschlossene sich z.B. nicht einmal mit seinem Arzt über die Art der Umsetzung des Entschlusses beratschlagen könne,[73] ist auch in Gestalt der zynisch oder resigniert klingenden Frage: »Soll er sich erhängen, ertränken, vor einen Zug werfen?«[74] als Ausdruck dessen zu verstehen, dass der Freitod als sanfter Tod *jedenfalls kein einsamer Tod* sein kann und damit gerade nicht das Werk eines Einzelnen, der nur so noch seine Freiheit letztmalig bewähren kann.[75] Freiheit als Handlungsfreiheit, das ethische Modell der Subjektivität ist in Kamlahs Rede vom Freitod schon dadurch ausgeschlossen, dass dieser den Tod als Widerfahrnis bloß bewusster hinnehmen und also nicht selbstmächtig handeln soll – auch und gerade hier schließt Kamlah aus der eudämonistischen Ethik den Solipsismus aus, wie er es mit seiner Grundnorm der Mitmenschlichkeit schon in der normativen Ethik getan hatte.[76] Kamlahs

70 Vgl. *Kamlah,* Meditatio mortis, 25: »Im Normalfall ist Befreiung von etwas eine sinnvolle Handlung, indem sie einen neuen Zustand, eine ›Freiheit‹ herbeiführt, die der Befreite nun genießen kann.«

71 Ebd.

72 *Kamlah,* Meditatio mortis, 24 unterstellt das Recht auf einen solchen Tod.

73 *Kamlah,* Meditatio mortis, 23.

74 *Kamlah,* Meditatio mortis, 22.

75 Selbst die dem am nächsten kommende Äußerung Kamlahs ist in Wahrheit vor dem Hintergrund der Mitmenschlichkeitsnorm zu lesen: »Er muß ein letztes Mal handeln, wo er doch nichts als lassen möchte.« Denn Kamlah fährt fort: »Indessen, diese Paradoxie des Freitods als einen Fall gewöhnlicher Eigenmächtigkeit aufzufassen und zu verurteilen, ist ein Verstoß gegen die praktische Grundnorm« (*Kamlah,* Philosophische Anthropologie, 181).

76 Eine theologische Äußerung, die auch ohne direkte Auseinandersetzung mit Kamlah auf dieser, die nur scheinbare Spitzenproblematik der Selbstmächtigkeit im Suizid hinter sich lassenden, Höhe des Problems steht, ist der thanatologisch fundierte Diskussionsbeitrag von *Berner,* Suizidproblematik. Berner, der sich kritisch mit der wachsenden Praxis der Suizidassistenz auseinandersetzt, erkennt nicht nur klar die Brüchigkeit des »Autonomiepostulates« beim Suizid (209), sondern gibt insbesondere zu bedenken, dass die Interessenverlagerung vom Tod auf die *Umstände* des Todes diesem selbst tendenziell erlösende Funktion attestiert, was aus theologischer Sicht als inakzeptabel kritisiert wird (210f.). Dazu ist m.E. zweierlei zu sagen. Erstens lässt sich dem *Philosophen* von da aus die Fokussierung auf den einsamen Tod nicht vorwerfen. *Theologisch* möchte ich an Berners Adresse zweitens die Frage richten, inwieweit der von Kamlah hervorgehobene Umstand der Einsamkeit tatsächlich nur Umstand des Todes ist und ob er nicht doch dessen Wesen kennzeichnet. Wenn z.B. Berner gegen

Überlegungen zeigen so, dass die Selbsttötung ethisch keine Ausnahme von der Grundnorm der Mitmenschlichkeit darstellt. Vor diesem Hintergrund sind auch die weiteren eudämonistischen Überlegungen zum Freitod als einem Gut zu verstehen.

Macht man sich diese Hintergründe klar, erscheint auch der Graben zwischen philosophischer und theologischer Anthropologie in neuem Licht. Kamlahs Eintreten für den Freitod als Gut zielt auf den guten, d.h. sanften Tod, der gerade in einer Ethik der Mitmenschlichkeit kein einsamer Tod sein darf. Dem Philosophen wird dabei als positives Beispiel der Tod des Sokrates in der Gemeinschaft seiner philosophischen Freunde vor Augen stehen. Bekanntlich hat die jüngere christliche Theologie dem, besonders wirksam durch die Darstellung von Eberhard Jüngel, den Tod Jesu entgegengesetzt, der sich nach biblischer Schilderung in völliger Einsamkeit, in sprichwörtlicher Gottverlassenheit ereignet.[77] Die eschatologischen Lehrbildungen vom Tod als völliger Vereinzelung (Jüngel) oder als sog. Ganztod (K. Rahner) sind vor dieser Hintergrundfolie von Jesus versus Sokrates zu sehen. Allerdings ist die ethische Konsequenz von der philosophischen Auffassung nicht annähernd so weit entfernt. Der Tod Jesu am Kreuz ist, wie die Unwiederholbarkeit des Kreuzes lehrt, *kein* Beispiel für christliches Sterben. Im Gegenteil geschieht christliches Sterben im Glauben – oder wiederum im katholischen Paradigma: unter dem Empfang des Sterbesakraments –, also jedenfalls in der spirituellen Gemeinschaft mit dem Gekreuzigten. Umgekehrt ist der böse Tod nach traditioneller christlicher Auffassung der schnelle oder plötzliche Tod, der keine Zeit zum Empfang des Sterbesakraments mehr lässt; nach reformatorischer Anschauung entspricht dem der außerhalb der Gemeinschaft des Glaubens erlittene Tod.[78] Luther hat in seinen Sakramentssermonen von 1519 das Bild des Glaubens als Gütergemeinschaft der Bürger einer Stadt geprägt[79] und damit konstruktiv die christliche *Bereitung zum Sterben* als Gemeinschaft mit allen Heiligen in Andacht und Gedächtnis an den Gekreuzigten darlegen können.[80] Diese Überlegung kann auch die christliche Ethik bei der Frage nach dem guten Tod bis heute anleiten.

Gut kann nur derjenige Tod sein, der in der Gemeinschaft des Glaubensgedächtnisses erlitten wird, das nota bene den Gekreuzigten, dessen die Gemeinschaft gedenkt, nicht in der Einsamkeit des Kreuzestodes belässt. In diesem Gedächtnis tut sich ein Raum des Todes auf, der der räumlichen Erweiterung im Verständnis des Geburtsbegriffs (s.o. II.) entspricht und den Tod als Grenze, die jedes Leben ausgrenzt, in Frage stellt.

die Halbierung des Todes Jüngels theologisches Todesverständnis ins Feld führt (206 mit Anm. 1), so operiert dieses doch wesentlich mit dem einsamen Tod im Sinne der radikalen ›Vereinzelung‹.

77 Vgl. *Jüngel,* Tod, 99 u.ö. (unter dem Stichwort der »Verhältnislosigkeit«).

78 Vgl. hierzu *Althaus,* Friedhof, 45f.

79 Vgl. *Luther,* Sakrament des Leichnams Christi, hier 743f.

80 Vgl. *Luther,* Bereitung zum Sterben, hier 689,24–29.

Damit ist nach christlicher Auffassung auch zum Ausdruck gebracht, dass nicht nur der Gang aus der Welt, sondern schon das Kommen in die Welt den Einzelnen im Gedächtnis einer Gemeinschaft des Glaubens zeigt, die für das gesamte Leben Mitmenschlichkeit als Gut erscheinen lässt.

Aus philosophischer Sicht mag die hinter dieser Gedächtnisgemeinschaft stehende Figur des Gekreuzigten und Auferstandenen mythisch überhöht erscheinen. Das ändert jedoch nichts daran, dass die Vorstellung einer im Gedächtnis erhaltenen Gemeinschaft auch für Kamlahs Anthropologie und gerade für das von ihm behauptete Gut eines sanften eigenen Todes wesentlich ist. Gerade das Argument für den Freitod als das Gut der im Vorblick erlebten Befreiung von nicht mehr lebenswerten Lebensbedingungen kommt – entsprechend der Grundnorm der Mitmenschlichkeit – ohne die Annahme einer Gedächtnisgemeinschaft, die dem zum Freitod Entschlossenen die bewusste, aber nie solipsistische Hinnahme des Todeswiderfahrnisses ermöglicht, gar nicht aus.[81]

In dieser Hinsicht sind sich philosophische und theologische Anthropologie also womöglich näher, als Vertretern beider Seiten bewusst ist. Man wird freilich fragen, ob die Vorstellung einer solchen Gedächtnisgemeinschaft nicht jeden Freitod in die Situation der Mitmenschlichkeit zurückholt. Die theologische Anfrage an Kamlahs Anthropologie müsste also auf der Grundlage vollen Einvernehmens über den Wert der Mitmenschlichkeit und das ethische Gut eines sanften, d.h. nicht einsamen Todes lauten, an welche Situation eigentlich gedacht ist, die unwiderruflich so sehr der Gedächtnisgemeinschaft entzogen ist, dass tatsächlich von einem unwiderruflichen Verlust der Lebensbedingungen gesprochen werden könnte. Die Beispiele, die Kamlah bringt,[82] scheinen mir jedenfalls weit weniger überzeugend als seine gegenteiligen Erwägungen dazu, dass noch der Entschluss zum Freitod nicht ohne Mitmenschlichkeit umgesetzt wird.[83] Gerade eine Philosophische Anthropologie hat Anlass zu der Frage, ob die Mitmenschlichkeit dem Menschen nicht schon durch die jeden Solipsismus durchkreuzende Tatsache des Geborenseins oder der Natalität so sehr eingeschrieben ist, dass sie auch im Gang aus der Welt nicht verloren wird. Die theologische Anthropologie greift an dieser Stelle zur Annahme eines göttlichen Gedächtnisses, dem auch die Menschen nicht entfallen, die dem Gedächtnis der Mitmenschen abhandengekommen sind. Unvollziehbar scheint mir diese Vorstellung auch aus philosophischer Sicht nicht zu sein.

81 S. nur o. bei Anm. 73 zur Angewiesenheit des Suizidenten auf Gemeinschaft (z.B. mit seinem Arzt).

82 Vgl. *Kamlah,* Philosophische Anthropologie, 179: Eine völlig vereinzelte 58-Jährige beging Suizid nach einer kinderlosen, gescheiterten Ehe, von ihrem Mann verlassen und ohne jede Aussicht auf eine sie fortan erfüllende Aufgabe. All das wird kund durch ihren Abschiedsbrief. – Kamlah fragt nicht: Welchen noch so fiktiven Adressaten und damit welche Mitmenschlichkeit hat nicht selbst noch dieser Abschiedsbrief vorausgesetzt?

83 S.o. bei Anm. 73 und Anm. 76.

Literaturverzeichnis

Adorno, Th. W., Gesammelte Schriften, hg.v. *R. Tiedemann*, Bd. 6, Frankfurt 1973

Althaus, P., Der Friedhof unserer Väter. Ein Gang durch die Sterbe- und Ewigkeitslieder der evangelischen Kirche, Gütersloh 1915

Arendt, H., Vita activa oder Vom tätigen Leben [1960], München 1981 (Serie Piper)

– Denktagebuch 1950–1973, 2 Tle., hg. v. *U. Ludz / I. Nordmann*, München 2002

Bauer, E.J. / Fartacek, R. / Nindl, A., Wenn das Leben unerträglich wird. Suizid als philosophische und pastorale Herausforderung (Forum Systematik 40), Stuttgart 2011

Berner, K., Der halbierte Tod. Thanatologische Reflexionen zur Suizidproblematik, ZEE 54 (2010), 206–211

Bonhoeffer, D., Widerstand und Ergebung. Briefe und Aufzeichnungen aus der Haft, hg. v. *Ch. Gremmels / R.* und *E. Bethge* in Zusammenarbeit m. *I. Tödt*, Gütersloh 1998 = DBW 8

Bultmann, R., Geschichte und Eschatologie, Tübingen 1958

Buri, F., Die Bedeutung der neutestamentlichen Eschatologie für die neuere protestantische Theologie. Ein Versuch zur Klärung des Problems der Eschatologie und zu einem neuen Verständnis ihres eigentlichen Anliegens, Zürich/Leipzig 1935

Christe, W., »Unsterblichkeit der Seele«. Versuch einer evangelisch-theologischen Rehabilitierung, NZSTh 54 (2012), 262–284

Fischer, J., Warum überhaupt ist Suizid ein ethisches Problem? Über Suizid und Suizidbeihilfe, ZME 55 (2009), 243–256

Gehlen, A., Der Mensch. Seine Natur und seine Stellung in der Welt, Berlin 1940

– Das Bild des Menschen im Lichte der modernen Anthropologie [1952], in: *ders.*, Gesamtausgabe, Bd. 4, hg. v. *K.-S. Rehberg* unter Mitwirkung von *H. Wahlen / A. Bilo*, Frankfurt 1983, 127–142

Gestrich, Ch., Die Seele des Menschen und die Hoffnung der Christen. Evangelische Eschatologie vor der Erneuerung (edition chrismon), Frankfurt 2009

Jonas, H., Das Prinzip Verantwortung. Versuch einer Ethik für die technologische Zivilisation [1979] (stw 1085), Frankfurt 1984

– Philosophische Untersuchungen und metaphysische Vermutungen, Leipzig 1994

Jüngel, E., Tod (ThTh 8), Stuttgart/Berlin 1971

Kamlah, W., Der Mensch in der Profanität. Versuch einer Kritik der profanen durch vernehmende Vernunft, Stuttgart 1949

– Philosophische Anthropologie. Sprachliche Grundlegung und Ethik, Mannheim 1972

– Probleme der Anthropologie. Auseinandersetzung mit Arnold Gehlen, in: *ders.*, Von der Sprache zur Vernunft. Philosophie und Wissenschaft in der neuzeitlichen Profanität, Mannheim 1975, 123–151

– Meditatio mortis. Kann man den Tod »verstehen«, und gibt es ein »Recht auf den eigenen Tod«?, Stuttgart 1976

– / *Lorenzen, P.*, Logische Propädeutik. Vorschule des vernünftigen Redens (BI 227), Mannheim ^{2}1973

Langanke, M., Fundamentalphilosophie und Philosophische Anthropologie im Werk Wilhelm Kamlahs, Deutsche Zeitschrift für Philosophie 59 (2003), 639–657

Lütkehaus, L., Natalität. Philosophie der Geburt (Die Graue Reihe 47), Zug 2006

Luther, M., Ein Sermon von dem hochwürdigen Sakrament des heiligen wahren Leichnams Christi und von den Bruderschaften [1519] = *ders.*, WA 2, (739) 742–758

– Ein Sermon von der Bereitung zum Sterben [1519], = *ders.*, WA 2, (680) 685–697

Plessner, H., Die Stufen des Organischen und der Mensch. Einführung in die philosophische Anthropologie, Berlin 1928

Portmann, A., Zoologie und das neue Bild des Menschen. Biologische Fragmente zu einer Lehre vom Menschen (Rowohlts deutsche Enzyklopädie 20), Hamburg 1956

Rahner, K., Zur Theologie des Todes. Mit einem Exkurs über das Martyrium (QD 2), Freiburg 1958

Richter, J., Welt-Ende? Das Problem der Eschatologie einst und heute (Glauben und Wissen 17), München/Basel 1956

Safranski, R., Ein Meister aus Deutschland. Heidegger und seine Zeit, München 1994

Theißen, H., Natalität. Eine noch junge Begriffskarriere in der Anthropologie, NZSTh 54 (2012), 285–311

Werner, M., Die Entstehung des christlichen Dogmas, problemgeschichtlich dargestellt, Bern 1941

Christoph Schwöbel

Der dezentrierte Kosmos und der zentrierte Mensch

Bemerkungen zu den theologischen Herausforderungen weltbildlicher Veränderungen im Anschluss an die Theologie Johannes Keplers (1571–1630)

I. Der Mensch im Kosmos – die Kränkungen und die Suche nach Heimat

Sigmund Freud hat in seinem Text »Über eine Schwierigkeit der Psychoanalyse« die Situation des Menschen in der Moderne bekanntlich als durch drei Kränkungen charakterisiert gesehen.[1] Die »kosmologische Kränkung«, die mit dem Namen Nikolaus Kopernikus verbunden ist, macht dem Menschen deutlich, dass sich sein Wohnsitz, die Erde, nicht »ruhend im Mittelpunkt des Universums befinde«. Der Mensch der frühen Neuzeit wird zu der Einsicht genötigt, dass er aus seiner irdischen Perspektive das Universum nicht vom Mittelpunkt aus betrachtet, sondern von einer Randposition im System des heliozentrischen Kosmos. Die Verschiebung des Menschen aus der ausgezeichneten kosmologischen Zentralposition hat sich im Laufe der Entwicklung der naturwissenschaftlichen Kosmologie radikalisiert. Die moderne Kosmologie bietet keine Hinweise dafür, den Ort des Menschen im Kosmos als einen privilegierten Ort zu verstehen. Dennoch zeigt die Diskussion um das »anthropische Prinzip« der kosmischen Evolution, dass die Frage nach der Ortsbestimmung des Menschen lebendig bleibt und damit immer wieder neu nach den Koordinaten gefragt wird, seien sie kosmologisch, philosophisch oder theologisch, die eine Bestimmung der Stellung des Menschen im Kosmos erlauben würden.[2] Jede mögliche Ortsbestimmung muss dabei beachten, dass der Mensch aus dem Stoff ist, aus dem der Kosmos ist. Die Reflexion auf die Stellung des Menschen muss insofern die in allen Dimensionen der menschlichen Existenz sich zeigende Verwobenheit des Menschen mit dem Ganzen des Kosmos beachten. Alle besonderen Ortszuweisungen ruhen auf den allgemeinen Charakteristika der relationalen Prozessstruktur des Kosmos.

Freud sah die kosmologische Kränkung aufs engste verbunden mit der »biologischen Kränkung«, die durch Darwins Erkenntnis, dass der

[1] In deutscher Sprache zuerst publiziert in *Imago. Zeitschrift für Anwendung der Psychoanalyse auf die Geisteswissenschaften V* (1917), S. 1–7.

[2] Die Debatte erweiterte sich erheblich mit der Publikation von *Barrow, John D.* and *Tipler, Frank J.*, The Anthropic Cosmological Principle, Oxford: OUP 1988. Zu den möglichen Interpretationsoptionen vgl. *Davis, Paul*, The Goldilocks Enigma. Why is the Universe just right for Life? Harmondsworth: Penguin 2007.

Mensch »aus der Tierreihe hervorgegangen« sei, dem Menschen zugefügt worden ist. Die Einsicht, dass das Auftreten des Menschen nicht in einem besonderen Schöpfungsakt begründet sei, sondern biologisch in der Geschichte der Evolution des Lebens auf der Erde zu verorten ist, nahm – das ist Freuds Interpretation – dem aus dem Zentrum des Kosmos gedrängten Menschen nun auch das Bewusstsein seiner Sonderstellung in der Geschichte der biologischen Evolution. Wie immer der Mensch als *animal rationale* seine Rationalität bestimmen mag, sie steht auf einem Boden, der ihm die Anerkennung seiner Animalität zumutet. Die neueste Variation dieser Zumutung präsentiert sich im Werk einiger Hirnforscher, das den menschlichen Geist als Funktion der Prozesse des Gehirns präsentiert und damit die Deutungshoheit für Grundbegriffe menschlichen Selbstverständnisses wie Freiheit, Verantwortung, Schuld und Scham übernimmt.[3] Seit der »biologischen Kränkung« durch Darwin sucht die Selbstbestimmung des Menschen nach Differenzkriterien, die menschliches Dasein vom tierischen Dasein zu unterscheiden erlauben würden. Man mag darüber spekulieren, ob das Bemühen, das spezifisch Menschliche im Unterschied zu den Tieren festzuhalten, in der Moderne nicht auch dadurch an Dringlichkeit gewonnen hat, dass der Mensch seine Bestimmung nicht mehr vorrangig in der Beziehung zu Gott verankert sieht. Würde die Betonung der Gottesbeziehung als *imago Dei* als Grundlage der Bestimmung des spezifisch Menschlichen dem Menschen ein klareres Bewusstsein seiner Mitgeschöpflichkeit mit den nicht-menschlichen Geschöpfen ermöglichen?

Die dritte Kränkung, die »psychologische«, ist die, die Freud mit seinem eigenen Werk verband, die Einsicht, dass das »Ich nicht Herr sei im eigenen Haus, der Seele«, sondern sich als seinen unbewussten Trieben ausgeliefert erfahre. Die narzisstische Kränkung ist eine doppelte. Sie erlaubt nicht die Verlagerung der Ursachen auf andere Instanzen außerhalb der Person, entzieht sie aber dadurch, dass sie sie im unbewussten Trieb verortet, zugleich der Kontrolle des Ich. Gerade die zentrierte Person erweist sich als intern dezentriert, doppelt gekränkt in dem, was Freud als die Instanz aller drei Kränkungen ausmacht, die »Eigenliebe« des Menschen. Für Freud ist diese Entdeckung der Psychoanalyse keineswegs neu, denn sie ist philosophisch schon von Schopenhauer behauptet worden, sowohl im Blick auf die Bestimmung des Menschen durch eine andere Instanz als die reflektierende Rationalität, nämlich den unbewussten Willen, als auch im Blick auf Schopenhauers Beobachtungen zur Sexualität. In der Psychoanalyse wird der doppelte Hinweis auf die Bedeutung der Sexualität und die Kraft des Unbewussten nach Freud nur an einem anderen Material, dem menschlichen Selbsterleben, aufgewiesen, »welches

[3] Vgl. *Schwöbel, Chr.*, The Religion of Nature and the Nature of Religion: Theological Perspectives on the Ambiguities of Understanding Nature and Religion, in: *Dirk Evers / Michael Fuller / Antje Jackelen / Taede Smedes* (Hg.), Is Religion Natural?, London: T&T Clark 2012, 147–170.

jeden einzelnen angeht und ihn zu einer Stellungnahme zwingt«, also nicht abgewiesen werden kann wie eine philosophische Theorie.

Freuds These verlangt sicher nach einer Überprüfung, ob die drei Kränkungen zu der Zeit, als sie dem Menschen zugefügt wurden, wirklich als solche erfahren worden sind. Der Wert der Kränkungsthese ist nicht so sehr der einer historischen Hypothese, sondern der einer Kulturdiagnose für die Zeit, in der sie gestellt wurde, die Zeit am Anfang des 20. Jahrhunderts. Sie weist zudem darauf hin, dass weltbildliche Veränderungen nicht nur das äußere Bild der Welt betreffen, sozusagen die Topographie des Kosmos relativ zu den menschlichen Beobachtern, sondern auch Binnendimensionen haben, die die Stellung des Menschen im Kosmos des Lebendigen und die Struktur des menschlichen Binnenkosmos betreffen. Weltbildliche Veränderungen sind stets mehrdimensional und betreffen die Position des Menschen in ihren Außen- und Binnendimensionen. Dadurch wird deutlich, dass Weltbilder auch nicht einfach als Bilder von der Welt zu interpretieren sind, gleichsam als Abbildungen der Welt, in denen der Mensch seinen Platz finden muss. Vielmehr wird deutlich, dass Weltbilder die Raster unserer Weltwahrnehmung sind, mit denen wir der Welt begegnen, die räumlichen und zeitlichen Strukturen, durch die wir uns ein Bild von der Welt und unserer Stellung in ihr machen.[4]

Es ist beachtenswert, dass das, was Freud die »kosmologische Kränkung« nannte, die Revolution des Kopernikus, die die Erde aus dem Zentrum des Bildes des astronomischen Kosmos verdrängte, im Bewusstsein der Moderne durch die zweite kopernikanische Revolution fortgeführt wurde, die »Wende zum Subjekt«, die Immanuel Kant in der *Kritik der reinen Vernunft* einleitete. Zwar sprach Kant von einer »Umänderung der Denkart« und einer »Revolution«, die die Naturwissenschaft zu dem gemacht hätten, was sie in seiner Zeit waren, und bringt dies ausdrücklich mit Kopernikus in Verbindung. Doch hat man den Eindruck, dass erst Kants Assoziation der Vorstellung einer »Revolution« mit dem Namen Kopernikus und sodann seine programmatische Beschreibung der »Umänderung der Denkart« in der Philosophie die Vorstellung einer »kopernikanischen Revolution« geschaffen hat.

»Es ist hiermit ebenso, als mit den ersten Gedanken des Kopernikus bewandt, der, nachdem es mit der Erklärung der Himmelsbewegungen nicht gut fort wollte, wenn er annahm, das ganze Sternenheer drehe sich um den Zuschauer, versuchte, ob es nicht besser gelingen möchte, wenn er den Zuschauer sich drehen, und dagegen die Sterne in Ruhe ließ. In der Metaphysik kann man nun, was die Anschauung der Gegenstände betrifft, es auf ähnliche Weise versuchen. Wenn die Anschauung sich nach der Beschaffenheit der Gegenstände richten müßte, so sehe ich nicht ein, wie man a priori von ihr etwas wissen könne; richtet sich aber der Gegenstand (als Objekt der

[4] Eine herausragende und kontroverse Analyse eines Weltbildes entwickelt *Wright, N.T.*, Paul and the Faithfulness of God, Philadelphia: Fortress Press 2013, Book I: Paul and His World.

> Sinne) nach der Beschaffenheit unseres Anschauungsvermögens, so kann ich mir diese Möglichkeit ganz wohl vorstellen.«[5]

Was hier *de facto* beschrieben wird, ist nicht eine Parallele zu Kopernikus' Ablösung des geozentrischen durch das heliozentrische Weltbild, sondern dessen Umkehrung. Hatte Kopernikus die Erde aus dem Zentrum der Beschreibung des Kosmos genommen, so macht Kant nun das erkennende Subjekt zum Ankerpunkt der Gegenstandserkenntnis. Die kosmologische Dezentrierung des Menschen wird mit einer erkenntnistheoretischen Zentrierung des Kosmos auf das erkennende Subjekt beantwortet. Wird dieser Ausgangspunkt vom Subjekt nun mit der Unterscheidung eines »Reiches der Freiheit«, dem Betätigungsfeld der transzendentalen Freiheit des Menschen, von einem »Reich der Notwendigkeit«, der Regelhaftigkeit der äußeren Natur, verbunden, haben wir damit eine der Weichenstellungen vor uns, die schließlich die Rede von den »zwei Kulturen«, der Natur- und der Geisteswissenschaften bestimmen sollte.

Die Folgen der weltbildlichen Herausforderungen, die Freud mit seiner These von den drei Kränkungen angesprochen hat, zeigen sich in der deutschsprachigen evangelischen Theologie des 20. Jahrhunderts in der programmatischen Abkehr von den Fragestellungen der »natürlichen Theologie« und damit auch einer weitgehenden Verabschiedung der Fragestellungen des Kosmologie aus der Theologie. Die »existentiale Interpretation« des »mythologischen Weltbildes« in der Theologie Rudolf Bultmanns und seiner Schule ist dafür das herausragendste Beispiel. Aber auch in der Theologie Karl Barths wird sogar in der Behandlung der Schöpfungslehre die Auseinandersetzung mit der naturwissenschaftlichen Kosmologie zurückgestellt. Die anthropologische oder christologische Konzentration verdrängt die theologische Auseinandersetzung mit der naturwissenschaftlichen Kosmologie. Die theologische Reflexion auf die Bedeutung der Einsicht in die Dezentrierung des Kosmos, die Kopernikus eingeleitet hatte, wird durch eine entschlossene Konzentration auf die Zentralstellung des Menschen unter anthropologischem oder christologisch-soteriologischem Vorzeichen kompensiert. In der deutschsprachigen Theologie mag die zeitweise Zurückstellung der Schöpfungstheologie durchaus mit dem Missbrauch der Schöpfungstheologie in einer Theologie der Ordnungen zu tun haben, die Parallelen zur nationalsozialistischen Ideologie und ihrer Betonung des Volkstums und des Rassegedankens aufwies. Die Wiederentdeckung schöpfungstheologischer Fragestellungen zuerst in der Exegese, dann in der Systematischen Theologie beendete zwar die systematische Zurückstellung schöpfungstheologischer Themen, führte aber in der deutschsprachigen evangelischen Theologie zunächst nicht zu einer konzentrierten Auseinandersetzung mit Fragen der Kosmologie in ihren naturwissenschaftlichen Theoriegestalten. Zwar gibt es auch Ausnahmen gegen-

5 *Kant, Immanuel*, Kritik der reinen Vernunft, AA III, 11–13.

über diesem Trend, evangelischerseits etwa in der Theologie Karl Heims[6] oder katholischerseits im Werk Teilhard de Chardins.[7] Oftmals aber kam diese Korrektur von außen, wie auch im Fall der Rezeption der nordamerikanischen Prozesstheologie in der evangelischen Theologie. Erst die Aufmerksamkeit, die dem »Science and Religion Dialogue«[8] in Teilen der deutschsprachigen evangelischen Theologie beigemessen wurde, brachte auch Ansätze zu einer theologischen Beschäftigung mit dem Thema der Kosmologie wieder in die Diskussion.

Die theologischen Herausforderungen der naturwissenschaftlichen Kosmologie, speziell die Fragestellungen, die sich in Bezug auf die weltbildlichen Transformationen stellten, blieben allerdings nicht unbearbeitet. Vielmehr wurden die kosmologischen Fragestellungen außerhalb der Theologie von den Naturwissenschaftlern selbst theologisch bearbeitet. Paradigmatisch kann man hier auf Paul Davies' Buch *God and the New Physics*[9] und das folgende Werk *The Mind of God* verweisen. In ähnlicher Weise hat Frank J. Tipler die Fragen der physischen Eschatologie aufgegriffen und von der kosmologischen Seite her Brücken zur christlichen Theologie geschlagen.[10] Die Fragen der Kosmologie sind zu einem bevorzugten Feld der Auseinandersetzung zwischen naturwissenschaftlich arbeitenden Kosmologen und philosophischen Theologen geworden.[11] Die hier aufgeworfenen Fragen zur Konstellation von Gott, Welt und Mensch drängen nach Bearbeitung. Allerdings zeigt sich auch, dass die weitgehende Ausklammerung der Fragen der Kosmologie zumindest in der deutschsprachigen evangelischen Theologie dazu führt, dass im aktuellen Gespräch der Anschluss an die geschichtlichen Diskussionen der Frage des Verhältnisses von Kosmologie und Theologie gefunden werden muss.

Eines der auffälligsten Charakteristika der neueren Diskussionen der Kosmologie ist die Tatsache, dass einerseits die Gottesfrage gerade von naturwissenschaftlicher Seite immer wieder neu aufgeworfen wird, ob in polemischer oder apologetischer Absicht, andererseits aber die theologischen Fragen, die sich in Bezug auf Big-Bang-, Steady-State, String- oder Multiverse-Kosmologien stellen, in der langen Geschichte der Diskussion

6 *Heim, Karl*, Das Weltbild der Zukunft, (1904) Wuppertal 1980, und: *ders.*, Die Wandlung im naturwissenschaftlichen Weltbild. Die Naturwissenschaft vor der Gottesfrage, Hamburg 1951.

7 *De Chardin, Teilhard*, Der Mensch im Kosmos (1955), München 2010.

8 Vgl. *Welker, Michael* (Hg.), The Religion and Science Dialogue. Past and Future, Frankfurt: Lang 2014.

9 Vgl. *Davies, Paul*, God and the New Physics, New York: Simon and Schuster, 1984, und *ders.*, The Mind of God. The Scientific Basis for a Rational World, New York: Simon & Schuster, 1992.

10 Vgl. *Tipler, Frank J.*, Die Physik der Unsterblichkeit, München 1994, und: *ders.*, Die Physik des Christentums – Ein naturwissenschaftliches Experiment, München 2008.

11 *Stewart, Robert B.* (Hg.), God and Cosmology: William Lane Craig and Sean Carroll in Dialogue (Greer-Heard Lectures), Philadelphia: Fortress 2016.

zwischen Kosmologie und Theologie schon ausführlich thematisiert worden sind. Die Auseinandersetzung mit den historischen Problemlagen im Spannungsfeld von Kosmologie und Theologie erscheint insofern als notwendiges Präludium der gegenwärtigen kritischen und konstruktiven Beziehung mit diesem Thema. Diese Beschäftigung erweist sich zugleich in vielen Details, aber auch in der Entwicklung eines umfassenden Bildes der Verhältnisse von Theologie und Kosmologie als notwendige Aufklärung über eine komplexe Geschichte, deren Sicht auch heute noch eher von den wechselseitigen Vorurteilen her konzipiert wird als von der Kenntnis der tatsächlichen Auseinandersetzungen.[12]

Das Verhältnis von Theologie und Kosmologie im Werk von Johannes Kepler (1571–1630) ist dafür ein instruktives Beispiel. Die Auseinandersetzung mit der Geschichte von Keplers Ringen um das Verhältnis von Theologie und Kosmologie zeigt beides: sowohl die theologische Motivation für die naturwissenschaftliche Untersuchung in der Astronomie und die Beziehung der naturwissenschaftlichen Untersuchungsformen zu theologischen Grundbegriffen und den in ihnen formulierten Zugangsweisen zur Realität als auch die sich aus der Methode und den Ergebnissen der wissenschaftlichen astronomischen Forschung ergebenden kritischen Anfragen an die Theologie und konstruktiven Erkundungen im Feld der Theologie. Die Beschäftigung mit Keplers theologisch-kosmologischem Werk ist darum ein wichtiger Baustein in der Rekonstruktion der Geschichte des Verhältnisses von Theologie und Kosmologie und zugleich eine inspirierende Anregung für die Reflexion der Herausforderungen weltbildlicher Veränderungen an die Theologie.[13]

II. Johannes Kepler – ein Leben im konfessionellen Streit und im Übergang der Epochen

Keplers Biographie, die sich richtig nur durch seine Bibliographie erschließt, ist ein ungeheuer reiches Feld für die Untersuchung des Verhältnisses von Theologie und Kosmologie in der Frühen Neuzeit. Die Verarbeitung der Dezentrierung des Menschen durch den Übergang vom geozentrischen zum heliozentrischen Weltbild und die Neupositionierung des Menschen im nun gesetzmäßig zu erfassenden Sonnensystem

12 Vgl. z.B. zur Aufklärung der Mythen über die Rezeption der kopernikanischen Theorie die magistrale Studie zur Rezeption von Kopernikus' *De revolutionibus* von *Owen Gingerich*, The Book Nobody Read. Chasing the Revolutions of Nicolaus Copernicus, New York: Walker Publishing Co., 2004. Einen gediegenen Überblick über die Geschichte der Kosmologien gibt *Kragh*, Helge, Conceptions of Cosmos – from Myth to the Accelerating Universe, Oxford: OUP, 2006.

13 Die Interaktion ist thematisch leitend für die Untersuchung von *Koshamthadam*, *Job*, The Discovery of Kepler's Laws: The Interaction of Science, Philosophy, and Religion, Notre Dame, IN: Notre Dame University Press, 1995.

lässt sich anhand von Keplers Leben und Werk in allen ihren Implikationen und Weiterungen studieren. Das Verhältnis von Theologie und Astronomie ist der Schnittpunkt von unterschiedlichen Fragestellungen, die Kepler zeitlebens beschäftigten. Die Voraussetzungen und Folgen der Neukonzeptionierung der Astronomie werden erst verständlich, wenn sie zu den anderen Dimensionen in Beziehung gesetzt werden, die das Leben Keplers in seinen unterschiedlichen Kontexten beschäftigten. Das komplexe Netzwerk, in dem die Beziehungen von Theologie und Kosmologie verständlich werden, neu zugänglich gemacht zu haben, ist das Verdienst der neuen großen Biographie von Arnulf Zitelmann *Keplers Welten*[14], die das bisherige Standardwerk von Max Caspar *Johannes Kepler. Biographie*[15] ablöst. In dieser, unterschiedliche Dimensionen verbindenden Lebensdarstellung werden die Beziehungen zwischen den astronomischen Entdeckungen, ihren theologischen Hintergründen und ihrer konkreten Verankerungen in den einzelnen Situationen von Keplers Leben vor dem Hintergrund einer Gesamtdarstellung seines Zeitalters deutlich.

Die Spannungen, die Keplers Leben insgesamt charakterisieren, sind die zwischen den konfessionellen Konflikten in dem gerade etablierten konfessionellen Zeitalter und der Suche nach dem gemeinsam Christlichen; zwischen der kirchlichen Lehrautorität, die durch die Landesherren exekutiert wurde, und dem persönlichen Glaubensurteil; zwischen der Welterkenntnis durch Beobachtung, der metaphysischen Welterklärung und dem theologischen Weltverständnis; zwischen wissenschaftlicher Rationalität in der Himmelskunde ebenso wie in Schriftexegese und magischer Wirklichkeitsbewältigung; und schließlich zwischen den politischen Machtkonstellationen, deren Wandel immer wieder Keplers Pläne durchkreuzten, wissenschaftlicher Arbeit und persönlicher religiöser Lebensführung. Die Größe Keplers liegt darin, dass er diese Spannungen erkennt, austrägt und aushält. Die Frage nach der Stellung des Menschen im Kosmos ist insofern nicht nur eine theoretische Frage für ihn, sondern auch eine Frage seiner persönlichen Lebensgestaltung, die von den höchsten Ansprüchen auf persönliche Wahrhaftigkeit gekennzeichnet ist.

1. Die Spannung zwischen den konfessionellen Konflikten und die gleichsam ökumenische Suche nach dem gemeinsam Christlichen bestimmt Keplers Leben von der Wiege an. Am 27.12.1571 wird er in Weil der Stadt, der zweitkleinsten freien Reichsstadt, einer katholischen Enklave im protestantischen Württemberg, geboren und am gleichen Tag mit dem Namen des Tagesheiligen getauft. Als Enkel des protestantischen Bürgermeisters der Stadt, Sebald Kepler, wird er jedoch als Mitglied der protestantischen Minderheit erzogen, bis die Familie in das protestantische Leonberg umzieht. Konfessionelle Differenzen und ihre zerstörerischen Folgen bestimmen indirekt schon früh das Leben Johannes Keplers,

[14] *Zitelmann, Arnulf*, Keplers Welten. Johannes Kepler. Ein Lebensbild, Reinbek 2016.

[15] *Caspar, Max*, Johannes Kepler. Biographie, Stuttgart 1948.

da sein Vater von 1574 bis 1576 als spanischer Söldner gegen die Niederlande im Dienst war, danach im belgischen Kriegsdienst und – nach einem Zwischenspiel als Pächter des Gasthauses »Zur Sonne« in Ellmendigen – sich erneut als Söldner verdingte und nach seiner Rückkehr 1590 verstarb. Die äußere Prägung des Lebens der Familie durch die konfessionellen Streitigkeiten und ihre kriegerischen Folgen prägt schon früh die innere Auseinandersetzung Johannes Keplers mit den konfessionellen Lehrpositionen. Schon auf dem Seminar in Adelberg (1584–1686) als zum Pfarramt bestimmter Seminarist mit der konfessionellen lutherischen Polemik gegen die Zwinglische Abendmahlslehre konfrontiert, die den Zöglingen vor dem Abendmahlsbesuch durch Präzeptoren aus Tübingen präsentiert wurde, sah sich Johannes Kepler nach seiner *Selbstcharakteristik* genötigt, selbständig die konfessionell-theologischen Positionen zu studieren.[16] Diese Beschäftigung führt ihn zu einer eigenständig begründeten irenischen Haltung, die er zeitlebens beibehalten hat: skeptisch gegenüber der Radikalität der Lutherischen Lehre von der Ubiquität auch der Menschheit Christi nach der Himmelfahrt, eher der Lehre Calvins zuneigend und doch der emphatisch betonten Prädestinationslehre gegenüber ebenso zurückhaltend bleibend wie gegenüber den Extravaganzen katholischer Religiosität, die für ihn nie ihre Fremdheit verloren. Diese vermittelnde Haltung, die von Kepler im Rückblick schon mit der Schulzeit verbunden wird, musste bei jedem weiteren Schritt auf die Ordination zu, von Adelberg nach Maulbronn (1586–1589) und von da aus zum evangelischen Stift in Tübingen, zunehmend problematisch werden.[17]

Ein »überkonfessioneller Christ«[18] im konfessionellen Zeitalter, so ist man versucht, Keplers Haltung zu beschreiben. Dabei würde allerdings das auf der eigenen Gewissheit bestehende und das Zeugnis der Schrift in Anspruch nehmende, typische lutherische Profil von Keplers Frömmigkeit zu wenig betont. Es ist gerade diese Haltung, die immer wieder in den Verwerfungen der konfessionellen Landschaft zu Schwierigkeiten führt. Als Mathematikprofessor 1594 an die evangelische Stiftschule in Graz berufen und als Landschaftsmathematiker bestellt, wird Kepler mit den anderen lutherischen Lehrern auf Grund der Rekatholisierungspolitik des Landesherrn 1598 aus Graz verwiesen, kann aber als Landschaftsmathematiker zurückkehren, nur um erneut in Schwierigkeiten zu geraten, als er seine Tochter durch einen lutherischen Prediger taufen ließ. Am Hof des Kaisers in Prag, wohin er nach dem Tod von Tycho Brahe 1601 als Hofmathematiker berufen und mit der Auswertung des Datenmateri-

[16] Vgl. *Hübner, Jürgen,* Die Theologie Johannes Keplers zwischen Orthodoxie und Naturwissenschaft (BhTh 50), Tübingen 1975, 3–5, und *Zitelmann*, Welten, 21–82, bes. 63–67.

[17] Zur Tübingen Zeit vgl. *Zitelmann*, Welten, 83–147.

[18] So eine Überschrift bei *Krafft, Fritz*, Art. Kepler, Johannes, in TRE 18 (1988), 97–109, hier: 101.

als von Tychos astronomischen Beobachtungen betraut wird, wird seine lutherische Konfession toleriert. Auf Grund der Unruhen nach der Abdankung Kaiser Rudolf II. nimmt er 1611 eine Stelle als Mathematiklehrer der Landschaftsschule für Österreich ob der Enns in Linz an und wird wiederum Landschaftsmathematiker. Nachdem auch hier die Gegenreformation durchgesetzt wird, darf er sich zwar mit kaiserlicher Erlaubnis noch länger in der Stadt aufhalten, muss sie aber schließlich doch verlassen, um in Ulm ab 1616 den Druck der *Tabulae Rudolfinae* fortzusetzen und abzuschließen. Nach vielen Ortswechseln, immer wieder mit der Anforderung zur Konversion zum Katholizismus konfrontiert, die Kepler stets ablehnt, tritt er dann 1628 als Astrologe in den Dienst Albrecht von Wallensteins im niederschlesischen Sagan. Als dieser das Teilherzogtum rekatholisiert, wird Kepler wieder konfessionell heimatlos. Als Wallenstein abgesetzt wird, sucht Kepler erneut Kontakt zum Kaiser, um wegen der über Jahrzehnte nicht gezahlten Honorare als Hofmathematiker vorstellig zu werden – und stirbt am 15.11.1630 in Regenburg. Keplers Lebensweg ist nicht nur ein bewegendes Zeugnis für die Aufrichtigkeit und das Beharrungsvermögen, mit dem er für seine Überzeugungen eintritt, sondern auch für seine Kooperationsbereitschaft über die konfessionellen Grenzen hinweg.

2. Keplers persönliches Glaubensurteil bringt ihn allerdings von Anfang seines Theologiestudiums in Konflikt mit der kirchlichen Lehrautorität. Im Mittelpunkt seiner Gewissenskonflikte steht die Anerkennung der Konkordienformel als Lehrautorität, wobei insbesondere die Art. VII und VIII ihm Schwierigkeiten machen, die Formulierung der sog. Ubiquitätslehre, die Anteilhabe der menschlichen Natur Christi im Status der Erhöhung an der Allgegenwart der göttlichen Natur Christi, die auf Grund der Einheit der Person von Luther und den Gnesiolutheranern behauptet worden ist. Die bis zum Ende des Herzogtums Württemberg bestehende Anforderung, dass alle Pfarrer ebenso wie alle anderen Beamten die Konkordienformel als Bedingung ihrer Anstellung zu unterzeichnen hätten, stellt dabei eine für Kepler zu diesem Zeitpunkt nicht zu überwindende Hürde dar.[19] Probleme hat er nicht nur damit, wie die Raumauffassung des Abendmahlsartikels der Konkordienformel mit den in seinen Studien mehr und mehr leitenden Auffassungen der geometrischen Ordnung des kosmischen Raum zu vereinbaren ist, sondern auch mit den Verdammungsurteilen gegen die Calvinisten. Sind sie nicht genauso als Christen zu betrachten, die auf demselben in der Schrift bezeugten Fundament stehen wie die Lutheraner? War es darum nicht angemessen, die Zustimmung zu der Konkordienformel mit erklärenden Einschränkungen zu verbinden? In allen seinen Äußerungen zu dieser Frage, besonders im Verlauf seines Konflikts mit dem Oberpfarrer Daniel

[19] Zu den komplexen Problemen dieser Unterschrift vgl. jetzt: *Schäfer, Volker,* Keplers Unterschrift unter die Konkordienformel, in: *Blätter für württembergische Kirchengeschichte,* 108/109. Jg. Stuttgart 2008/2009, 437–438.

Hitzler in Linz, der ihn bis zur vorbehaltlosen Unterzeichnung vom Abendmahl ausschließt, beharrt Kepler auf der Schriftgemäßheit seiner Ansichten und auf ihrer Übereinstimmung mit der Confessio Augustana, die er, ganz entsprechend ihrer eigenen Intention, als eine gemeinchristliche Bekenntnisschrift interpretiert. Als Kepler die Aufhebung der Verfügung Hitzlers, die wohl auch durch Konflikte mit Linzer Calvinisten motiviert war, fordert, wird vom Stuttgarter Konsistorium dessen Anordnung bestätigt. Persönlich enttäuschend muss es für Kepler gewesen sein, dass der ihm sonst positiv gegenüberstehende Mathias Hafenreffer, der um ein Urteil zu Keplers Lehre gebeten war, die Stuttgarter Entscheidung bestätigt und überdies sein Gutachten von allen Fakultätsmitgliedern unterzeichnen lässt. Öffentlich wirksam wird die Exkommunikation dadurch, dass die Fakultät den lutherischen Gemeinden durch ein Rundschreiben von Keplers Ausschluss vom Abendmahl Mitteilung macht. Dadurch ist de facto ein zu Lebzeiten nicht mehr revidierter Kirchenbann ausgesprochen.[20]

3. Das wissenschaftliche Werk Keplers ist von der die Astronomie der Frühen Neuzeit beherrschenden Frage durchzogen, wie sich durch Beobachtung gewonnene Welterkenntnis zur metaphysischen Welterklärung verhält. Keplers Werk ist insgesamt von dem Bemühen geprägt, die empirische Astronomie, wie sie z.B. in Tycho Brahes Beobachtungsdaten vorlag, die allesamt noch im geozentrischen Paradigma erhoben worden waren, mit den Gesetzen der Physik und der Harmonielehre zu einer Wissenschaft zu vereinigen, die insgesamt im Schöpfungswirken Gottes begründet sind. Kepler führt insofern empirische Wirklichkeitserkenntnis und apriorische Wirklichkeitserklärung in einem schöpfungstheologischen Paradigma zusammen. Die Spannung, die seit Aristoteles die Verschiedenheit der Erkenntnis in ihren unterschiedlichen Bereichen bestimmt hat, kann gelöst werden, wenn der Gegensatz zwischen aposteriorischer und apriorischer Erkenntnis noch einmal umgriffen wird von der Begründung beider im Schöpfungshandeln Gottes. Damit wird der Schöpfungsglaube als Begründungszusammenhangs eines Modells kontingenter Rationalität verstanden, in dem die unterschiedlichen Rationalitätsmodi der Erfahrungs- und der Vernunfterkenntnis integriert werden können. Die Synthese von mathematisch-empirischer und physikalischer Astronomie mit der Proportionalitätslehre der Harmonie ist insofern durch eine theologische Synthese ermöglicht, die den Wissenschaftscharakter (einschließlich der Prognosefähigkeit) sichert, aber keinen endgültigen Gegensatz von Erklären und Verstehen gelten lässt. Im verstehenden Nachvollzug des Schöpfungsplanes wird die Welt erklärt. Dabei werden die Unterschiede der jeweiligen Forschungszugänge keinesfalls verwischt, sondern in ihrer Unterschiedenheit aufeinander bezogen. Das Weltbild ist letztlich im Gottesverständnis begründet.

20 Vgl. die detaillierte Darstellung bei *Zitelmann*, Welten, 753–791

4. Allerdings ist nicht zu verkennen, dass dieser für Kepler seit seinem Jugendwerk *Mysterium cosmographicum* (1596) nach vorn weisende Weg in seiner Zeitsituation mit Auseinandersetzungen mit der Irrationalität verbunden war, die ihm biographisch vor allem im Hexenprozess, der gegen 1615 gegen seine Mutter angestrengt wurde,[21] aber auch in der Astrologie begegnet. Der Konflikt zwischen wissenschaftlicher Rationalität und magischer Wirklichkeitsbewältigung tangiert insofern Kepler in nächster Nähe. Nun wäre es allerdings falsch, die Hexenverfolgungen als Rückfall ins »finstere Mittelalter« zu betrachten. Sie sind vielmehr – darauf weist schon die Häufung der Hexenverfolgungen in der Frühen Neuzeit hin – mit Arnulf Zitelmann »als systemische Nebenfolge der sensationellen wissenschaftlichen Revolution zu bewerten«.[22] Man muss das wohl so sehen, dass die rationale Berechenbarkeit der Abläufe der Welt ihr Gegengewicht in der vermuteten magischen Manipulierbarkeit der Abläufe in der Welt findet, eine dialektische Beziehung, die sich durchaus auch gegenwartsdiagnostisch auf den Beginn des 21. Jahrhunderts beziehen ließe. Kepler, durch einen Brief seiner Schwester auf den Prozess aufmerksam gemacht, reist in den langen Jahren des Prozesses, der erst am 3. Oktober 1621 mit einem Freispruch endet, drei Mal nach Württemberg, um seiner Mutter Beistand zu leisten. Keiner der 49 Anklagepunkte kann ihr nachgewiesen werden. Sogar unter Androhung von Folter gesteht sie nichts. Wenige Monate nach dem Prozessende verstirbt Katharina Kepler. In seiner Ablehnung der Hexenprozesse, nicht nur im Fall seiner Mutter, kann sich Kepler durchaus mit den Württemberger Reformatoren wie Johannes Brenz oder dem von Kepler verehrten Jakob Heerbrandt auf einer Linie wissen, die die Hexenprozesse ablehnten, weil ihre Sicht der Allwirksamkeit Gottes keinen Schadenszauber zulässt. Anders steht es mit der Astrologie, die unter den Reformatoren in Melanchthon einen prominenten Vertreter hatte[23] und die Kepler wie auch die anderen prominenten Astronomen seiner Epoche zeitlebens praktiziert.

[21] Vgl. *Sutter, Berthold*, Der Hexenprozess gegen Katharina Kepler, hg. von der *Kepler-Gesellschaft*, Weil der Stadt 1979. Eine genaue Nacherzählung der einzelnen Stadien des Prozesses findet sich bei *Zitelmann*, Welten, 810–829 mit einer genauen Liste der Anklagepunkte, 819f. Zum Phänomen insgesamt vgl. *Midelfort, H.C. Erik*, Witch Hunting in Southwestern Germany 1562–1684: The Social and Intellectual Foundations, Stanford: Stanford University Press 1972, in kondensierter Form: *ders.*, Witchcraft and Religion in Sixteenth Century Germany, in: Archiv für Reformationsgeschichte 62 (1971), 266–278.

[22] *Zitelmann*, Keplers Welten, 812.

[23] Vgl. *Hoppmann, Jürgen G.H.* (Hg.), Melanchthons Astrologie. Der Weg der Sternenwissenschaft zur Zeit von Humanismus und Reformation. Katalog zur Ausstellung vom 15. September bis 15. Dezember 1997 im Reformationsgeschichtlichen Museum Lutherhalle Wittenberg, Wittenberg 1997. Umfassend zur Geschichte der Astrologie vgl. *von Stuckrad, Kocku*, Das Ringen um die Astrologie: Jüdische und christliche Beiträge zum antiken Zeitverständnis, (Religionsgeschichtliche Versuche und Vorarbeiten 49), Berlin / New York 2000.

Keplers astrologische Studien und die Prognostica, die er erstellt, geben allerdings den Sternen keine Botschaft, die von der Botschaft der Bibel und der Botschaft der sublunaren Schöpfung, dem Buch der Natur, unabhängig wäre. Vielmehr vervollständigt sich mit der Astrologie die Lesbarkeit der Welt in den kosmischen Raum hinein, und für Kepler gelten hier dieselben Gesetze wie in der sich entwickelnden Astronomie.[24] Die Aspekte, die Winkelbeziehungen zwischen den Planeten, werden von Kepler im Sinne der Proportionalitäten der Weltharmonie gedeutet. In seiner ausgedehnten Kontroverse mit Robert Fludd (1574–1637), deren Niederschlag sich in einem Appendix zum Buch V der *Harmonice mundi* findet, kritisiert er Fludds Gebrauch von hermetischen Zahlen anstatt von mathematischen Gleichungen. Im Hintergrund steht die Kritik an der Entsprechung des kosmischen Makrokosmos mit dem menschlichen Mikrokosmos. Nach Kepler sind Kosmos und Mensch beide relativ zu den Archetypen im Geist Gottes. Es gibt keine direkte Entsprechung, die am Schöpfer vorbei ginge. Das hat für die Sicht der Musik weitgehende Konsequenzen, z.B. in Fludds Präferenz für die Monakkordik gegenüber der Polyphonie, die sich aus Keplers theologisch begründeten Proportionalitäten der Weltharmonik begründen lässt.[25] Die Tatsache, dass es Kepler stets abgelehnt hat, direkte Vorhersagen zu machen, gibt seinen Prognostica, wie Jürgen Hübner bemerkt hat, »einen lehrhaften, ja seelsorgerlichen Charakter«[26], die häufig auf »Ratschläge des gesunden Menschenverstandes«[27] hinauslaufen. Kepler selbst konnte seine astrologischen Studien deutlich relativieren und stellt es jedem frei, sie nach eigener Auffassung zu beurteilen.[28] Diese Freiheit des Urteils hat Kepler z.B. in Fragen der Abendmahlslehre weder sich selbst noch anderen jemals gestattet. Lassen sich bei Kepler schon Tendenzen feststellen, die Sprache Gottes in der Natur als Kausalzusammenhang zu interpretieren, was schließlich in der Aufklärung zur Erklärung der Natur aus »stummen« interagierenden quantitativen Größen entwickelt wird, wodurch die Astrologie obsolet wird, so ist sein astrologisches Interesse, das niemals von der Rede Gottes in Schrift und in der erfahrenen Natur gelöst wird, wenn auch in heute schwer nachvollziehbarer Form, eine Erinnerung daran, dass Ursachen nicht von Gründen gelöst werden können und Sein und

24 Vgl. dazu Keplers Schrift *Tertius interveniens*, in *Kepler*, Welt, 192–334.

25 Vgl. die ausführliche Diskussion der Kontroverse in *Rösche, Johannes,* Robert Fludd. Der Versuch einer hermetischen Alternative zur neuzeitlichen Naturwissenschaft, Göttingen 2008, 465–495.

26 *Hübner*, Theologie 259.

27 Ebd.

28 So heißt es in seinem Glaubensbekenntnis: »Nun laß ich einen jeden nach seiner Profession oder wissenschafft vrtheilen, ob ich diß so gar ins Himmelslauff gefunden, vnnd auß anleitung sonderer Kunst schließen könden, oder ob ich auff meinem eigenen Kopff und Wunsch geredt, vnd die himlische Vmbstände nur allein als gleichsam an statt eines Alphabets gebraucht habe. Es sey aber eynes oder das ander ...« Zitiert bei *Hübner*, Theologie 260, Anm. 18.

Sinn im Wirken Gottes in einer ursprünglichen Einheit zusammengeschlossen sind. Durch die wie bei Kepler mit allen Mitteln der mathematischen Naturwissenschaft betriebene Astrologie ist die Ausrichtung des Wissens auf das Orientierungswissen noch erkennbar – eine Intention, die auch abgesehen von der Astrologie als Frage ernst genommen zu werden verdient. In der bei Kepler zu beobachtenden und von ihm ertragenen Spannung zwischen wissenschaftlich-rationaler Welterklärung und metawissenschaftlicher Weltdeutung ist insofern eine bedenkenswerte Frage angesprochen.

5. Eine weitere Spannung ist in Keplers Biographie zu beobachten, die für die Beurteilung seines Lebenswerkes und seiner anregenden Kraft für heutige Wirklichkeitsbetrachtung beachtet werden muss. Es ist die Spannung zwischen den jeweiligen politischen Machtkonstellationen, ihren konkreten Auswirkungen auf die wissenschaftliche Arbeit, in der ganz konkreten Gestalt z.B. der Druckmöglichkeiten der wissenschaftlichen Werke, und seiner persönlichen religiösen Lebensführung. Kepler muss sich in besetzten Räumen bewegen. Nicht nur die physischen Räume sind durch die politischen Machthaber besetzt und nach der Regel des Augsburger Religionsfriedens konfessionell bestimmt, auch die kosmischen Räume sind durch den Streit um die Interpretationshoheit zwischen den Konfessionen und der beginnenden wissenschaftlichen Astronomie umkämpft. Das Souveränitätsstreben der Staaten und die konfessionellen Differenzen sind von Interpretationsdifferenzen so durchkreuzt, dass Keplers Ortswechsel von Tübingen nach Graz, nach Prag, nach Linz, Sagan und Regensburg auf unterschiedlichen Ebenen jeweils eine neue Verortung erfordern. Nicht nur der Kosmos ist durch die Ablösung des geozentrischen Weltbildes dezentriert, sondern auch der religiöse politische Raum und der Raum des Wissens. Kepler stellt sich dem Problem mit einer skrupulösen Prüfung und entschiedenen Verteidigung des eigenen Standpunkts in der Bindung des religiösen Gewissens an Gott. Diese Verortung in einer Beziehung, die für Kepler alle anderen Beziehungen in physischen und semiotischen Räumen und in machtpolitisch besetzten Einflusssphären relativiert, führt immer wieder zu Konflikten mit den Topographien der konfessionellen Spaltung, des politischen Konflikts und der wissenschaftlichen Weltdeutung. Diese auf die Wahrheitsbildung des Gewissens bauende Stellungnahme erfordert allerdings auch die immer wieder neue Bestimmung des Verhältnisses zu den Konformitätsansprüchen im physischen und symbolischen Raum. Die Zentrierung des Menschen kann nur in Beziehung zu der für Kepler einzig absoluten und alle Relativität begründenden Größe erfolgen, dem trinitarischen Schöpfer und seinem Wort in der Schrift und in der Ordnung des Kosmos.

III. Schöpferlob und Welterkenntnis

Schon in seiner Tübinger Studienzeit[29] hatte Kepler zusammen mit seinem Lehrer Michael Mästlin die neue Astronomie des Nikolaus Kopernikus studiert und Argumente für die neue Sicht gesammelt, die Kepler allerdings offensiver zu vertreten bereit ist als sein vorsichtigerer Lehrer Mästlin. In Tübingen konnte das heliozentrische Weltbild des Kopernikus als Deutung der astronomischen Messdaten zwar als Hypothese vertreten werden, durfte aber nicht als Behauptung über eine physikalische Realität gesehen werden. Dieser Rezeption der kopernikanischen Erkenntnisse hatte Andreas Osiander durch seine Vorrede zum Druck von Kopernikus' *De revolutionibus* den Weg bereitet, und man war vorsichtig, über diese Deutung hinauszugehen.[30] Möglicherweise spielt bei dieser Zurückhaltung des Lehrers das Schicksal von Mästlins Vorgänger, des Mathematikers Philipp Apian (1531–1589) eine Rolle, der wegen seiner Konversion zum Protestantismus von der Universität Ingolstadt verbannt und aus Bayern vertrieben worden war, um dann – seit 1570 Professor für Mathematik in Tübingen – 1582 wieder sein Amt zu verlieren, nachdem er sich geweigert hatte, die Konkordienformel zu unterzeichnen, was für alle württembergischen Staatsbeamten Pflicht war. Kepler verteidigt schon in seiner Studienzeit die heliozentrische Sicht in Disputationen, nicht nur wegen der Sparsamkeit und Eleganz der mathematische Belege, sondern auch mit metaphysisch-theologischen Gründen.[31] Können die mathematischen Gründe des Kopernikus durch physikalische Gründe für die Gesetze des Planetensystems erhärtet werden? Dieser Aufgabe ist Keplers erste Schrift, das *Mysterium cosmographicum* (1596), gewidmet. In ihr entwickelt er die auf den 19. Juli 1595 datierte Entdeckung, dass die fünf regulären Raumkörper (Würfel, Tetraeder, Dodekaeder, Ikosaeder und Oktaeder) die Planetenbahnen bestimmen, so dass die Bahn des nächst äußeren Planeten, erweitert man sie zur Kugeloberfläche, einen Raumkörper umfasst, die nächst innere Bahn diesem Körper eingeschrieben werden kann. Der Saturn umkreist einen Würfel. In ihm verläuft die Bahn des Jupiter, die aber selbst eine Tetraeder umkreist, innerhalb dessen die Bahn des Mars verläuft, die selbst um einen Dodekaeder verläuft. Im Zentrum des Systems steht die Sonne.[32]

29 Vgl. die detaillierte Untersuchung von *Methuen, Charlotte*, Kepler's Tübingen. Stimulus to a Theological Mathematics, Aldershot: Ashgate 1998.

30 *Krafft, Fritz*, Physikalische Realität oder mathematische Hypothese? Andreas Osiander und die physikalische Erneuerung der antiken Astronomie durch Nicolaus Copernicus, Philosophia naturalis 14 (1973), 243–275.

31 Vgl. die »Vorrede an den Leser« zum *Mysterium Cosmographicum*, bequem zugänglich in: *Kepler, Johannes*, Was die Welt im Innersten zusammenhält. Antworten aus Keplers Schriften. Mit einer Einleitung, Erläuterungen und Glossar herausgegeben von Fritz Krafft, Wiesbaden 2005, 11 (= KGW I, 9).

32 Vgl. Keplers Beschreibung der Entdeckung in *Kepler*, Welt, 15f., mit der Illustration: 14 (= KGW I, 11f.).

Die ihn dabei bestimmende Fragerichtung formuliert Kepler als trinitarische Analogie:

Drei Dinge sind es vor allem, deren Ursachen, warum sie so und nicht anders sind, ich unablässig erforschte, nämlich Anzahl, Größe und Bewegung der Sphären [numerus, quantitas, et motus orbium]. Dies zu wagen bestimmte mich jene schöne Harmonie der ruhenden Dinge, nämlich der Sonne, der Fixsterne und des Zwischenraumes, mit Gott dem Vater, dem Sohne und dem Heiligen Geist. Ich werde diese Analogie in meiner Kosmographie weiter verfolgen.[33]

Keplers theologisch-naturwissenschaftliche Weltdeutung ist vom *Mysterium cosmographicum* an als Lob des Schöpfers durch die Geschöpfe konzipiert. Das Lob der Himmel und Sterne wird durch den Menschen, der ihre Ordnung durch Gott und auf Gott hin erkennt, zur Sprache gebracht. Kepler orientiert sich dafür – wie die Widmung des *Mysterium cosmographicum* belegt – an den Psalmen.

Wahrlich, wieviele Loblieder auf den Schöpfer, den wahren Gott, hat David, der wahre Diener Gottes gesungen! Die Gedanken dazu hat er aus der bewundernden Betrachtung des Himmels geschöpft. Die Himmel verkünden die Herrlichkeit Gottes, sagt er. Ich werde schauen deine Himmel, das Werk deiner Hände, den Mond und die Sterne, die du begründet hast [Psalm VIII, 4]. Groß ist unser Herr, und groß ist seine Macht; er zählt die Menge der Sterne und nennt sie alle beim Namen [Psalm CXLVII, 4]. An einer Stelle ruft er voll des Heiligen Geistes, voll Heiliger Freude dem Weltall zu: »Lobt, ihr Himmel, den Herrn, lobt ihn, Sonne und Mond, *usw.*« [*Psalm* CXLVIII, 4/3] Hat der Himmel, haben die Sterne eine Stimme? Können sie Gott loben wie die Menschen? Ja, wir sagen eben, sie selber loben Gott, indem sie den Menschen Gedanken zum Lobe Gottes darbieten. So lösen wir dem Himmel und der Natur in den folgenden Seiten die Zunge und lassen ihre Stimme lauter erschallen; und wenn wir das tun, so zeihe uns niemand vergeblicher, unnützer Mühe.[34]

Der Verweis auf Psalm 19,1 »Die Himmel rühmen die Ehre Gottes« ist für die Beziehung zwischen dem Buch der Schrift und dem Buch der Natur in der Frühen Neuzeit konstitutiv. Dieses Bild aus den Psalmen ist keinesfalls an ein geozentrisches Weltbild gebunden, sondern auch mit einem heliozentrischen Weltbild kompatibel. Die Schrift – und das heißt für die frühneuzeitlichen Naturforscher immer: die Psalmen – gibt uns die Welt zu lesen. Der Mensch wird so gleichsam zum Hermeneuten der nicht-menschlichen Natur, der in seiner Naturforschung das Gotteslob der Himmel zur Sprache bringt.[35] Indem er so der Natur die Zunge löst, wird der Astronom zum »Priester des höchsten Gottes im Bereich des Bu-

33 *Kepler*, Welt, 12 (= KGW I, 9).

34 *Kepler*, Welt, 6 (= KGW I, 5f.).

35 Vgl. *Howell, Kenneth J.*, God's Two Books: Copernican Cosmology and Biblical Interpretation in Early Modern Science, Notre Dame, IN: University of Notre Dame Press, 2002.

ches der Natur«.[36] Astronomie ist somit Gottesdienst.[37] Ihr vorzüglichstes Sprachmittel ist Mathematik, genauer: die Geometrie als das Sprachmittel der göttlichen Schöpfung. Die geometrische Rekonstruktion des Kosmos ist der Nachvollzug von Gottes Schöpfungshandeln. Das ist die höchste Berufung des Menschen. Das Schöpferlob leitet zur Welterkenntnis über. Die Welterkenntnis als Nachvollzug der göttlichen Schöpfung, die Gott selbst in der Ordnung der Schöpfung durch seine Geschöpfe mitteilt, ist die Erfüllung der menschlichen Bestimmung zum Lob Gottes.

Für Kepler wird darin geradezu ein anthropisches Prinzip der Schöpfung deutlich. Gott schafft in einer mathematischen Weise, die er so durch seine Schöpfung mitteilt, dass sie vom Menschen aus der Welt herausgelesen werden kann. Naturwissenschaft ist also nicht kulturelle Nachbildung der Natur. Vielmehr zielt die Kulturschöpfung Gottes in der Natur von Anfang an auf ihr Nachvollzogenwerden durch den Menschen.

Denn wir sehen hier, wie Gott gleich einem menschlichen Baumeister, der Ordnung und Regel gemäß, an die Grundlegung der Welt herangetreten ist und jegliches so ausgemessen hat, daß man meinen könnte, nicht die Kunst nehme sich die Natur zum Vorbild, sondern Gott selbst habe bei der Schöpfung auf die Bauweise des kommenden Menschen geschaut.[38]

So wird dann auch die Zwischenstellung des Menschen, wie sie schon der von Kepler zitierte Psalm 8 beschreibt, für Kepler zur Möglichkeit, dass der Mensch seine Bestimmung als *creatura contemplatrix* ergreift. Darum endet dann auch das letzte Kapitel des *Mysterium cosmographicum* mit einer Paraphrase von Psalm 8, in die Kepler seine Entdeckungen, die Norm der Sphären und die heliozentrische Weltbetrachtung einträgt.

Gott, du Schöpfer der Welt, unser aller ewiger Herrscher!
Laut erschallt dein Lob ringsum durch die Weite der Erde.
Groß fürwahr ist dein Ruhm; er rauscht mit mächtigen Schwingen
Durch den herrlichen Bau des ausgebreiteten Himmels.
Schon das Kind verkündet dein Lob; mit lallender Zunge,
Satt der Brust seiner Mutter, stammelt es, was du ihm eingibst,
Beugt durch die Kraft seiner Rede den trotzigen Stolz deines Feindes,
Der Verachtung hegt gegen dich gegen Recht und Gesetze.
Ich aber suche die Spur deines Geistes draußen im Weltall,

36 »... sacerdos Dei altisssimi ex parte libri Naturae«, Brief Nr. 91 vom 26.03.1598, 187f.

37 Vgl. *Krafft, Fritz,* Astronomie als Gottesdienst. Die Erneuerung der Astronomie durch Johannes Kepler, in: *G. Hamann / H. Grössing* (Hg.), Der Weg der Naturwissenschaften von Johannes von Gmunden zu Johannes Kepler, Wien 1988 (Veröffentlichungen der Kommission für Geschichte der Mathematik, Naturwissenschaften und Medizin 46 = Österreichische Akademie der Wissenschaften. Philosophisch-Historische Klasse: Sitzungsberichte: Bd. 497), 182–196.

38 *Kepler,* Welt, 6 (=KGW I, 6).

Schaue verzückt die Pracht des mächtigen Himmelsgebäudes,
Dieses kunstvolle Werk, deiner Allmacht herrliche Wunder.
Schaue, wie du in fünffacher Norm die Sphären gesetzt hast,
Mitten darin, um Leben und Licht zu spenden, die Sonne.
Schaue, nach welchen Gesetzen sie regelt den Umlauf der Sterne,
Wie der Mond seine Wechsel vollzieht, welche Arbeit er leistet,
Wie du Millionen von Sternen ausstreust aus des Himmels Gefilde.
Schöpfer der Welt! Wie vermochte der Mensch aus Adams Geschlechte,
Er, der so arm und niedrig, bewohnt die winzige Scholle,
Dich zu zwingen, auf daß du dich kümmerst um alle seine Sorgen?
Ohne Verdienst ist er, du hebst ihn empor in die Höhe
Über der Engel Geschlecht und schenkst ihm Ehre um Ehre,
Krönst annoch sein herrliches Haupt mit strahlender Krone.
König soll er sein über alles, was du gemacht hast.
Was zu Häupten ihm ist, die beweglichen Sphären des Himmels,
Seinem Geist unterwirfst du sie. Was die Erde hervorbringt,
Vieh, geschaffen zur Arbeit, bestimmt zum dampfenden Hausherd,
Alles andere Getier, das die dunklen Wälder bewohnt,
Alles, was in der Luft mit leichtem Flug sich bewegt.
Was in den Fluten des Meeres und der Flüsse sich tummelt, die Fisch,
Alles soll er mit Macht und Gewalt regieren, beherrschen.

Gott, du Schöpfer der Welt, unser aller ewiger Herrscher!
Laut erschallt dein Lob ringsum durch die Weite der Erde![39]

Dieser hymnische Abschluss des *Mysterium cosmographicum* macht deutlich, dass im Fall von Kepler von einer »kosmologischen Kränkung« des Menschen im Sinne Freuds nicht die Rede sein kann. Seine Paraphrase von Psalm 8, die klar ein heliozentrisches Weltbild präsentiert, ist zugleich ein Echo der schon in Psalm 8 anklingenden Verwunderung – »Was ist der Mensch, dass du seiner gedenkst?«[40] – darüber, dass Gott dem Menschen Einsicht in die beweglichen Sphären des Himmels gibt und ihm zugleich die Herrschaft über die nicht-menschlichen Kreaturen anvertraut. Was hier zur Sprache kommt, ist nicht eine Kränkung des Menschen, sondern vielmehr ein Kompliment Gottes an den Menschen, indem er ihm Einsicht in die Konstruktion des Alls schenkt.

Der Mensch erkennt so, dass der trinitarische Gott das Urbild der kosmischen Schöpfung ist. Dieser Gedanke wird schon im *Mysterium cosmographicum* formuliert und als Erklärung der Kugelgestalt des Universums in Anspruch genommen. Die Kugelgestalt der Welt, die Gerades und Krummes in vollkommener Harmonie vereinigt, ist insofern »die Abbildung des dreieinigen Gottes durch die Kugelfläche, des Vaters durch den Mittelpunkt, des Sohnes durch die Oberfläche, des Heiligen

39 *Kepler*, Welt, 108f. (=KGW I, 80).

40 Zur alttestamentlichen Diskussion und gesamttheologischen Bedeutung vgl. *Bauks, Michaela / Liess, Kathrin / Riede, Peter* (Hg.), Was ist der Mensch, dass du seiner gedenkst? Aspekte einer theologischen Anthropologie, Festschrift für Bernd Janowski zum 65. Geburtstag, Neukirchen-Vluyn 2008.

Geistes durch die Gleichheit des Abstands zwischen Punkt und Oberfläche.«[41] Diesem Gedanken bleibt Kepler treu,[42] auch wenn sich bald die Entdeckung des Geheimnisses des Kosmos und die daraus gezogenen Folgerungen in seiner Erstschrift als revisions- und korrekturbedürftig erweist.[43]

Kepler entwickelt aus diesem Grundsatz eine trinitarische Hermeneutik, die sowohl im Buch der Schrift als auch im Buch der Natur gilt. Der Kosmos ist Abbild der Trinität, die Kepler in der Bibel offenbart und in der kirchlichen Lehre expliziert sieht. Zugleich aber wird so auch die erschlossene Lesart des Kosmos wieder zu einem Beleg für die biblische Wahrheit. J. Hübner hat darauf aufmerksam gemacht,[44] dass Keplers Verständnis der Kugeloberfläche (die im trinitarischen Bild für den Sohn steht) als Ausdruck und Abbild des Mittelpunktes (der für den Vater steht) zu verstehen ist, so dass die Betrachtung der Kugeloberfläche den Mittelpunkt zu sehen gibt, stark an Schriftstellen wie Joh 14,6 (»Ich bin der Weg ..., niemand kommt zum Vater denn durch mich«) oder Joh 12,45 (»Wer mich sieht, der sieht den Vater«) erinnert. Diese Konsonanz ist beabsichtigt. Ebenso weist Hübner darauf hin, dass der Abstand aus dem Vergleich des Zentrums mit der Oberfläche resultiert, und so gleichsam aus beiden hervorgeht, was Kepler mit einer Formulierung zum Ausdruck bringt (»et sic procedit ab vtroque«), die sich auch in Heerbrands *Compendium Theologiae* 1579 zum Hervorgang des Geistes (»ab utroque ab aeterno procedit«) findet – angesichts der systematischen Bedeutung der Trinität als hermeneutisches Prinzip für den Kosmos sicher kein Zufall. Owen Gingerich hat so Keplers Kosmologie als eine trinitarische Kosmoslogie rekonstruieren können.[45] Hübner geht darüber hinaus und stellt fest:

> Die Trinität wird Kepler durch sein Modell verständlich und damit denkbar. Diese Denkbarkeit impliziert auf Grund ihrer mathematischen Eindeutigkeit eine gewisse Ausschließlichkeit; die Geometrie ist als Interpretation der biblischen und kirchlichen Lehre hermeneutisches Prinzip nicht nur im Sinne einer hypothetischen Denkhilfe, sondern realistisch im Sinne bestehender Wahrheit.[46]

[41] *Kepler*, Welt, 30 (= KGW I, 23).
[42] Die reichhaltigen Belege sind bei Hübner, Theologie, 191, Anm. 27 zusammengestellt.
[43] Vgl. dazu die Einleitung von *Fritz Krafft*, Johannes Kepler – Die neue, ursächlich begründete Astronomie, in: *Kepler, Johannes*, Astronomia Nova. Neue, ursächlich begründete Astronomie. Übersetzt von Max Caspar. Durchgesehen und ergänzt sowie mit Glossar und einer Einleitung versehen von Fritz Krafft, Wiesbaden 2005, V–LVIII.
[44] Vgl. *Hübner*, Theologie, 192f.
[45] Vgl. *Gingerich, Owen*, Kepler's Trinitarian Cosmology, Theology and Science, 9:1 (2011), 45–51.
[46] *Hübner*, Theologie, 192.

Allerdings ist auch hier daran festzuhalten, dass es für Kepler eine Offenbarungswahrheit ist, dass die Sonne

> das Abbild des Vaters [zeigt], denn was bei Gott die Schöpfung, das ist bei der Sonne die Bewegung. Und wie der Vater der Schöpfer ist im Sohne, so ist die Sonne das Bewegende innerhalb der Sphäre der Fixsterne ... Die Sonne aber teilt die Bewegungskraft durch den Zwischenraum hin aus, in dem sich die Wandelsterne befinden: so ist der Vater als Schöpfer tätig durch den Geist oder die Kraft des Geistes.[47]

IV. Die Geometrie als Grundidiom Gottes: Der Konflikt um die Ubiquität

Keplers Kritik an der Ubiquitätslehre, in denen sich seine Schwierigkeiten mit der Abendmahlslehre und der sie begründenden Christologie konzentrieren, hat ihren Ursprung in der unterkonfessionellen Polemik, bevor er durch Mästlin in die Welt der Astronomie eingeführt wurde. Die von der Kanzel propagierte Polemik gegen die Calvinisten macht schon dem Lateinschüler in Leonberg zu schaffen und bringt den Klosterschüler von Adelberg dazu, sich anhand von Luthers *De servo arbitrio* mit der lutherischen Lehre auseinanderzusetzen. Die Problematik beschäftigt ihn weiter in Maulbronn und schließlich im Theologiestudium in Tübingen – immer mit der existentiellen Zuspitzung der eigenen Teilnahme am Abendmahl. Die Anfragen Keplers an das in der Konkordienformel entwickelte Abendmahlsverständnis und die Christologie, in der es begründet wird, spitzen sich dann durch den Ausschluss vom Abendmahl durch Daniel Hitzler in Linz zu. Es entsprach Keplers Gewissenhaftigkeit, dass er den Pfarrern, von denen er das Abendmahl erbat, von seinen Schwierigkeiten mit der lutherischen Lehre Mitteilung machte. Umgekehrt musste z.B. Daniel Hitzler in Linz nach geltender Lehre davon ausgehen, dass der, der das Abendmahl mit Zweifeln an der reinen Lehre empfange, es zum Gericht empfange. Und so musste es auch für Hitzler eine Gewissensfrage sein, Kepler vom Abendmahl auszuschließen.[48] Die Einsichten, die für Keplers kosmologische Theologie richtungweisend sind, erweisen sich in der über Jahre währenden Auseinandersetzung mit dem Stuttgarter Konsistorium und der Tübinger Fakultät, vor allem mit dem Lehrer und Freund Matthias Hafenreffer, als unüberwindbare Hindernisse zur Verständigung. Wie ernst Kepler diese Auseinandersetzung ist und mit wie viel persönlicher Enttäuschung und Schmerz sie auf beiden Seiten verbunden ist, zeigt neben dem reichhaltigen Briefwechsel[49] die literarische Produktion Keplers zu diesem Thema, angefangen mit seiner eige-

[47] KGW XIII, 35.

[48] Auf diesen Aspekt macht zu Recht Hübner aufmerksam, vgl. *Hübner,* Theologie, 32.

[49] *Hübner,* Theologie, 22f. gibt eine Übersicht über die 13 Briefe, die in dieser Sache gewechselt wurden, von Keplers Brief an Johann Friedrich von Württemberg im Mai 1609 angefangen bis zu Keplers *Notae ad epistolam D.D. Matthiae Hafenrefferi* 1625.

nen Abendmahlslehre, die er im *Unterricht vom H. Sakrament* (1617)[50] niederlegt und dann im folgenden Jahr noch einmal in seinem »Glaubensbekenntnis« fortsetzt, das 1623 anonym gedruckt wurde. Über der Abendmahlsfrage wird Kepler, wie es sich für einen Theologen gehört, der ausdrücklich dem reformatorischen Schriftprinzip zustimmt, zum Exegeten, und er versucht immer wieder, die Lehrdifferenz durch genaue Schriftexegese zu klären. In diesem Zusammenhang sind Werke entstanden, wie z.B. seine Evangelienharmonie, die nicht erhalten sind.

Den Grundsatz der Auseinandersetzung hat er in naturtheologischem Zusammenhang so festgehalten:

> Für Gott liegen in der ganzen Körperwelt körperliche Gesetze (leges corporis), Zahlen und Verhältnisse vor, und zwar höchst erlesene und auf das beste geordnete Gesetze ... Wir wollen über das Himmlische und Unkörperliche nicht mehr zu erforschen suchen als uns Gott offenbart hat. Das liegt innerhalb des Fassungsvermögens des menschlichen Geistes, das wollte Gott uns erkennen lassen, als er uns nach seinem Ebenbilde erschuf, damit wir Anteil bekämen an seinen eigenen Gedanken. Was steckt denn anderes im Geiste des Menschen als Zahlen und Größen? Diese allein erfassen wir richtig, und zwar ist (wenn das mit Frömmigkeit gesagt werden kann) unser Erkennen dabei von derselben Art wie das Gottes (*haec sola recte percipimus, et, si pie dici potest, eodem cognitionis genere cum Deo*).[51]

Die Geometrie ist das Grundidiom, in dem Gott die Welt ordnet und durch das er Anteil an seinem Geist gibt. Die Urbilder der Quantitäten (*ideae quantitatum*) sind für Kepler ewig im göttlichen Geist gegeben und darum Vorbilder für den menschlichen Geist, der das Ebenbild des göttlichen Geistes ist.

> »In der Tat sind und waren die Quantitäten ewig in Gott, sie sind Gott selber; sie sind daher als Vorbilder in den (auch dem Wesen nach) nach Gottes Ebenbild geschaffenen Seelen. Darüber sind sich die heidnischen Philosophen und die Kirchenlehrer einig.[52]

Aus diesem Grunde, so bestätigt Kepler in den Ergänzungen zur zweiten Auflage des *Mysterium cosmographicum*, habe sich für ihn das Prinzip bewährt, dass die *mathematica* der Zugang zum Verständnis der Naturdinge sei, weil sie das ewige Grundidiom Gottes bei der Erschaffung der Welt sei.

Wendet man diese Überzeugung auf die Frage der Gegenwart Christi im Abendmahl und vor allem auf die in Art. VII des Konkordienbuches

50 *Johannes Kepler*, Unterricht vom H. Sakrament des Leibes und Blutes Jesu Christi unseres Erlösers (1617): Nova Kepleriana, Neue Folge – Heft 1, bearbeitet von Jürgen Hübner, München 1980.

51 Brief an Herwart von Hohenburg [Brief Nr. 117], zit. in F. Kraffts Einleitung zu *Kepler*, Welt, XVI.

52 Aus den *Notae* des Autors zur zweiten Auflage des *Mysterium cosmographicum* (Frankfurt/Main 1621), in: *Kepler*, Welt 127 (=KGW VIII, 8).

diskutierte Lehre von der Ubiquität der menschlichen Natur Jesu Christi auf Grund der Einheit mit der göttlichen Natur in der Person des inkarnierten Gottessohnes an, so erscheinen die Schwierigkeiten geradezu vorprogrammiert. Kepler betont zwar immer wieder, dass er bei dieser Frage die Geometrie einklammere und sich ganz nach dem Zeugnis der Schrift und nach der Lehrtradition der Alten Kirche richte, aber alle seine exegetischen Bemerkungen zeigen, dass er sich grundsätzlich innerhalb des Raumverständnisses bewegt, das ihm sein Verständnis der Geometrie evident und theologisch verpflichtend gemacht hat. Damit legt sich eine Vorstellung der Präsenz Christi im Abendmahl nahe, wie sie Johannes Calvin vertreten hat. Umgekehrt gelingt es Hafenreffer als seinem wichtigsten Gesprächspartner nicht, das für die lutherische Abendmahlslehre grundlegende Verständnis des Raumes in den drei Hinsichten »localiter«, »diffinitive« und »repletive« konsistent zu entwickeln und seine eigentliche Pointe herauszuarbeiten.[53] Der Himmel ist für Luther und seine Gefolgsleute in der Konkordienformel kein Ort im Raum, sondern die kommunikative Beziehung Gottes in seiner Schöpfung zu seiner Schöpfung an allen Orten und den besonders durch das Wort ausgezeichneten Orten der Spendung und des Empfangs des Abendmahls. Dass damit grundsätzlich ein relational-kommunikatives Raumverständnis verbunden sein muss, wird im Disput zwischen Kepler und Hafenreffer nicht klar.[54] Dieses hätte sich interessanterweise für Kepler durchaus nahegelegt, weil er mit seiner Theorie der relativistischen Entsprechungen, wie er sie – ähnlich wie der Kusaner oder Leibniz – z.B. in *Harmonice mundi* entwickelt, eigentlich schon auf dem Weg zu einer Durchbrechung des die sakramentstheologischen und christologischen Debatten immer wieder in unauflösbare Dissense führenden Raumverständnis ist. Dass damit das

53 Begreiflich ist etwas in einem Raum, wenn es als körperliches Objekt Raum einnimmt: Das trifft für die irdische Existenz Christi zu, ist aber keine Räumlichkeit, die auch Gott zuzuschreiben ist, »denn Gott ist nicht ein leiblicher Raum oder Statt« (BSLK 1006, 34).
Unbegreiflich ist jemand, wenn er »keinen Raum nimpt noch gibt, sondern durch alle Kreatur fähret, wo er will« (BSLK 1007,2–4). Diese Form der Präsenz, die etwa auch dem Klang zu eigen ist, ist auch die Präsenz Christi im Abendmahl.
Übernatürlich oder göttlich oder himmlisch ist die Gegenwart, nach der Christus mit Gott eine Person ist, für die alle Kreaturen gegenwärtig sind, nicht so, dass die Geschöpfe ihn einschließen, umschreiben oder ergreifen (»includant, circumscribant aut comprehendant« BSLK 1007 38f.), sondern »dass er sie für sich hat gegenwärtig, misset und begreifet« (ebd.): »Denn du mußt dies Wesen Christi, so er mit Gott eine Person ist, gar weit, weit außer den Kreaturen setzen, so weit als Gott draußen ist, wiederum so tief und nahe in alle Kreatur setzen als Gott darinnen ist; denn er ist eine unzertrennete Person mit Gott; wo Gott ist, da muß er auch sein« (BSLK 1007, 38–46).

54 Vgl. *Schwöbel*, Christoph, Tamquam visibile verbum. Kommunikative Sakramentalität und leibhaftes Personsein, in: *Elisabeth Gräb-Schmidt / Matthias Heesch / Friedrich Lohmann / Dorothee Schlenke / Christoph Seibert* (Hg.), Leibhaftes Personsein. Theologische und interdisziplinäre Perspektiven. Festschrift für Eilert Herms zum 75. Geburtstag, Marburger Theologische Studien 123, Leipzig 2015, 197–210.

Raumverständnis relativ zu den kommunikativen Beziehungen des dreieinigen Gottes zu seiner Schöpfung wird, ist ein Gedanke, den Kepler durchaus vertritt, aber in der Fixierung des Verständnisses der Trinität und des geschaffenen Raums auf die geometrischen Relationen. Eine Übertragung dieser Einsicht von der Trinitätstheologie auf die Christologie und Sakramentslehre lässt sich nicht nachweisen. Dass Kepler mit seinen Einwänden gegen das bei den Württembergern vorherrschende Verständnis der Abendmahlslehre und Christologie in die beginnenden Debatten zwischen Tübingen und Gießen in Fragen der Christologie und Sakramentslehre verwickelt wird, hat einer Keplers Gewissensanliegen entsprechenden Lösung des Konflikts entgegengewirkt.[55]

Keplers Auseinandersetzungen mit dem Stuttgarter Konsistorium und der Tübinger Fakultät haben allerdings noch eine andere Dimension. Für die Württemberger ist es die Zustimmung zur reinen Lehre, wie sie in der Konkordienformel niedergelegt ist, die das Kriterium der Teilnahme am Abendmahl ist. Für Kepler liegt dieses Kriterien auf einer anderen Ebene, auf dem in der Schrift und von den Vätern bezeugten Glaubensfundament, das letztlich nichts anderes ist als die Person Jesu Christi selbst. Wo dieses Glaubensfundament gewahrt erscheint – und sei es bei Calvinisten oder Jesuiten –, sieht er keinen Grund, die Kirchengemeinschaft und Abendmahlsgemeinschaft in Frage zu stellen. Seine Warnungen, dass die konfessionelle Unversöhnlichkeit zu gewaltsamen Auseinandersetzungen führen könne, zeigen sich angesichts der Folgegeschichte des Dreißigjährigen Krieges in ihrem bedrohlichen Ernst.

V. Inspirationen der Theologie Keplers für den Umgang mit den Herausforderungen weltbildlicher Veränderungen

1. Keplers Theologie und Naturwissenschaft sind perspektivisch konzipiert. Er betrachtet die Welt als Ganze aus der Perspektive des erkennenden Menschen in der Beziehung zu dem trinitarischen Gott. In seiner »trinitarischen Kosmologie« (O. Gingerich) versucht er insofern die Welt im Nachvollzug des schöpferischen Wirkens des trinitarischen Gottes zu erkennen, an dem Gott den menschlichen Geist, der in der Gottebenbildlichkeit verfasst ist, durch die Offenbarung teilhaben lässt. Die Welt »von Gott her« zu betrachten, ist insofern der Schlüssel dazu, die Welt »auf Gott hin« zu interpretieren.[56] Diese Perspektivität wird nicht auf ein Subjekt-Objekt-Schema reduziert. Vielmehr ist die Beziehung zwischen er-

[55] Vgl. dazu die detaillierte Analyse von *Wiedenroth, Ulrich*, Krypsis und Kenosis. Studien zu Thema und Genese der Tübinger Christologie im 17. Jahrhundert, BhTh 162, Tübingen 2011.

[56] Vgl. *Gerdes,* E.W., Johannes Kepler as Theologian, in: *Arthur Beer / Peter Beer* (Hg.), Four Hundred Years. Proceedings of Conferences held in honour of Johannes Kepler, Oxford u.a.: Pergamon 1975, 339–368.

kennendem Subjekt und erkanntem Objekt immer über die Gottesbeziehung vermittelt, der beide geschaffen hat. Die natürliche Theologie hat darum bei Kepler keinen evidentialistischen Zug, die versucht, Belege für die Existenz Gottes aus der Untersuchung der Welt zusammenzustellen. Vielmehr ist ihr ein durchgängig explorativer Zug eigen, insofern Kepler vom christlichen Gottesverständnis her, weitgehend auf der Grundlage der biblischen Zeugnisse, die sein gesamtes Werk durchziehen, die Welt auf der Basis der in der Bibel bezeugten Offenbarung betrachtet. So erscheint die Welt als Schöpfung, durch die Gott den Menschen anredet und ihm zudem als »Priester des höchsten Gottes im Bereich des Buchs der Natur« die Gabe verleiht, das Schöpferlob der nicht-menschlichen Natur als Welterkenntnis zum Ausdruck zu bringen. Die Menschenwelt erscheint so als eingefasst in ein in Gott begründetes kosmisches Bedingungsgefüge, das zu erkennen der Leitfaden für die Erkenntnis und Gestaltung der Welt ist. Kepler erforscht so die Welt aus der Perspektive des Einbezogenseins des Menschen in die kosmischen Ordnungen, das sein Maß an Gott dem Schöpfer als Grund und Grenze der Welt-, Selbst- und Gotteserkenntnis hat. Der relative Standpunkt des Menschen ist dabei gerade seine Möglichkeit, Heimat zu finden im kosmischen Beziehungsnetz, in der Beziehung zu Gott und in der geordneten Bezogenheit auf die anderen Geschöpfe.

2. Kepler entwickelt eine hermeneutische Kosmologie, in der das Lesen im Buch der Natur und das Lesen im Buch der Schrift kritisch und konstruktiv aufeinander bezogen sind, insofern beide als Offenbarung des einen trinitarischen Gottes verstanden werden. Sein und Sinn sind dabei stets im schöpferischen Wirken Gottes verbunden gedacht. Das unterscheidet Keplers Wirklichkeitsverständnis von dem durch die Disjunktion von Sein und Sinn geprägten Wirklichkeitsverständnissen späterer Zeiten. Die Gottesbeziehung ist dabei anders als z.B. in Robert Fludds hermetischem Wirklichkeitsverständnis für Kepler auch die Garantie der rationalen Durchschaubarkeit der Prozesse der Welt für den Menschen – innerhalb der Grenzen, in denen der Mensch am Geist Gottes teilhat. Keplers Kosmologie ist dabei weder anthropozentrisch noch kosmozentrisch noch im literalen Sinne theozentrisch entworfen, sondern auf Gott als Brennpunkt bezogen – wenn man so will *theofokal* konzipiert. Der Übergang vom geozentrischen zum heliozentrischen Weltbild erscheint damit nicht, wie Freud meinte, als Kränkung, sondern als Erweiterung der Welterkenntnis, zu der Gott den Menschen berufen hat. Diese Welterkenntnis ist für Kepler ein unabgeschlossener Prozess, der sich auch in seinem eigenen Werk niederschlägt. Diese Unabschließbarkeit ist aber nicht auf die Perfektibilität der menschlichen Welterkenntnis ausgerichtet. Vielmehr ist der Grund der Welterkenntnis, die Offenbarung des Schöpfers in seinem geschöpflichen Ebenbild, auch seine Grenze, eine Grenze, die vom Menschen niemals überschritten wird, da die Differenz zwischen dem Schöpfer und seinen Geschöpfen bestehen bleibt. Die

hermeneutische Kosmologie mündet in eine doxologische Kosmologie. Die Welterkenntnis hat ihren Ursprung im Schöpferlob und mündet wieder in das Schöpferlob ein.[57] Im Lobpreis erkennt der Mensch seine »Platzanweisung« im Kosmos an. Nun ist anzuerkennen, dass Keplers Astronomie eine Station auf dem Weg zu einer die Welt als umfassenden Kausalzusammenhang interpretierenden modernen Naturwissenschaft ist. Man kann aber durchaus die Frage stellen, ob die neuesten Entwicklungen der Naturwissenschaften gegenüber dem Modell der Interaktion stummer Kräfte nicht zu einem neuen Modell der Lesbarkeit der Welt der Natur weiterschreitet, in dem Sein und Sinn in einem kommunikativ-relationalen Wirklichkeitsverständnis zusammengeschlossen sind. Für Kepler ist es die Orientierung am trinitarischen Gottesverständnis, die verhindert, dass Kausalprozesse unabhängig von ihrer Bedeutung betrachtet werden, denn jede Wirkung im Kosmos ist eine Wirkung des Schöpferlogos, ein Wirksamwerden jener rationalen Archetypen, durch die Gott sich mitteilt. Damit ist das trinitarische Gottesverständnis nicht ein Symbol für die Sinnzusammenhänge der Welt, sondern die Begründung dafür, dass die Weltzusammenhänge sinnvoll sein und verstanden werden können. Relationalität und Rationalität sind insofern wie für die Trinitätslehre so für die moderne Physik konstitutiv aufeinander bezogene Aspekte einer die Kausalität aktiver Information einbeziehenden Weltsicht.[58]

3. Keplers »theofokale« hermeneutische Kosmologie enthält sowohl in seinem *Mysterium cosmographicum* als auch in *Harmonice mundi* Andeutungen, die auf ein polydimensionales Verständnis der Realität hinweisen, das sich als Alternative zu monodimensionalen Wirklichkeitsverständnissen anbietet. Ein solches den weltanschaulichen Reduktionismus ausschließendes polydimensionales Realitätskonzept, das in kosmischen, physikalischen, chemischen, biologischen, personalen und sozial-geschichtlichen Dimensionen entwickelt werden kann, das in beiden Richtungen »gelesen« werden kann, müsste theologisch den trinitarischen Gott als die »alles (in seinem Ursprung, seinem Sinn und seinem Ziel) bestimmende Wirklichkeit« in einer trinitarisch differenzierten Beziehung zur Welt denken. Es mag uns zwar nicht die Weltharmonik erschließen, aber viele Gelegenheiten zu einem fruchtbaren Dialog zwischen den die einzelnen Dimensionen schwerpunktmäßig bearbeitenden Wissenschaften bieten. Die Würdigung der Polyphonie in Keplers *Harmonce mundi* erhielte dadurch eine schöne Bestätigung.

57 Vgl. dazu die beiden Beiträge von *Hübner, Jürgen,* Kepler's Praise of the Creator, und: Natural Science as Praise of the Creator, in: *Arthur Beer / Peter Beer* (Hg.), Four Hundred Years. Proceedings of Conferences held in Honour of Johannes Kepler, Oxford u.a.: Pergamon 1975, 369–382 und 383–386.

58 Vgl dazu *Polkinghorne, John*, Science and the Trinity, New Haven Yale UP 2004, und: *ders.*, The Trinity and the Entangled World. Relationality in Physical Science and Theology, Grand Rapids, MI/Cambridge, UK: Eerdmans 2010.

Literatur

Barrow, John D. / Tipler, Frank J., The Anthropic Cosmological Principle, Oxford: OUP 1988

Bauks, Michaela / Liess, Kathrin / Riede, Peter (Hg.), Was ist der Mensch, dass du seiner gedenkst? Aspekte einer theologischen Anthropologie, Festschrift für Bernd Janowski zum 65. Geburtstag, Neukirchen-Vluyn 2008

Caspar, Max, Johannes Kepler. Biographie, Stuttgart 1948

Davies, Paul, God and the New Physics, New York: Simon and Schuster, 1984

– The Mind of God. The Scientific Basis for a Rational World, New York: Simon & Schuster, 1992

– The Goldilocks Enigma. Why is the Universe Just Right for Life?, Harmondsworth: Penguin 2007

De Chardin, Teilhard, Der Mensch im Kosmos (1955), München 2010

Gerdes, E. W., Johannes Kepler as Theologian, in: *Arthur Beer / Peter Beer* (Hg.), Four Hundred Years. Proceedings of Conferences held in honour of Johannes Kepler, Oxford u.a.: Pergamon 1975, 339–368

Gingerich, Owen, The Book Nobody Read. Chasing the Revolutions of Nicolaus Copernicus, New York: Walker Publishing Co. 2004

– Kepler's Trinitarian Cosmology, Theology and Science, 9:1 (2011), 45–51

Heim, Karl, Das Weltbild der Zukunft, (1904) Wuppertal 1980

– Die Wandlung im naturwissenschaftlichen Weltbild. Die Naturwissenschaft vor der Gottesfrage, Hamburg 1951

Hoppmann, Jürgen G.H. (Hg.), Melanchthons Astrologie. Der Weg der Sternenwissenschaft zur Zeit von Humanismus und Reformation. Katalog zur Ausstellung vom 15. September bis 15. Dezember 1997 im Reformationsgeschichtlichen Museum Lutherhalle Wittenberg, Wittenberg 1997

Howell, Kenneth J., God's Two Books: Copernican Cosmology and Biblical Interpretation in Early Modern Science, Notre Dame, IN: University of Notre Dame Press, 2002

Hübner, Jürgen, Die Theologie Johannes Keplers zwischen Orthodoxie und Naturwissenschaft (BhTh 50), Tübingen 1975

– Kepler's Praise of the Creator, und: Natural Science as Praise of the Creator, in: *Arthur Beer / Peter Beer* (Hg.), Four Hundred Years. Proceedings of Conferences held in honour of Johannes Kepler, Oxford u.a.: Pergamon 1975, 369–382 und 383–386

Kepler, Johannes, Was die Welt im Innersten zusammenhält. Antworten aus Keplers Schriften. Mit einer Einleitung, Erläuterungen und Glossar herausgegeben von *Fritz Krafft*, Wiesbaden 2005

– Astronomia Nova. Neue, ursächlich begründete Astronomie. Übersetzt von Max Caspar. Durchgesehen und ergänzt sowie mit Glossar und einer Einleitung versehen von Fritz Krafft, Wiesbaden 2005

Koshamthadam, Job, The Discovery of Kepler's Laws: The Interaction of Science, Philosophy, and Religion, Notre Dame, IN: Notre Dame University Press 1995

Krafft, Fritz, Physikalische Realität oder mathematische Hypothese? Andreas Osiander und die physikalische Erneuerung der antiken Astronomie durch Nicolaus Copernicus, Philosophia naturalis 14 (1973), 243–275

– Art. Kepler, Johannes, in TRE 18 (1988), 97–109

– Astronomie als Gottesdienst. Die Erneuerung der Astronomie durch Johannes Kepler, in: *Günther Hamann / Helmuth Grössing* (Hg.), Der Weg der Naturwissenschaften von Johannes von Gmunden zu Johannes Kepler, Wien 1988 (Veröffentlichungen der Kommission für Geschichte der Mathematik, Naturwissenschaften und Medizin 46 = Österreichische Akademie der Wissenschaften. Philosophisch-Historische Klasse: Sitzungsberichte: Bd. 497, 182–196

Kragh, Helge, Conceptions of Cosmos – from Myth to the Accelerating Universe, Oxford: OUP, 2006

Methuen, Charlotte, Kepler's Tübingen. Stimulus to a Theological Mathematics, Aldershot: Ashgate 1998

Midelfort, H.C. Erik, Witch Hunting in Southwestern Germany 1562–1684: The Social and Intellectual Foundations, Stanford: Stanford University Press 1972

– Witchcraft and Religion in Sixteenth Century Germany, in: Archiv für Reformationsgeschichte 62 (1971), 266–278

Polkinghorne, John, Science and the Trinity, New Haven Yale UP 2004

– The Trinity and the Entangled World. Relationality in Physical Science and Theology, Grand Rapids, MI/Cambridge, UK: Eerdmans 2010

Rösche, Johannes, Robert Fludd. Der Versuch einer hermetischen Alternative zur neuzeitlichen Naturwissenschaft, Göttingen 2008

Schäfer, Volker, Keplers Unterschrift unter die Konkordienformel, in: *Blätter für württembergische Kirchengeschichte.* 108/109. Jg. Stuttgart 2008/2009, 437–438

Schwöbel, Christoph, The Religion of Nature and the Nature of Religion: Theological Perspectives on the Ambiguities of Understanding Nature and Religion, in: *Dirk Evers / Michael Fuller / Antje Jackelen / Taede Smedes* (eds.), Is Religion Natural? London: T&T Clark, 2012, 147–170.

– Tamquam visibile verbum. Kommunikative Sakramentalität und leibhaftes Personsein, in: *Elisabeth Gräb-Schmidt / Matthias Heesch / Friedrich Lohmann / Dorothee Schlenke / Christoph Seibert* (Hg.), Leibhaftes Personsein. Theologische und interdisziplinäre Perspektiven. Festschrift für Eilert Herms zum 75. Geburtstag, Marburger Theologische Studien 123, Leipzig 2015, 197–210

Stewart, Robert B. (Hg.), God and Cosmology: William Lane Craig and Sean Carroll in Dialogue (Greer-Heard Lectures), Philadelphia: Fortress 2016

Stuckrad, Kocku von, Das Ringen um die Astrologie: Jüdische und christliche Beiträge zum antiken Zeitverständnis, (Religionsgeschichtliche Versuche und Vorarbeiten 49), Berlin / New York 2000

Sutter, Berthold, Der Hexenprozess gegen Katharina Kepler, hg. von der *Kepler-Gesellschaft*, Weil der Stadt 1979

Tipler, Frank R., Die Physik der Unsterblichkeit, München 1994

– Die Physik des Christentums – Ein naturwissenschaftliches Experiment, München 2008

Welker, Michael (Hg.), The Religion and Science Dialogue. Past and Future, Frankfurt: Lang 2014

Wiedenroth, Ulrich, Krypsis und Kenosis. Studien zu Thema und Genese der Tübinger Christologie im 17. Jahrhundert, BhTh 162, Tübingen 2011

Wright, N.T., Paul and the Faithfulness of God, Philadelphia: Fortress Press 2013, Book I: Paul and His World

Zitelmann, Arnulf, Keplers Welten. Johannes Kepler. Ein Lebensbild, Reinbek 2016

Elisabeth Naurath

Entfaltung und Beschränkung

Aspekte einer Pädagogik der Geschöpflichkeit

I. Ästhetische Bildung als Bedingungsgrund einer Pädagogik der Geschöpflichkeit

1. *Praxisbezogene Hinführung*

In einem religionspädagogischen Seminar zum Thema ›Schöpfung im Religionsunterricht der Grundschule‹ wird zu Beginn eine praktische Stille-Übung mit den SeminarteilnehmerInnen durchgeführt: Wer möchte, darf sich ein grünes Blatt der Kapuzinerkresse aus einem Korb nehmen und es zunächst mit geschlossenen Augen ertasten, dann riechen, dann ansehen, dann schmecken. Die Seminarleitung gibt erst nach einiger Zeit einige fokussierende Hinweise, die die Struktur des Blattes mit der Struktur der menschlichen Hand in Vergleich setzen: Es wird an das Werden des Blattes aus einer harten kleinen Knospe erinnert und mit dem Geboren-Werden und Sich-Entwickeln des Menschen in einen Zusammenhang gebracht sowie schließlich auf das Verfärben, Einrollen, Vertrocknen und Fallen der Blätter im Herbst sowie die Sterblichkeit und das Vergehen des Menschen hingewiesen. Die Teilnehmenden des Seminars äußern ihre Wahrnehmungen, Eindrücke und Gedanken und wenden sich nach dieser emotional-pragmatischen Hinführung nun in stärkerem Maße den kognitiven Inhalten des Themas zu.

Geschöpflichkeit zu thematisieren bedeutet didaktisch auch, den Menschen als Geschöpf wahrzunehmen, ihn in seiner Leib-Seele-Einheit ins Zentrum zu stellen.[1] Gerade in pädagogischen als kommunikativen Prozessen wird zunehmend deutlich, dass wir nicht nur auf kognitiver Ebene Wissen vermitteln, sondern in Beziehungsstrukturen unterrichten, die in gleicher Weise kognitive, emotionale und pragmatische Lerndimensionen beinhalten.

Sinnbildlich steht die Eingangsübung daher für das Thema ›Entfaltung und Beschränkung‹: Das Blatt kann als Symbol für das, vielen wunderbar erscheinende Phänomen der Entfaltung fungieren, zugleich ist es jedoch auch Sinnbild für Beschränkung mit allen Ecken und Kanten, konkret mit der je spezifischen Begrenzung der Möglichkeiten sowie seiner Endlichkeit.

1 *Naurath,* Leiblichkeit.

Bezogen auf Unterrichtsprozesse meint dies, mittels einer Sensibilität für Räume und Zeiten Entdeckungsmöglichkeiten zu eröffnen. Eine subjektorientierte Didaktik wird die Potentiale des und der Einzelnen wahrnehmen und stärken wollen – wohlwissend, dass alle Entfaltung prozesshaft geschieht und in gewisser Weise – da prinzipiell unabschließbar – auch beschränkt, d.h. fragmentarisch bleiben muss.[2]

2. Bildungstheoretische Grundlegung

Illustrierend soll mit einer kurzen chassidischen Geschichte die bildungstheoretische Perspektive, die dies impliziert, verdeutlicht werden:

Rabbi Sussja pflegte auf seinen Wanderungen von Ort zu Ort den Menschen zu sagen:
»Ich fürchte mich nicht davor, keine Antwort zu finden, wenn ich nach meinem Tod vom Allmächtigen / höchsten Richter gefragt werde: ›Sussja, warum warst du deinem Volk nicht ein so großer Führer wie Mose oder ein so feuriger Prophet wie Elija oder ein so berühmter Schriftgelehrter wie Rabbi Akiba?‹
Aber ich fürchte, dass meine Worte verstummen, wenn ich gefragt werde: ›Sussja, warum bist du nicht Sussja geworden? Warum hast du dich entfernt von dem Bild, nach dem ich dich geschaffen? Warum bist du mit deinen Anlagen und deinen Gaben dir so fremd, so unähnlich geworden?‹«[3]

Christliches Bildungsverständnis kann an diesen Gedankengang anknüpfen, weil nach protestantischem Verständnis der Mensch schöpfungs- wie rechtfertigungstheologisch vor Gott nicht erst anerkannt werden muss, sondern bereits in unserem Personsein in grundlegender Weise wertgeschätzt ist. Aufgrund des Zusammenhangs von Rechtfertigungsgeschehen und Bildungstheorie kann Bildung daher als Selbst-Bildung verstanden werden und religionspädagogisch einen dezidiert subjektorientierten Zugang legitimieren – frei nach dem Motto: Werde, der du bist / die du bist, und dies in einem lebenslangen Prozess, der als wechselseitige Erschließung von Welt und Subjekt stattfindet.

Religionsdidaktisch bedeutet dies: Religiöse Fragen von Kindern eröffnen einen Raum, der ihnen zugesteht, Wirklichkeiten und Möglichkeiten miteinander auszuloten und zu vorläufigen, aber eigenständigen Antworten zu kommen. Vorschnelle Belehrungen durch Erwachsene brechen diesen Bildungsprozess ab und fördern eher die Orientierung an Autoritäten als das eigene Reflektieren und kritische Hinterfragen. Aus diesem Grund ist es wichtig, die Fragehaltung der Kinder zu fördern und ihre Antworten insofern wertzuschätzen, als sie selbsttätig ihrem Glauben nachfühlen und nachdenken. Dies bedeutet, Kinder als theologisch ernst-

2 *Luther*, Religion, Subjekt, Erziehung.
3 *Buber*, Erzählungen der Chassidim, 394.

zunehmende Subjekte zu respektieren. Der für die Religionspädagogik zu verzeichnende Perspektivenwechsel – manche sprechen gar von einem Paradigmenwechsel – hin zu einer Kinder- und Jugendtheologie setzt in der Praxis den Anspruch um, dass Heranwachsende nicht länger Adressaten theologischer Inhalte sind, sondern in ihrem eigenständigen Theologisieren als Gesprächspartner ernst genommen werden. Das Recht auf religiöse Bildung heißt demnach: das Recht auf theologisches Denken, auf theologische Gespräche und auf die Vermittlung theologischer Bildungsgehalte.

3. Didaktische Integration kindlicher und jugendlicher Wahrnehmungsperspektiven

Der gegenwärtig in der Religionspädagogik diskutierte Ansatz des gemeinsamen Theologisierens mit Kindern und Jugendlichen[4] impliziert eben diesen Vorzeichenwechsel von einer Vermittlungs- zu einer dezidiert subjekt- und bildungsorientierten Didaktik. Sowohl im Umgang mit biblischen Texten wie auch theologischen Themen werden eigene Deutungen der Heranwachsenden ermöglicht, gemeinsam bearbeitet und theologisch reflektiert. Ausgangspunkt ist hierbei eine pädagogische Haltung der Wertschätzung, die auf der Beziehungsebene zwischen Lehrenden und Lernenden eine Anerkennung und Achtung des Subjekts zum Tragen kommen lässt, die für den schulischen Kontext in gewisser Weise einzigartig ist. Denn trotz eines inhaltlich-theologisch bestehenden Bildungsgefälles können die Zugangswege der Schülerinnen und Schüler im Sinne eines Priestertums aller Getauften als Ausdruck ihrer Sinn-Suche nach Subjektwerdung gewürdigt werden.
Zusammengefasst soll deutlich werden:

a) Eine Pädagogik der Geschöpflichkeit impliziert aus der Konvergenz theologischer und pädagogischer Bedingungsgründe eine dezidierte Subjektorientierung.

b) Das Subjekt in allen religiösen Bildungsprozessen in den Blick zu nehmen, heißt, alle Lerndimensionen im Sinne einer psychosomatischen Einheit des Menschen in gleicher Weise zu berücksichtigen. Auch jugendliche und erwachsene Menschen brauchen körper- respektive leiborientierte Konkretionen, d.h die Ergänzung kognitiver Lerndimension durch emotionale und pragmatische Perspektiven, um gelingende und nachhaltige Lernprozesse vollziehen zu können. Von zentraler Bedeutung ist hierbei eine erfahrungsbezogene Didaktik, die das lernende Subjekt selbst in den Mittelpunkt stellt.

4 Vgl. die seit 2002 erscheinenden Jahrbücher für Kindertheologie sowie den aktuellen Diskurs zur Jugendtheologie z.B. *Schlag/Schweitzer* (Hg.), Jugendtheologie.

c) Stärker als bisher wahrgenommen sind wir als Subjekte in unserer Leiblichkeit und das heißt auch Geschlechtlichkeit zu sehen. Ästhetische Bildung meint daher nicht nur die Integration der schönen Künste wie Bild- und Musikdidaktik, sondern im ursprünglichen Verständnis von Ästhetik eine Wahrnehmungsebene als Sinn- und Sinnenorientierung. Religiöse Bildung impliziert daher eine Stärkung der Wahrnehmungsfähigkeit in einem individualitätsbezogenen Kontext. Zugleich bedarf dies einer geschlechtersensiblen Didaktik im Zusammenhang gesellschaftlicher bzw. struktureller Dimensionen, die nicht nur von einer Zweigeschlechtlichkeit unseres sozialen Bezugssystems, sondern auch von einer impliziten bzw. expliziten Hierarchie desselben ausgehen muss. Insofern birgt eine Pädagogik der Geschöpflichkeit auch immer ideologie- bzw. gesellschaftskritische Impulse in sich.

II. Geschöpflichkeit als Gabe und Aufgabe: Religionspädagogische Perspektiven

1. Geschöpflichkeit als Vorfindlichkeit in Beziehungsstrukturen[5]

Die Konstruktion von Beziehungen und Beziehungsdeutungen spielt im Verhältnis des Menschen als Teil der Schöpfung zu seiner Umwelt eine herausragende Rolle. Weil Heranwachsende in einer besonderen Intensität auf Tiere reagieren, soll am Beispiel des Mensch-Tier-Verhältnisses im Blick auf heutige Kinder und Jugendliche konkretisiert werden: Schöpfungspädagogische Lernprozesse nehmen die jeweils eigene und individuelle Wahrnehmung von Kindern im Blick auf Tiere ernst, fördern sie und bieten den Rahmen für Dialogfähigkeit im Rahmen folgender Fragen: Wie bestimmen Kinder selbst ihr Verhältnis zu Tieren? Welche Beziehung besteht für Kinder zwischen Gott und den Tieren? Welche eschatologischen Hoffnungen verbinden Kinder mit der Schöpfung, die zum Beispiel in der Frage, ob auch für Tiere ein Platz im Himmel bestimmt ist, ihren Ausdruck findet.

a) Das Verhältnis zur Schöpfung am Beispiel der Mensch-Tier-Beziehung
Das ambivalente Verhältnis zur nichtmenschlichen Kreatur kann für die Christentumsgeschichte als augenfällig gelten, da Tiere zwar gemeinsam mit dem Menschen Schöpfung Gottes sind, zugleich jedoch nur der Mensch als Ebenbild Gottes gesehen wird. Der Anthropozentrismus, also die Vorstellung des Menschen als Mittelpunkt und Maß aller Dinge, ist hier sicherlich mitangelegt. Der ökologische Diskurs führt allerdings zunehmend zu einer kritischen Aufarbeitung des christlichen Mensch-Tier-Verhältnisses, so dass die Wahrnehmung von Tieren als Mitgeschöpfen

5 Vgl. zum Folgenden: *Dinter/Naurath/Scholz*, Hund – Schlange – Maus, 92–104.

auch die Verhältnisse zwischen Gott, Mensch und Tier mit der so genannten Tierethik als theologischer Bereichsethik neu akzentuiert. Dabei ist es freilich auch weiterhin Gegenstand theologisch-ethischer Diskussion, ob und wie stark Tiere für die menschliche Nutzung ausgebeutet werden dürfen.

Von Seiten der Pädagogik werden Tiere längst nicht mehr nur als starre Lernobjekte gesehen, die nur in Bezug auf Physiognomie, Lebensraum, Nahrungsaufnahme und Fortpflanzung kognitiv erfasst werden sollen. So werden Tiere heute nicht nur als Lerninhalt, sondern ebenso als Lernmedium und dialogische Lernpartner vorgestellt. Ansätze der tiergestützten Pädagogik und tiergestützten Therapie weisen am deutlichsten in diese Richtung. Der Umgang mit Tieren kann vor allem soziale Kompetenzen stärken, aber auch für Umweltthemen sensibilisieren. Die Religionspädagogik knüpft hier bereits an, indem Erfahrungen von Kindern mit Tieren in geeigneten Lernprozessen bewusst integriert werden.

Auch erlebnispädagogische Ansätze können wertebildend fungieren, indem beispielsweise Erfahrungen mit Tieren am ›Lernort Bauernhof‹[6] städtisch sozialisierten Kinder ermöglichen, Beziehungsdimensionen von Tierhaltung, Ernährung und Heimatverbundenheit in wertschätzender Weise wahrzunehmen. Zwei Linien der Einbindung von Tieren lassen sich in der Religionspädagogik unterscheiden: Zum einen liegt der Fokus auf dem Umgang mit kindlichen Gefühlen und Haltungen im Blick auf Tiere. Das Thema Freundschaft lässt sich beispielsweise mit Hilfe der Haustiere von Kindern bearbeiten, ebenso kann eine Auseinandersetzung mit Tod und Sterben anhand der Verlusterfahrung mit gestorbenen Haustieren ermöglicht werden. Die andere Linie thematisiert den vielschichtigen Themenbereich von Gewalt gegenüber Tieren. Hier werden eher umweltethische Themen wie Fleischkonsum und seine Folgen, Artenschutz, Tierversuche etc. bearbeitet. Eine kindertheologisch ausgerichtete Schöpfungspädagogik setzt zunächst bei den Gefühlen und Einstellungen der Kinder an.

b) Kindertheologische Zugänge

In einer empirischen Analyse als Fragebogen-gestützter Untersuchung[7] konnte gezeigt werden, wie wichtig die Beziehung zu Tieren für die Kinder sind: So schreibt ein Mädchen, dass sie mit ihrem Kater sehr zufrieden ist, ein Junge meint, dass man Kaninchen genauso behandeln muss wie Menschen, weil sie Lebewesen sind, und ein Mädchen schreibt, dass

6 Vgl. www.lernort-bauernhof.de

7 Der quantitative Teil der Untersuchung wurde in sechs bayrischen Grundschulen durchgeführt. Von 127 SchülerInnen im Alter zwischen 8–10 Jahren waren 65 weiblich und 62 männlich. Von den 127 SchülerInnen sind 110 (also 88 %) evangelisch. 82 von ihnen haben ein Haustier (65 %), insbesondere Katze, Hasen, Hund, Fische und Vögel. Auch Wüstenrennmaus, Hamster, Igel, Hirsche, Hühner, Meerschweinchen, Schildkröten, Frettchen, Geckos, Pferde, Schlangen, Salzkrebse und Tauben werden genannt. 74 SchülerInnen wünschen sich ein Haustier.

ihr Vogel zwar laut ist, aber trotzdem zu ihrem Leben gehört. Ein anderes Mädchen verweist darauf, dass ein ausgebildeter Hund vielen Menschen helfen kann. Ein Junge wünscht sich einen Hund, der ihn liebt, und einen Papagei, der mit ihm spricht, ein anderer mag seinen Hund zum Kuscheln und weil er ihn tröstet, wenn er traurig ist.

Geht es um die Begründung für die Präferenz eines bestimmten Haustiers, so steht die Attribution »süß« ganz vorne (»Es ist immer zutraulich und süß und mann kann es dresiren.«). Auch dass man mit Tieren spielen kann (»weißer Schäferhund: Man kann mit ihm spielen«) und schmusen bzw. kuscheln ist für die Kinder besonders wichtig (»Man kann mit ihnen schmusen und Kunststücke beibringen«). Haustiere werden als »klug« (»Fische: mag sie, weil sie sehr schlau sind«) angesehen und können helfen (»Wenn man den Hund ausbildet kann er vielen Menschen helfen«).

Geht es konkret darum, wer die Welt bzw. die Tiere und die Menschen erschaffen hat, dann antwortet eine klare Mehrheit der Kinder mit »Gott« (Welt 86 [68 %], Tiere 95 [75 %], Menschen 98 [77 %]). Der Gedanke der Schöpfung der Welt durch Gott ist bei diesen Kindern, die im bayerischen und damit stärker religiös sozialisierten Kontext aufwachsen, recht fest verankert. Die anderen Dimensionen (komplexeres Schöpfungsverständnis, Evolution) sind zahlenmäßig zu vernachlässigen.

Die Frage nach einem Wunsch für die Tiere lässt bei den Kindern klare tierethische Dimensionen erkennen: Die Tiere sollen nicht geschlachtet (»Das Kein Tier geschlachtet wird«) bzw. getötet werden (»Das nimand ohne grund Tiere tötet«), nicht bejagt werden (»Das alle Tiere nicht so viel gejagt werden und nicht mehr so viel gegessen werden«; »Das die Jäger nich die Tiere jagen«) und nicht aussterben (»Das die Tiere nicht mer vom Aussterben bedrot sind«; Das die Eisberen nicht mer fon austerben bedrot sind«). Sie sollen nicht gequält (»Das Tiere nicht mehr gequält, gejagt und getötet werden«) und in Gefahr gebracht werden (»Dass alle Tierarten nie wieder gefährdet werden«). Ihr Lebensraum soll geschützt werden (»Der Schungel soll nicht abgeholzt werden«; »Mehr Tierschutz durch mehr Lebensraum«). Die Kinder wünschen den Tieren Freiheit (»Das sie immer frei sind«) und Unsterblichkeit (»Das sie für immer leben«). Die Kinder wollen die Tiere verstehen (»Das Ich gednken lesen könnte dann weiß ich was sie wollen«).

Neben der quantitativen Erhebung der Fragebogen-Untersuchung zeigten auch Gespräche, dass nahezu alle Kinder eine grundsätzlich positive Einstellung zu Tieren haben: So sagen beispielsweise von 44 Kindern, die kein Haustier haben, nur 4 Kinder – also weniger als ein Zehntel –, dass sie sich auch keines wünschen, und messen der Bedeutung von (Haus)Tieren in ihrem Leben einen hohen Stellenwert zu. Diesen Eindruck bestätigt auch eine repräsentative Jugendstudie[8], wonach Haustiere

8 Vgl. *Zinnecker/Behnken/Maschke/Stecher*, null zoff &voll busy. Haustiere zählen hier zu den häufig genannten liebsten Freizeitbeschäftigungen der Kinder (insbeson-

von nicht wenigen Kindern »zu vollwertigen Mitgliedern ihrer Familie zählen«[9] und direkt hinter den Eltern auf gleicher Höhe mit Großeltern und Geschwistern genannt werden. Auch Anton Bucher zeigt in seiner Studie, dass (Haus)Tiere zu den größten Glücks-, aber auch Unglückserfahrungen im Falle des Todes eines Haustieres bei Kindern gerechnet werden können.[10] Da auch in der Retrospektive bei Erwachsenen die größten Glücksgefühle in der Kindheit in enger Verbindung zu Interaktionen mit Tieren gesehen werden,[11] ist Bucher in seinem Urteil unbedingt zuzustimmen, dass die Marginalisierung der Bedeutung von (Haus)Tieren im Kindheitsdiskurs nicht zu rechtfertigen sei.[12] Kindertheologische Forschungen stellen demnach evidente Zugangsmöglichkeiten dar, um Desiderate des kindlichen Umgangs mit der Natur, vor allem mit Tieren und – theologisch gesprochen – schöpfungstheologischen Perspektiven in den Blick zu nehmen. Doch wie sind die Voraussetzungen?

c) Schöpfungstheologische Deutungen kindlicher Äußerungen

Da sich die sozialen Bedingungen der kindlichen Lebenswelt dahingehend verändert haben, weniger in ländlichen und damit natur- bzw. tiernahen als vielmehr in (groß)städtischen, durch die Gefahren des Straßenverkehrs nach innen verlagerten Kontexten aufzuwachsen (›Kinderzimmer-Kindheit‹), dürften am ehesten entwicklungspsychologische Faktoren für die gefühlte (d.h. in den Gefühlen der Kinder geäußerte) Tiernähe sprechen. Sieht man entwicklungsgeschichtliche Verbindungslinien zwischen der Phylogenese (Entwicklung der Menschheit) und der Ontogenese (Entwicklung des einzelnen Menschen), so scheinen Kinder in emotionaler Hinsicht noch auf ursprünglichere Art mit der Natur bzw. Tier(gattung)en verbunden – auch wenn sie dies nicht selten in Ermangelung ›echter‹ Tiere mit ihren Kuscheltieren ausleben.[13]

dere der Mädchen), wobei deren Bedeutung in der Pubertät (mit 13 bis 14 Jahren) rapide abnimmt (ebd., 33).

9 Ebd., 32.

10 Vgl. *Bucher*, Was Kinder glücklich macht, 106ff.

11 So betont eine 40jährige Frau: »Mit unseren Katzenkindern zu schmusen, war das höchste Glück.« (Ebd., 201.)

12 Dass in dem grundlegenden Lehrbuch der Entwicklungspsychologie (von *Oerter/Montada*, Entwicklungspsychologie), die Bedeutung von (Kuschel- bzw. Haus)Tieren für die kindliche Entwicklung nicht reflektiert wird, bleibt m.E. unverständlich. Ebenso zeigt beispielsweise das Handbuch der Kindheitsforschung (vgl. *Markefka/Nauck*, Handbuch der Kindheitsforschung) hier eine Wahrnehmungslücke.

13 Wie aus der so genannten Bindungsforschung bekannt ist, kompensieren Kinder die Frustrationen durch Trennungserfahrungen von den engsten Bezugspersonen (meist der Mutter) durch Gegenstände, die als Übergangsobjekte fungieren. Insbesondere Kuscheltiere haben hier im frühkindlichen Bereich (aber auch lange darüber hinaus) die Funktion, den Zwischenraum als empfundene Beziehungsleere zu füllen und Loslösungsprozesse zu erleichtern. Übergangs- aber auch Krisenmomente (wie der Übergang vom Wach- in die Schlafphase, Schmerz- und Trauersituationen etc.)

Insbesondere Ansätze gegenwärtiger tiergestützter Pädagogik greifen diese Impulse auf, indem sie bestimmte Charakteristika der Tierbegegnung bzw. des kindlichen Umgangs mit Tieren zur Förderung von Bildungsprozessen nutzen: Das Kriterium ›Kuschelfaktor für die Seele‹ zeigt, dass weniger die sprachliche als die körpersprachliche Kommunikation der Begegnung Tier-Mensch im Vordergrund steht. So tendieren die meisten Kinderäußerungen zu der Begründung, dass Tiere deshalb gefallen, »weil es (das Tier, E.N.) so klein und flauschig ist.« (Mädchen, 8 Jahre) bzw. »weil man mit ihnen kuscheln kann« (Mädchen, 8 Jahre). Der Körperkontakt (Streicheln, Schmusen und Kuscheln mit Haustieren) beruhigt, entspannt und vermittelt den Kindern eine Nähe, die an die frühkindliche Phase nonverbaler Kommunikation erinnert. Selbst Tieren, denen man zunächst keinen hohen ›Kuschelfaktor‹ zurechnen würde (wie Amphibien, Reptilien oder Insekten) erfreuen sich großer Beliebtheit bei Kindern, die beispielsweise in einer gymnasialen ›Vivarium-AG‹ so ausgelebt wird, dass Sechstklässler (Jungen wie Mädchen) es genießen, (ungiftige, aber lebendige) Schlangen um den Arm und Gespensterschrecken auf dem Kopf zu tragen. So schreibt ein 9jähriger Junge auf die Frage, welches Haustier er sich wünsche: »Schlange sie sind so lustig!«

So scheint ein entscheidender Faktor darin zu liegen, dass Tieren aus der Perspektive von Kindern gerade darin ein Wert zugeschrieben wird, der herkömmlichen funktionalen Kriterien von Nützlichkeit entgegensteht. Im Vordergrund steht vielmehr schlicht die körperliche Nähe des Tieres, die den eigenen Bedürfnissen nach Beziehung mittels Körperkontakt entspricht. In der Präsenz des Tieres, das ganz im gegenwärtigen Moment lebt und reagiert, scheint ein Verbindungselement zu liegen, das dem kindlichen Lebensgefühl nahekommt: Das unbedingte Dasein, das Zur-Verfügung-Stehen, das Zeit-Haben sind in gewisser Weise Glücksfaktoren angesichts postmoderner Zeitrhythmen, die im Stundenplan der Kinder nicht selten Stress bedeuten. Das Haustier hat keine Termine, ist nicht unterwegs (wie beispielweise berufstätige Eltern), fordert keine leistungsorientierten Signale, ist zum Spielen aufgelegt und kann in der Interaktion auch schon von Kindern gelenkt werden.

2. Entfaltung und Beschränkung als Entdeckung von Macht und Verantwortung

Damit ist ein weiterer zentraler Punkt beschrieben, der die Attraktivität von Tieren für die Kinder beschreibt: Während Kindern oftmals das ›Noch-Nicht-Können‹ im Sinne eines (›dazu bist du noch zu klein ...‹) vor Augen steht und sie damit in eine passive und in gewisser Weise defizitbestimmte Rolle bringt, erleben sie im Kontakt mit Tieren eher die aktive Seite, die sie in ihrer Selbsttätigkeit bzw. -wirksamkeit bestärkt.

werden erleichtert durch die unbedingte Nähe und Verfügbarkeit dieser Ersatzobjekte, denen durchaus eine psychohygienische Funktion zuzumessen ist.

Hier können die Kinder weitgehend entscheiden, ob, wann und wie sie sich mit einem Tier beschäftigen, selbst mittels Futter locken, und gegebenenfalls das Tier auch führen: »Am wichtigsten ist, dass mich mein Hund als Rudelführer anerkennt und macht, was ich will!«, meint eine Zehnjährige und drückt damit selbstbewusst ihre positive Erfahrung von Selbstwirksamkeit aus. Schöpfungstheologisch ist diese Dimension in der Mensch-Tier-Beziehung von fundamentaler Bedeutung: Im Zusammenleben mit Haustieren sind die Herrschaftsverhältnisse im Grunde klar geregelt und heben Kinder auf eine gefühlt höhere Stufe, die nahezu unabhängig von ihrem Alter Ausdruck ihres Menschseins und damit des ›Über-den-Tieren-Stehens‹ ist.

Dies impliziert selbstverständlich nicht nur die Macht-, sondern auch die Verantwortungsfrage – ein Zusammenhang, der in den Fragebögen aus der Sicht der Kinder sehr deutlich zur Sprache kommt. Kinder wollen verantwortlich für die Tiere sorgen (»am schönsten ist es, die Tiere zu füttern und zu merken, wie ihnen das Essen Spaß macht!«[14]), und setzen alles daran, dass es den Tieren gut geht. Hierbei korrespondiert die fürsorgliche mit der empathischen Rolle: Kinder zeigen einen hohen Faktor mitfühlenden Verhaltens[15] mit Tieren, die Not leiden, und bringen sehr deutlich zum Ausdruck, wie wichtig es ihnen ist, dass Tiere nicht leiden, gequält oder gar getötet werden. Auffallend häufig betonen die Kinder bei ihrem Wunsch für die Tiere eine Einstellung, die man durchaus als emotional verankerte ›Ehrfurcht vor dem Leben‹ bezeichnen kann: »das sie am Leben bleibeweill sie tun mir genauso leid wie meine Tauben ich kann nämlich nicht zukuken beim schlachten« (Mädchen, 9 Jahre).

Nicht selten verbindet sich diese Einstellung bei den Kindern damit, dass sie beziehungsorientiert im Fragebogen antworten. Sie wollen verstehen, was die Tiere eigentlich wollen und brauchen, und meinen im Blick auf ihren Wunsch für die Tiere: »das ich gedanken lesen könnte dann weiß ich was sie wollen.« (Mädchen, 9 Jahre). Dies bestätigt Anna-Katharina Szagun auf der Basis ihrer Rostocker Langzeitstudie[16] und anhand illustrierter Einzelfallgeschichten[17], indem sie die offensichtliche Tiernähe der Kinder in Analogie von frühzeitlichen Tier- und Göttergestalten setzt und sie lebensgeschichtlich einordnet: »Kinder (und Alte) scheinen die Wesensverwandtschaft zum Tier oft sensibler zu erfassen als Menschen in der Phase der berufliche Einbindung in die Leistungsgesellschaft.«[18]Andererseits kommt jedoch auch genau die Realisierung des Ge-

14 So ein Mädchen (10 Jahre), die – seit sie einen Hund hat – mit großer Begeisterung (für sich und ihren Hund) in der Küche nach selbsterfundenem Rezept Hundeplätzchen als besonderes Leckerli aus Äpfeln, Mehl, Eiern und einer Dose Hundefutter backt.

15 Vgl. *Naurath*, Mit Gefühl gegen Gewalt.

16 *Szagun*, Dem Sprachlosen Sprache verleihen.

17 *Szagun*, Zur Präsenz des Göttlichen, 39–62.

18 Ebd., 62.

genteils in den kindlichen Äußerungen zum Ausdruck, die eben bedauern, dass sie die Sprache der Tiere nicht sprechen und demgemäß in ihrer Sehnsucht nach Verstehen sehr deutlich an bewusst wahrgenommene Grenzen stoßen.

III. Zusammenfassende Thesen zu einer Pädagogik der Geschöpflichkeit

1. Kinder betonen die hohe Bedeutung von Tieren und Haustieren für ihr Leben und zeigen eine auffallende Sympathie, Interesse bzw. Nähe zu außermenschlichen Lebewesen. Wie relevant der Faktor ›Tier‹ für die emotionale und soziale Entwicklung der Kinder ist, bleibt forschungswissenschaftlich in der Pädagogik und Religionspädagogik noch weitgehend unbeachtet.
2. In schöpfungstheologischer Hinsicht zeigt sich eine hohe Relevanz der emotional gefassten Beziehungsebene, die vorrangig auf körperliche Dimensionen (Körperkontakt, Kuscheln etc.) gerichtet ist. Bezieht man ein, dass die Herkunft der Tiere bei den meisten Kinderäußerungen im Schöpfungshandeln Gottes verortet werden, so kann doch eine gewisse Brückenfunktion der Tiere zwischen vorfindlicher Schöpfung (die Welt und die Naturphänomene) und Gott nicht außer Betracht bleiben. Hier müssen religionspädagogische Anknüpfungspunkte nicht erst gesucht, sondern können vielmehr gefunden werden, indem via einer subjektorientierten Didaktik die Kinder selbst zu Wort kommen.
3. Dem biblischen Schöpfungsauftrag (Gen 1,28) entsprechen kindliche Sichtweisen auf beeindruckende Art und Weise, da die Kinder sich um das Wohl der Tiere sorgen und Interaktionen als quasi ›Stärkere oder Herrschende‹ eher vermeiden.[19] ›Macht‹ (im Sinne von Machbarkeit als Selbstwirksamkeit) und ›Herrschaft‹ (im Sinne von Unterdrückung) scheinen hier deutlich unterschieden zu sein, so dass die Kinder in ihren Äußerungen ihre gefühlte Verantwortung für die Tiere als care-Struktur des Sorgens um die Tiere, aber auch als Schutzfunktion (der Bewahrung vor Leiden) deutlich wahrzunehmen versuchen.
4. Inwiefern kindliche religiöse Gefühle mit den Gefühlen der Beziehungen zu Tieren (oder zur Schöpfung) korrespondieren, bleibt eine interessante Forschungsaufgabe, die angesichts der hohen Relevanz von (Haus)Tieren für die meisten Kinder als zukunftsweisend sowohl für

19 Natürlich eilt den Kindern auch der Ruf voraus, besonders brutal im Umgang mit Tieren sein zu können (wie etwa aus Experimentierfreude, Ameisen die Beine auszureißen etc.). Wie diese vereinzelten Verhaltensweisen im Kontext der offensichtlichen und mehrheitlich zum Ausdruck gebrachten Empathiefähigkeit mit Tieren steht, müsste anhand der Vorbedingungen beispielsweise als Thema in die Forschungen zur kindlichen Entwicklung von Mitgefühl aufgenommen werden.

die Kindheitsforschung als auch für die Religionspädagogik – und hier insbesondere für eine schöpfungstheologisch begründete umweltethische Bildung – mittels qualitativer Forschungsinstrumente anzugehen ist.

5. Inwiefern aus jugendtheologischer Perspektive dieser Faden aufzugreifen und im Sinne einer umweltethischen Fokussierung fruchtbar zu machen ist, bedarf weiterer Forschung.[20] Alle jugendtheologischen Bemühungen um ethische Bildung sind daher mehr als ein ›Reden über christliche Ethik‹, ein Informieren und Kennen von theologisch fundierten Kriterien oder ein Rekurrieren auf biblische Fundierungen. Ausgangspunkt ist vielmehr der oder die Jugendliche selbst in seinem bzw. ihrem lebensgeschichtlichen und -situativen Kontext. Demnach ist in erster Linie ein forschendes Wahrnehmen dessen, welche Themen, Probleme, Konflikte oder Dilemmata Jugendliche als ethisch relevant fokussieren, Ausgangsbasis für alle weiteren Reflexionen. Zunächst stellt sich in jugendtheologischer Hinsicht die Aufgabe, die Situationen ethischer Sensibilität und jugendlicher Interessen wahrzunehmen, um von hier aus die je individuelle Konstruktion von Sichtweisen und Begründungszusammenhängen zu sichten und theologisch fundierte Bildungsimpulse zu geben.
6. Dass erwiesenermaßen[21] umweltethische Fragestellungen bei der überwiegenden Mehrheit der Jugendlichen oft sehr fern von Gott/Religion und theologischen Zusammenhängen gesehen wird, scheint aufschlussreich. So zeigte sich, neben der individualisierenden Vorstellung, Glaube habe nichts mit Politik und insofern auch wenig mit gesellschaftspolitischen Themen zu tun, dass die Verbindung einer ethischen Beziehungsstruktur Gott-Mensch, Mensch-Mensch und Mensch-Natur am wenigsten für den Bereich der Umwelt zum Tragen zukommt. Auch die Relevanz biblischer Texte für umweltethische Themen wurde von Seiten der Jugendlichen eher negiert.
7. Es scheint daher eher geboten, die umweltethische Bildungsaufgabe mit Jugendlichen so zu verstehen, zunächst die vorhandenen Einschätzungen der Jugendlichen wahrzunehmen und wertschätzend aufzugreifen. Nur die zunächst wertfreie Sichtung der Positionen kann ein bildungstheoretisch fundierter Ausgangspunkt für alle weiteren Diskurse sein. Letztlich kann ein durch Toleranzfähigkeit bestimmter Dialog nur dann gelingen, wenn den Dialogpartnern ein Recht auf ihre

20 Vgl. hierzu: *Naurath*, Umweltethik, 59–69.

21 Selbstverständlich ist es im Rahmen eines subjektorientierten Zugangs zur Jugendtheologie hilfreich, sowohl soziokulturelle als auch entwicklungspsychologische Bedingungsfaktoren in den Blick zu nehmen, um möglicherweise Strukturen ethischer Urteilsfindung und Handlungsorientierung von Jugendlichen zu entdecken, nicht jedoch, um nur in bestätigendem Interesse jugendliche Äußerungen in bereits vorgegebene Schemata einzuordnen und dabei möglicherweise eigene Reduktionismen in Kauf zu nehmen.

lebensgeschichtlich gewordene bzw. situativ bestimmte Positionierung zugesprochen wird und auf diese Weise Verstehensprozesse für individuelle Begründungszusammenhänge initiiert werden. Ein nächster Schritt kann dann sein, jugendlichen Suchbewegungen nach implizit oder explizit zugrundeliegenden Kriterien ihrer ethischen Gefühle, Gedanken und Vorstellungen auf dem Weg behilflich zu sein, dass sie theologische Argumentationsstrukturen kennenlernen und möglicherweise in ihre ethische Urteilsbildung bzw. Handlungsorientierung einbeziehen. Insbesondere neuere Impulse einer subjektorientierten Bibeldidaktik, die kreative Formen im Umgang mit den Texten wie beispielsweise beim Bibliolog favorisieren, scheinen notwendig, den Jugendlichen die Bibel quasi in die eigene Hand zu legen und ihnen hierbei – neben einem selbstverständlich fortzuführenden biblisch-theologischen Bildungsauftrag – für ihre eigenen Deutungswege Mündigkeit zuzusprechen.

Literatur

Buber, M., Die Erzählung der Chassidim (1949), Zürich [12]1992

Bucher, A.A. / Büttner, G. / Freudenberger-Lötz, P. / Schreiner, M., Jahrbücher für Kindertheologie, Stuttgart 2002–2015

Bucher, A.A., Was Kinder glücklich macht. Historische, psychologische und empirische Annäherungen an Kindheitsglück, Weinheim/München 2001

Dinter, A. / Naurath, E. / Scholz, S., Hund – Schlange – Maus. Tiere als Zugang zur Schöpfung in kindertheologischer Perspektive, in: Jahrbuch für Kindertheologie 11, Stuttgart 2012, 92–104

Luther, H., Religion, Subjekt, Erziehung. Grundbegriff der Erwachsenenbildung am Beispiel der Theologie Friedrich Niebergalls, München 1984

Markefka, M. / Nauck, B. (Hg.), Handbuch der Kindheitsforschung, Berlin 1993

Naurath, E., Mit Gefühl gegen Gewalt. Mitgefühl als Schlüssel ethischer Bildung in der Religionspädagogik, Neukirchen-Vluyn [3]2010

Naurath, E., Umweltethik als Weg zu einer praxisrelevanten Jugendtheologie, in: *Schlag, T. / Schweitzer, F.* (Hg.), Jugendtheologie. Grundlagen – Beispiele – Kritische Diskussion, Neukirchen-Vluyn 2012, 59–69

Naurath, E., Leiblichkeit. Eine Chance zur Selbstreflexion, in: *Schlag, T. / Simojoki, H.* (Hg.), Mensch – Religion – Bildung. Religionspädagogik in anthropologischen Spannungsfeldern, Gütersloh 2014, 117–127

Oerter, R. / Montada, L. (Hg.), Entwicklungspsychologie, Basel [6]2008

Szagun, A.-K., Dem Sprachlosen Sprache verleihen: Rostocker Langzeitstudien zu Gottesverständnis und Gottesbeziehung von Kindern, die in mehrheitlichen konfessionslosem Kontext aufwachsen, Jena 2006/2008, 2 Bde.

Szagun, A.-K., »Mein Vogel ist der einzige, dem ich alles anvertrauen kann.« Zur Präsenz des Göttlichen in Tiergestalt im Erleben der Kinder, in: Arbeitsgemeinschaft der evangelischen Religionslehrerinnen an Allgemeinbildenden Höheren Schulen in Österreich, Wien/Berlin 2006, 39–62

Schlag, T. / Schweitzer, F., Jugendtheologie. Grundlagen – Beispiele – Kritische Diskussion, Neukirchen-Vluyn 2012

Zinnecker, J. / Behnken, I. / Maschke, S. / Stecher. L., null zoff & voll busy. Die ersten Jugendgenerationen des Neuen Jahrhunderts, Opladen 2003

Autorin und Autoren

Dr. Dr. h.c. *Arnold Benz* ist Professor em. für Astrophysik mit Schwerpunkt Sternentstehung und Sonnenphysik am Institut für Astronomie der ETH Zürich.

Dr. *Bernd Janowski* ist emeritierter Professor für Altes Testament an der Evangelisch-Theologischen Fakultät der Universität Tübingen.

Dr. *Matthias Köckert* ist Professor i.R. für Altes Testament, zuletzt an der Theologischen Fakultät der Humboldt-Universität zu Berlin

Dr. *Elisabeth Naurath* ist Professorin für Evangelische Theologie mit Schwerpunkt Religionspädagogik und Didaktik des Religionsunterrichts an der Universität Augsburg.

Dr. *Henning Theißen,* PD, ist Heisenberg-Stipendiat der Deutschen Forschungsgemeinschaft (DFG) und an der Theologischen Fakultät der Ernst-Moritz-Arndt-Universität Greifswald tätig.

Dr. *Christoph Schwöbel* ist Professor für Systematische Theologie an der Evangelisch-Theologischen Fakultät der Universität Tübingen.